Axel Siedenberg

Investitionsorientierte Fiskalpolitik

FINANZWISSENSCHAFTLICHE FORSCHUNGSARBEITEN

Neue Folge Heft 47

Herausgegeben von Prof. Dr. Dr. h. c. mult. G. Schmölders, München
und Prof. Dr. K. H. Hansmeyer, Universität Köln

Investitionsorientierte Fiskalpolitik

Eine Effizienzanalyse mit Hilfe investitionstheoretischer Ansätze

Von

Dr. Axel Siedenberg

DUNCKER & HUMBLOT / BERLIN

CIP-Kurztitelaufnahme der Deutschen Bibliothek

Siedenberg, Axel

Investitionsorientierte Fiskalpolitik: e. Effizienzanalyse mit Hilfe investitionstheoret. Ansätze. — 1. Aufl. — Berlin: Duncker und Humblot, 1976.

(Finanzwissenschaftliche Forschungsarbeiten: N.F.; H. 47)

ISBN 3-428-03771-5

Gedruckt 1976 bei Fotokop Wilhelm Weihert, Darmstadt
Printed in Germany

ISBN 3 428 03771 5

Geleitwort

Die Beeinflussung des Umfanges der privaten Investitionstätigkeit ist in allen bedeutenden Industrieländern ein wesentlicher Bestandteil konjunkturpolitischer Aktivität. Neben der Geldpolitik hat sich im Laufe der 60er Jahre auch die Finanzpolitik verstärkt auf diesem Gebiet versucht. Steuersatzsenkungen und Abschreibungsvariationen in den USA, Investitionsrücklage in Schweden, das Gesetz zur Förderung der Stabilität und des Wachstums der Wirtschaft in der Bundesrepublik Deutschland sowie zahlreiche im Anschluß daran durchgeführte finanzpolitische Aktivitäten (rückzahlbarer Konjunkturzuschlag, Stabilitätszuschlag, Abschreibungsvariationen, Investitionsteuer, Investitionsprämie) sind Beispiele dafür.

In auffälligem Gegensatz zu dieser Maßnahmenfülle steht die Knappheit der theoretischen Fundierung. Hier möchte die hiermit vorgelegte Arbeit Abhilfe schaffen. Der Verfasser geht das Problem grundsätzlich an: was wissen wir nach Überprüfung der investitionstheoretischen Ansätze über das Investitionsverhalten der Unternehmungen und welche Rückschlüsse lassen sich hieraus für die Effizienz einer investitionsorientierten Fiskalpolitik ziehen? Dabei bilden sich zwei Schwerpunkte heraus: Zum einen ist die neoklassische Investitionstheorie im Anschluß an die Arbeiten von D. W. Jorgenson zur Herleitung von Effizienzaussagen geradezu prädestiniert. Die Aussagefähigkeit ihrer theoretischen und empirischen Ergebnisse wird ausführlich analysiert. Zum anderen scheinen verhaltenswissenschaftliche Analysen den Schluß nahezulegen, daß zur Effizienz finanzpolitischer Instrumente keinerlei allgemeingültige Aussagen getroffen werden können.

Der Verfasser versucht, zwischen diesen beiden extremen Standpunkten einen vermittelnden Weg aufzuzeigen, indem er den neoklassischen Aussagen zwar grundlegende Bedeutung zuschreibt, jedoch Erweiterungen zwecks Einbeziehung beispielsweise von Liquiditätseffekten, speziellen Determinanten der Ersatzinvestitionen und potentieller Variabilität der Investitionsbeziehung vorsieht. Die Berücksichtigung von time-lags in der Investitionstheorie wird geradezu als Versöhnung zwischen dem neoklassischen und dem verhaltenswissenschaftlichen Paradigma angesehen. Für die Zukunft müßte in der empirischen Ermittlung realistischer Zeitverzögerungen für alternative Konjunkturphasen ein Schwerpunkt der Forschung liegen; dies scheint mir eines der wesentlichen Ergebnisse der Arbeit zu sein. Eine Verbesserung der finanzpolitischen Instrumente wird vor allem den Zeitfaktor berücksichtigen müssen.

Karl-Heinrich Hansmeyer

Inhaltsverzeichnis

A. Das Problem - Inhaltliche und methodische Vorbemerkungen -

1. Konjunkturpolitik durch Beeinflussung der privaten Investitionstätigkeit

Gegenstand dieser Untersuchung ist die Frage, von welchen Bedingungen die Effizienz einer Konjunkturpolitik abhängt, die versucht, mit finanzpolitischen Mitteln die private Investitionstätigkeit zu beeinflussen. Damit wird ein enger Teilbereich aus der Gesamtmenge konjunkturpolitischer Handlungsmöglichkeiten herausgegriffen und isoliert untersucht. Die getroffene Auswahl bedarf zunächst einer Begründung, wobei gleichzeitig darauf verwiesen werden kann, welche Implikationen der Verfasser nicht notwendig mit ihr verbunden sieht.

Die Beschränkung auf "finanzpolitische Mittel" schreibt diesen nicht - wie es den Anschein haben könnte - größere Effizienz als geldpolitischen Maßnahmen zu. Es wird vielmehr auf die plausible und durch Erfahrung gestützte Hypothese verwiesen, daß die Wirksamkeit der Konjunkturpolitik gesteigert werden kann, wenn geld- und finanzpolitische Maßnahmen gleichgerichtet eingesetzt werden.
Zur besseren analytischen Wirkungs-Zuordnung werden die finanz- von den geldpolitischen Effekten getrennt und isoliert untersucht. Dies empfiehlt sich z.B. für die Bundesrepublik Deutschland auch deshalb, weil hier die Träger beider Politiken klar voneinander unterscheidbar agieren. Soweit aber einzelne finanzpolitische Maßnahmen gleichzeitig monetäre Effekte hervorrufen (verstanden als Geldmengeneffekte, z.B. also Stillegung von zusätzlichen Steuereinnahmen bei der Notenbank), sind diese zu berücksichtigen, ohne damit primärer Gegenstand der vorliegenden

Arbeit zu werden. Das schließt nicht aus, daß einzelne der gefundenen Ergebnisse auch für Effizienzanalysen der Geldpolitik Bedeutung haben.

Die Auswahl der privaten Investitionstätigkeit als Untersuchungsobjekt bedarf einer weiteren Erläuterung. Seit Keynes ist es eine gesicherte Erkenntnis, daß Konjunkturpolitik eine öffentliche Aufgabe ist und daß im staatlichen Bereich besonders die öffentlichen Ausgaben ein hervorragend einsetzbares Instrument zur Erfüllung dieser Aufgabe darstellen. Wenn auch die konjunkturellen Wirkungen von Ausgabevariationen im einzelnen hinsichtlich ihrer globalen sowie strukturellen Effekte umstritten sind, so wird damit doch nicht ihre grundsätzliche Eignung für konjunkturpolitische Zwecke angezweifelt. [1] Die Notwendigkeit zu einer Unterstützung (wenn auch nicht zu einem Ersatz) der Ausgabenpolitik durch Maßnahmen, die direkt bei der privaten Güterversorgung ansetzen, ergibt sich aus folgenden Überlegungen:

Erstens gelangt eine öffentliche Ausgabenpolitik zur konjunkturellen Stabilisierung (in beiden Richtungen) erst dann zum Erfolg, wenn sich ihre expansiven (restriktiven) Maßnahmen bis hin zu den privaten Aktivitäten ausgewirkt haben. Die Staatsausgabenvariation bewirkt die Erreichung des gewünschten Volkseinkommens nicht allein, sondern über den Hebel der privaten Aktivitäten, die im Gefolge der staatlichen Maßnahmen gleichgerichtet verändert werden. Parallel mit staatlicher Ausgabenvariation einher-

---

1) Siehe M. Neumann, Zur Problematik von Staatsausgaben als Mittel der Beschäftigungsstabilisierung, Finanzarchiv, N.F.,Bd.27 (1968), S.459 ff.; F. Neumark, Fiskalpolitik und Wachstumsschwankungen, 2. Aufl., Wiesbaden 1969, S.38 ff.; K.-H. Hansmeyer, Antizyklische Ausgabenpolitik ?, in: D. Cassel, G. Gutmann,H.J.Thieme (Hg.), 25 Jahre Marktwirtschaft in der Bundesrepublik Deutschland, Stuttgart 1972, S. 212 ff.

gehende direkte Einflußnahme auf die privaten Aktivitäten kann also die Wirkung der staatlichen Maßnahme verstärken, insbesondere beschleunigen.

Zweitens zeigt die Erfahrung der Vergangenheit, [1] daß besonders in der Hochkonjunktur einer Staatsausgabenvariation zur Konjunkturdämpfung im politischen Raum enge Grenzen gesetzt sind. Eine freiwillige Minderversorgung mit öffentlichen Gütern scheint angesichts der These vom "armen Staat" kaum durchsetzbar zu sein. Umgekehrt können allokationspolitische Argumente dafür sprechen, die Staatsausgabenerhöhung in der Rezession nicht unbegrenzt hoch werden zu lassen. In beiden Fällen muß auf die private Güterversorgung wenn auch nicht alternativ, so doch komplementär zurückgegriffen werden, soll das konjunkturpolitische Ziel erreicht werden.

Schließlich kann dieser Standpunkt noch durch Überlegungen hinsichtlich der Last der Konjunkturpolitik verdeutlicht werden. Eine Konjunkturpolitik, die alternativ die private oder die öffentliche Güterversorgung variiert, wird auf große Durchsetzungsprobleme stoßen. Sie muß jeweils zu hart eingreifen und ruft größere politische Widerstände hervor, als wenn sich die konjunkturpolitischen Aktivitäten auf mehrere Ansatzpunkte verteilen. Die Last der Konjunkturpolitik wird durch diese Verteilung auf mehrere Ansatzpunkte in ihrer Fühlbarkeit gemindert.

In expansiver Richtung gilt diese Last-Argumentation nicht analog. Hier könnte es das Ziel des Staates sein, die Last (bzw. hier besser: den Nutzen) der Stabilisierungssprich: Expansionsbemühungen allein zu übernehmen. Es ist aber offensichtlich, daß bei einer solchen Vorgehensweise nicht nur Stabilisierungs-, sondern auch Allokations-

1) Siehe hierzu ausführlich: F. Neumark, Fiskalpolitik und Wachstumsschwankungen, S. 38 ff.

gesichtspunkte bzw. -ziele eine Rolle spielen. Soll die Allokation des Sozialprodukts (hier: Aufteilung auf Private und Staat) im Rahmen konjunkturpolitischer Aktivitäten keinen zu großen Schwankungen unterworfen werden, so ist es notwendig, eine Konjunkturpolitik zu betreiben, die beide Ansatzpunkte berücksichtigt.

Ähnliche Überlegungen sind hinsichtlich der Wahl des Ansatzpunktes innerhalb des privaten Sektors anzustellen. Hier ist es möglich, das Konsumverhalten und/oder die Nachfrage nach Investitionen zu beeinflussen. Wenn im folgenden davon ausgegangen wird, daß die Investitionsnachfrage zumindest auch Ansatzpunkt der Konjunkturpolitik sein wird, so kann dies unterschiedlich begründet werden:
Erstens wird - in deskriptiver Sicht - sowohl über den Konsum - als auch über den Investitionssektor Konjunkturpolitik betrieben. Dies zeigt die Erfahrung der Vergangenheit.
Zweitens kann - in normativ-technokratischer Sicht - wiederum das Last-Argument angeführt werden:
Je zahlreicher die Ansatzpunkte sind und je mehr sich die Maßnahmen verteilen, desto weniger intensiv brauchen die ergriffenen Maßnahmen zu sein, desto leichter sind sie durchsetzbar und desto schneller wird die konjunkturelle Wirkung eintreten. Verteilung der Last bedeutet zudem auch verminderten Eingriff in die Ressourcen-Allokation.

Es wird also nicht versucht, den Ansatzpunkt "private Investitionstätigkeit" konjunkturtheoretisch zu begründen. Eine solche Vorgehensweise müßte nachweisen, daß die privaten Investitionen der (oder ein) Verursacher der konjunkturellen Bewegungen sind. Dies entspräche zwar einer größeren Zahl von Konjunkturtheorien, kann und braucht hier aber nicht im einzelnen analysiert zu werden.

Man kann stattdessen von dem überprüfbaren Tatbestand ausgehen, daß die private Investitionstätigkeit, wenn auch nicht notwendig der Verursacher, so doch in jedem Fall ein bedeutsamer Verstärker der konjunkturellen Bewegungen ist. Eine Minderung ihrer Fluktuationen wird daher zumindest einen Beitrag zur Abschwächung der gesamtwirtschaftlichen Bewegungen darstellen.

Schließlich braucht weder die Verursacher- noch die Verstärker-Hypothese akzeptiert zu werden: Wenn es im gesamtwirtschaftlichen Ablauf die privaten Investitionen sind, die - vielleicht nur als Resultante der konjunkturellen Bewegungen - das gesamtwirtschaftliche Aggregat darstellen, in dem die konjunkturellen Bewegungen manifest werden und von dem aus sie ihre Wirkung im Wirtschaftskreislauf entfalten, dann ist es sinnvoll, unabhängig von alternativen Hypothesen über die Entstehung der Bewegungen direkt diese unerwünschte Fehlentwicklung zu beseitigen, um so auch gesamtwirtschaftlich zu einem - wie immer gearteten - größeren Gleichgewicht zu gelangen. [1]

Dieser Ansatz ist direkt zielorientiert gefaßt und umschließt die Feststellung, daß die Schwankungen der Investitionstätigkeit als unerwünschte Erscheinung im Konjunkturablauf einen direkten Anlaß zum Eingriff geben. Gestützt wird diese Feststellung durch Erfahrungen in allen bedeutsamen westlichen Industrieländern, deren wirtschaftspolitisches Instrumentarium immer zumindest auch Instrumente zur Einflußnahme auf die privaten Investitionsentscheidungen enthält. [2] Daß beim Einsatz dieser Instrumente neben konjunkturpolitischen Zielen stets auch weitere

---

1) Siehe die ähnliche Argumentation bei H. Haller, Besteuerung und Wirtschaftswachstum, Tübingen 1970, S. 14 f. und S. 28 f.

2) Siehe z.B. für die Bundesrepublik Deutschland die §§ 26-28 des Gesetzes zur Förderung der Stabilität und des Wachstums der Wirtschaft vom 8.6.1967 (BGBl.I S. 582), den rückzahlbaren Konjunkturzuschlag von 1970, den Stabilitätszuschlag von 1973, die Investitionsteuer von 1973, die Investitionsprämie von 1974. Für die USA findet sich eine Zusammenstellung der Maßnahmen der letzten Jahre in C.E. McLure jr., Fiscal Failure: Lessons of the Sixties, in: Economic Policy and Inflation in the Sixties, Washington 1972, S. 7 ff. Für sieben bedeutsame Länder der OECD siehe B. Hansen, Fiscal

Fortsetzung auf S. 6

Ziele Berücksichtigung finden, wird hier nicht verkannt. Insbesondere das Ziel einer für gerecht erachteten Einkommens- und Vermögensverteilung wird in der Regel von solchen Maßnahmen tangiert werden und also bei ihrer Anwendung zu beachten sein. [1] Auch sonstige strukturelle Nebeneffekte sind zu erwarten. [2] Beispielsweise werden manche Maßnahmen von großen und kleinen Unternehmungen in unterschiedlichem Maße wahrgenommen und rufen daher nicht überall die gleichen Effekte hervor. [3] Ähnliches gilt, wenn einzelne Maßnahmen in verschiedenen Industriezweigen wegen differierender Investitionsfunktionen unterschiedlich starke Auswirkungen zeitigen. [4]

Derartige zusätzliche Wirkungen können zwar für die endgültige Auswahl der Instrumente durch den Politiker entscheidend sein; da hier aber lediglich die Effizienzbedingungen für konjunkturpolitische Ziele isoliert untersucht werden sollen, können solche Effekte nur ausnahmsweise, nicht aber durchgängig einbezogen werden.

Fortsetzung von S. 5

2) Policy in Seven Countries 1955-1965, OECD, o.O. 1969. Neuerdings auch: H. Giersch (Hg.), Fiskalpolitik und Globalsteuerung. Symposium 1972, Tübingen 1973, mit Berichten über das fiskalpolitische Instrumentarium in verschiedenen europäischen Ländern sowie den USA.

1) Siehe beispielsweise L. Weichsel, Beschleunigte Abschreibung, Wachstum und Konjunktur, Köln und Opladen 1964, S. 154 ff.

2) L. Weichsel, Beschleunigte Abschreibung, Wachstum und Konjunktur, S. 157 ff.; H.J. Aaron, F.S. Russek jr., N.M. Singer, Tax Changes and Composition of Fixed Investment: An Aggregative Simulation, REStat, Vol.54 (1972), S. 343 ff.; A. Sandmo, Investment Incentives and the Corporate Income Tax, JoPE, Vol. 82 (1974), S. 287 ff.

3) Siehe hierzu ausführlich: R. Busch, Steuerentlastung oder Transferzahlungen. Eine Untersuchung anhand geltender Steuerentlastungsnormen, Diss. Köln 1975.

4) Derartige Effekte werden analysiert bei H. Wolff, Die Bestimmung der Investitionstätigkeit unter Berücksichtigung mehrwertiger Zielfunktionen der Unternehmer, Meisenheim 1971, S. 120 ff.

Damit ist das Objekt der Untersuchung aufgezeigt:

1. Es ist ein empirischer Tatbestand und kann sowohl normativ-technokratisch (von der Verteilung der Last her argumentiert) als auch konjunkturtheoretisch (dies geschah hier nicht) begründet werden, daß (auch) das Verhalten der Privaten Ansatzpunkt für die Konjunkturpolitik ist bzw. sein soll.

2. Ebenso kann der Erfahrung entnommen werden, daß innerhalb des privaten Sektors die Investitionstätigkeit ein bevorzugter Ansatzpunkt der Konjunkturpolitik ist, wobei nicht nur konjunkturtheoretische, sondern auch pragmatische Gründe für diesen Ansatzpunkt sprechen.

3. Keinesfalls soll die Thematik der Untersuchung ein Plädoyer für eine isolierte Konjunkturpolitik über Investitionsvariation sein: Investitionsorientierte Politik wird in der Regel nur im Zusammenhang mit Transaktionen erfolgreich und durchsetzbar sein, die an den anderen Kreislaufströmen ansetzen und unterstützend oder unterstützt das gleiche Ziel anstreben.

2. Der Prozeß der privaten Investitionsentscheidung als Ausgangstatbestand und Zielvariable

Das Ziel der Veränderung der privaten Investitionstätigkeit im Konjunkturablauf ist ein Globalziel, das kurzfristig erreicht werden muß, um konjunkturpolitisch sinnvoll zu sein. Es genügen also nicht Veränderungen der Investitionstätigkeit bei einzelnen Wirtschaftssubjekten - der Globaleffekt könnte hier ausbleiben -, es genügen aber auch nicht Effekte, die sich erst auf lange Sicht auswirken. Die Finanzpolitik muß also mit ihren Mitteln eine allgemeine, kurzfristige Veränderung hervorrufen.

In einem Wirtschaftssystem, das prinzipiell die Entscheidungen über Art und Umfang der Investitionstätigkeit privaten Unternehmungen überläßt, ist damit gleichzeitig auch festgelegt, welche Arten von Konjunkturpolitik nicht betrieben werden können. Es handelt sich um solche Vorgehensweisen, bei denen die Entscheidung über sektorale Zuordnung und quantitative Ausgestaltung der einzelnen Investition nicht mehr bei der privatwirtschaftlichen Unternehmung verbleibt, sondern zum Staat hin verlagert wird. Dieser direkte Zugriff zu den Investitionsentscheidungen würde das Problem selbst tangieren: Statt einer Veränderung der privaten Investitionen würden diese entweder verboten oder geboten, in beiden Fällen wären die Investitionsentscheidungen nicht mehr privat, sondern wären "sozialisiert".

Es ist offensichtlich, daß sich der Staat mit einer derartigen wirtschaftspolitischen Grundentscheidung eine Art konjunkturpolitische Fessel auferlegt: Das Erreichen der konjunkturpolitischen Ziele wird davon abhängig gemacht, ob die privaten Entscheidungsträger bereit und fähig sind, zur Zielerreichung beizutragen. Bei dieser Grundentscheidung im gesellschaftspolitischen Raum handelt es sich um das Ergebnis einer Abwägung zwischen allokativen, distributiven und stabilisierungspolitischen Zielsetzungen, eine Abwägung, die hier nicht nachvollzogen oder überprüft werden soll.

Ziel ist es vielmehr, aufzuzeigen, welche Schwierigkeiten, Probleme und Möglichkeiten sich gerade in dem gegebenen Wirtschaftssystem für die Konjunkturpolitik ergeben, wenn die Grundentscheidung für ein gemischtes Wirtschaftssystem beibehalten wird.

Soll also die letzte Entscheidung über Art und Umfang der Investitionstätigkeit im privaten Sektor bleiben, so muß der Staat bei seinen konjunkturpolitischen Entscheidungen die Entscheidungsprozesse der privaten Unternehmungen in sein Kalkül einbeziehen. Die Determinanten des privaten Entscheidungskalküls sind dergestalt mit konjunkturpolitischen Mitteln zu variieren, daß der jeweils gewünschte (konjunkturpolitisch erforderliche) Umfang der allgemeinen Investitionstätigkeit das Ergebnis ist.

Sieht man die Unternehmung als ein "produktives soziales System" [1)] an, also als ein System, das zur Erreichung produktiver Ziele in einem sozialen Zusammenhang unter einer Vielfalt von Interaktionen innerhalb eines Systems und mit der Umwelt Aktivitäten entfaltet, so bedeuten Investitionen eine Art der Beziehung dieses Systems mit der Umwelt, wobei die Entscheidungen von Determinanten innerhalb und außerhalb des Systems "Unternehmung" beeinflußt werden. Da die Konjunkturpolitik im gegebenen wirtschafts- und gesellschaftspolitischen Zusammenhang prinzipiell gezwungen ist, die Entscheidungen (auch über Investitionen) des Systems Unternehmung als gegeben zu akzeptieren, soweit sie systemkonform (im doppelten Sinne) zustande gekommen sind, muß sie versuchen, die Entscheidungsdeterminanten des Systems Unternehmung zu variieren, wenn sie Veränderungen der Entscheidungsergebnisse (Investitionsakte) bewirken will.

In anderer Terminologie [2)] heißt das, den Unternehmungen müssen Stimuli gesetzt werden, auf die sie mit entsprechend gewünschten Reaktionen (Mehr- oder Minderinvestitionen) antworten. Problematisch bei einer solchen Vorgehensweise, die Umweltveränderungen eines Systems bzw. mehrerer Systeme vornimmt, um Änderungen des Verhaltens des Systems zu bewirken, ist zum einen die Ermittlung der Entscheidungs-

---

1) H. Ulrich, Die Unternehmung als produktives soziales System, 2. Aufl., Bern, Stuttgart 1970.

2) Siehe zu diesem Ansatz zusammenfassend W. Kirsch, Entscheidungsprozesse, Bd. II: Informationsverarbeitungstheorie des Entscheidungsverhaltens, Wiesbaden 1971, S. 26 ff.

determinanten des Systems, zum zweiten die Frage, ob es sich um konstante oder variable Determinanten handelt, und zum dritten, ob die Reaktionen auf die künstlich von außen gesetzten Reize in einem derart angemessenen Zeitraum erfolgen, daß sie noch konjunkturpolitisch erwünscht sind.

Zu untersuchen sind also

- die Determinanten der privaten Investitionsentscheidungen und ihre Beeinflußbarkeit mit finanzpolitischen Mitteln,
- die Stabilität dieser Investitionsfunktionen sowie
- der zeitliche Prozeß, innerhalb dessen die Investitionsentscheidungen verwirklicht werden einschließlich wiederum seiner Beeinflußbarkeit mit finanzpolitischen Mitteln.

Dieser an den Investitionsentscheidungen orientierte Ansatz bringt zwei Beschränkungen des Objektbereichs mit sich. Die erste bezieht sich auf die Art der in die Untersuchung einzubeziehenden Investitionen: Um nicht zu viele unterschiedlich geartete Abhängigkeiten berücksichtigen zu müssen, beschränken sich die Analysen auf die privaten Bau- und Ausrüstungsinvestitionen im Unternehmenssektor. Insbesondere die privaten Wohnungsbau-Investitionen sowie die unternehmerischen Lager-Investitionen werden also im folgenden ausgeklammert.

Erstere werden auf einem von der sonstigen Investitionstätigkeit - auch institutionell - abgesonderten Markt getätigt, dessen Besonderheiten einzubeziehen hier eine zu umfangreiche Darstellung erforderte. Die Lager-Investitionen sind demgegenüber zwar ein Teil der Vorgänge in den produktiven Unternehmungen, es ist aber damit zu rechnen, daß diese Investitionsentscheidungen sich auf anderer Grundlage vollziehen als Entscheidungen über den Umfang an solchen Investitionen, die einen Einfluß auf die Produktionskapazität ausüben. [1)]

Diese Argumentation gilt jedoch nicht für die Ersatzinvestitionen. In konjunkturpolitischer Sicht sind weniger die Netto- als vielmehr die Bruttoinvestitionen von Bedeutung. Die Determinanten der Ersatzinvestitionen sind also integraler Bestandteil der vorliegenden Problemstellung und sind dann gesondert zu analysieren, wenn sich aus der Unterscheidung zwischen Brutto- und Nettoinvestitionen zusätzliche Erkenntnisse gewinnen lassen.

Die zweite Beschränkung bezieht sich auf die Art der einzubeziehenden Wirkungen:
Untersuchungsgegenstand sind nur die primären Anstoßwirkungen, nicht aber auch sämtliche Folgewirkungen, die sich im gesamtwirtschaftlichen Ablauf ergeben werden. Ihre Berücksichtigung würde die Verwendung eines gesamtwirtschaftlichen Modells voraussetzen, in dem die Wechselbeziehungen zwischen den verschiedenen Aggregaten der Volkswirtschaft realistisch abgebildet sind. [2)] Die hier vorgenommene partialanalytische Verwendung von Investitionsfunktionen mindert zwar die politische Verwendbarkeit der

---

1) Siehe zu diesen beiden Investitionsarten die Überblicks-Darstellungen bei M.K. Evans, Macroeconomic Activity. Theory, Forecasting and Control, New York, Evanston, London 1969, S. 184 ff. und 201 ff.

2) Siehe für die Bundesrepublik Deutschland insbesondere W. Krelle, D. Beckerhoff, H.G. Langer, H. Fuß, Ein Prognosesystem für die wirtschaftliche Entwicklung der Bundesrepublik Deutschland, Meisenheim 1969, besonders S. 224 ff. sowie die Erweiterung des "Bonner Prognosemodells" von K. Schloenbach, Ökonometrische Analyse der Lohn- und Arbeitsmarktentwicklung in der Bundesrepublik Deutschland 1957-1968, Meisenheim 1972.

Ergebnisse, der realistische Ausbau solcher Funktionen ist aber gleichzeitig eine wichtige Voraussetzung, um derartige gesamtwirtschaftliche Modelle funktionsfähig machen und verbessern zu können. [1] Kritik an Makromodellen wird ja gerade deshalb und dann geführt, wenn und weil die berücksichtigten Verhaltensfunktionen von Teilaggregaten nicht mit der Wirklichkeit übereinstimmen. [2] Wenn also hier die individuellen Entscheidungen Ausgangspunkt der Analyse sind, so steht dahinter der "Glaube, daß besseres Wissen von den aktuellen Entscheidungsprozessen eine Vorbedingung ist für bessere quantitative Voraussagen, sei es mittels ökonometrischer Modelle, sei es mittels mehr intuitiver, weniger formalisierter Techniken". [3]

Das Aggregationsproblem, das bei einer derartigen zunächst mikroökonomischen Vorgehensweise auftreten kann, scheint auf dem Gebiet der Investitionstheorie nicht die entscheidende Bedeutung zu haben, wie z.B. im Bereich der Konsumtheorie. [4] Kloten bringt gerade die Investitionsförderung als Beispiel für das notwendige Zusammenwirken von Makropolitik und Mikroentscheidungen: "Es bleibt gar kein ande-

---

1) Vgl. hierzu die Vorgehensweise beim Bau des Brookings-Modells, das auf einer Vielzahl von Partialmodellen aufbaut. J.S. Duesenberry, G. Fromm, L.R. Klein, E. Kuh, The Brookings Quarterly Econometric Model of the United States, Chicago, Amsterdam 1965.

2) Siehe z.B. B. Rahmann, Grundlagen konjunkturbeeinflussender Haushaltspolitik, Berlin 1972, S. 106 ff.

3) J.R. Meyer, E. Kuh, The Investment Decision. An Empirical Study, Cambridge/Mass. 1957, S. 5.

4) Z. Griliches/Y. Grunfeld, Is Aggregation Necessarily Bad ? REStat, Vol. 42 (1960), S. 1 ff.; vgl. auch zum Aggregationsproblem in ökonometrischer Sicht: H.A.J. Green, Aggregation in Economic Analysis, Princeton 1964; G. Fromm, G.R. Schink, Aggregation and Econometric Models, IER, Vol. 14 (1973) und aus methodologischer Sicht z.B. N. Kloten, Mikro- und Makroanalyse als Grundlage wirtschaftspolitischer Entscheidungen, in: R.Jochimsen, H. Knobel (Hg.), Gegenstand und Methoden der Nationalökonomie, Köln 1971, S. 339 ff.

rer Weg, als letztlich die geplanten gesamtwirtschaftlichen Maßnahmen dort in die Tat umzusetzen, wo die Determinierung des Kreislaufs erfolgt - nämlich im individualwirtschaftlichen Bereich. Beispielsweise wird ein geforderter Nettoinvestitionszuwachs um 10 % verschiedene Einzelmaßnahmen, etwa Diskontsenkung, steuerliche Begünstigung nichtentnommener Gewinne, öffentliche Bauvorhaben usw. nach sich ziehen. Aber auch diese Maßnahmen werden erst wirksam über die Reaktionen privater Wirtschaftseinheiten bzw. über ins einzelne gehende Anordnungen der Planungsbehörden." [1] Und noch deutlicher: "Die Ergebnisse der Mikroanalyse müssen bei jeder wirtschaftspolitischen Entscheidung berücksichtigt werden, ganz gleich, ob diese selbst auf mikro- oder makroökonomische Überlegungen zurückzuführen sind." [2]

Wenn also im folgenden von Incentive-Wirkungen gesprochen wird, werden diese immer auch auf mikroökonomischer Ebene zu prüfen sein. Ein anderes Problem liegt vor, wenn Wirkungen auf die Investitionsfähigkeit in Frage stehen. Derartige Effekte (in der Regel durch geldpolitische Maßnahmen oder durch finanzpolitische Maßnahmen mit Geldmengen-Effekt hervorgerufen) müssen immer auch für die Volkswirtschaft als Ganzes gelten, da sich ansonsten einzelwirtschaftliche Kompensationen ergeben können. Hier sind also zusätzliche gesamtwirtschaftliche Überlegungen anzustellen.

---

1) N. Kloten, Mikro- und Makroanalyse..., S. 343 f.

2) Ebenda, S. 345.

3. Zur Aussagekraft empirischer Investitionsfunktionen

Eindeutige Aussagen zur Einwirkung fiskalpolitischer Impulse auf die unternehmerischen Investitionsentscheidungen können dann gemacht werden, wenn ein Modell der unternehmerischen Investitionsentscheidung vorliegt, das die fiskalpolitischen [1] Parameter (Steuersatz, Abschreibungsverfahren, Investitionsprämie etc.) explizit enthält, so daß sich aus ihm Schlußfolgerungen über Richtung und Umfang der Wirkungen von Parameter-Änderungen herleiten lassen. Dieses Modell müßte sich in empirischen Tests bewährt haben, und zwar in deskriptiven und prognostischen Tests. Es müßte dabei jeweils besser abgeschnitten haben als sämtliche sonstig verfügbaren Modelle. Schließlich müßte seine Gültigkeit unabhängig von der jeweiligen Zeit sein (so daß beispielsweise die Konjunkturphase unbeachtlich ist) oder müßte derart spezifiziert sein, daß die zeitliche Gültigkeit (z.B. jeweils für gewisse Konjunkturphasen) explizit angegeben werden kann.

Dieses optimale Modell steht nicht zur Verfügung, die investitionstheoretische Literatur ist vielmehr gekennzeichnet durch einen Pluralismus der Ergebnisse und der Methoden und damit auch der Schlußfolgerungen, der auf kaum einem anderen Gebiet der Wirtschaftstheorie derart vielfältig ist. Dabei werden jeweils einzelne der oben angegebenen Bedingungen unter Vernachlässigung anderer Bedingungen erfüllt.

Genaue Aussagen über den Einfluß fiskalpolitischer Parameter auf die Investitionstätigkeit werden mit Hilfe von Modellkonstruktionen des Unternehmers gemacht, der sich stets rational im Hinblick auf ein vorgegebenes Ziel

---

1) Die Begriffe "Fiskalpolitik" und "fiskalpolitisch" werden hier und im folgenden immer dann benutzt, wenn die konjunkturorientierte Finanzpolitik angesprochen ist.

(Gewinnmaximierung) verhält. Er besitzt entweder sämtliche notwendigen Informationen,oder aber es können Aussagen über sein Verhalten gegenüber der Unsicherheit und Ungewißheit gemacht werden. Dieser Rahmen zur Analyse des Einflusses fiskalpolitischer Parameter hat lange Tradition, zu nennen sind beispielhaft die Arbeiten von E.C. Brown, [1] R.A. Musgrave [2], H. Schneider [3] und J.F. Helliwell [4]. Charakteristisch für diese Ansätze ist zum einen der enge Bezug zu den präskriptiven betriebswirtschaftlichen Arbeiten z.B. von G. Terborgh, [5] P. Massé [6] und J. Hirshleifer, [7] so daß der Einfluß fiskalpolitisc her Parameter auf die Investitionsentscheidungen in deskriptiven und präskriptiven Arbeiten nach der gleichen Logik analysiert wurde. [8] Zum anderen ist diesen Arbeiten die gänzlich fehlende empirische Absicherung eigen. Eher ist das Gegen-

---

1) E.C. Brown, Business-Income Taxation and Investment Incentives, in: Income, Employment and Public Policy, Essays in Honor of A.H.Hansen, New York 1948.

2) R.A. Musgrave, The Theory of Public Finance, New York, Toronto, London 1959, S. 336 ff.

3) H. Schneider, Der Einfluß der Steuern auf die unternehmerischen Investitionsentscheidungen, Tübingen 1964.

4) J.F. Helliwell, Public Policies and Private Investment, Oxford 1968.

5) G. Terborgh, Dynamic Equipment Policy, New York 1949.

6) P. Massé, Optimal Investment Decisions, Englewood Cliffs 1962.

7) J. Hirshleifer, On the Theory of Optimal Investment Decision, JoPE, Vol. 66 (1958), wiederabgedr. in: E. Solomon (ed.), The Management of Corporate Capital, Glencoe, Ill. 1959, S. 205 ff.

8) Vgl. im deutschen Sprachraum die betriebswirtschaftlichen, präskriptiven Arbeiten zum Einfluß der Steuern auf die Investitionstätigkeit von D. Schneider, Der Einfluß von Ertragsteuern auf die Vorteilhaftigkeit von Investitionen, ZfhF, N.F., Jg. 14 (1962),S. 539 ff.; H. Schwarz, Zur Berücksichtigung erfolgssteuerlicher Gesichtspunkte bei Investitionsentscheidungen, Betriebswirtschaftliche Forschung und Praxis, Jg. 14 (1962), S. 135 ff., 199 ff.; D. Schneider, Korrekturen zum Einfluß der Besteuerung auf die Investitionen, ZfbF, N.F., 21 Jg. (1969), S.297 ff.; L. Haegert, Der Einfluß der Steuern auf das optimale Investitions- und Finanzierungsprogramm, Wiesbaden 1971.

teil festzustellen: Mehrere empirische Arbeiten haben negative Ergebnisse hinsichtlich der deskriptiven Verwendbarkeit dieses Ansatzes erbracht. [1]

Im Gegensatz zu diesem rein modelltheoretischen Ansatz stehen die empirischen Überprüfungen der Determinanten unternehmerischer Investitionsentscheidungen. Hier ist erstens auf die genannten Interviewstudien hinzuweisen. [2] In diesen Studien wird versucht, aus einer großen Zahl von Investitionsentscheidungen die Gemeinsamkeiten herauszukristallisieren. Ergebnis ist jeweils eine Vielzahl von Investitionsdeterminanten, die jedoch kaum zu Investitionsfunktionen zusammengefügt werden können, [3] so daß Aussagen über das quantitative Ausmaß der Einwirkung bestimmter Parameter schon vom Ansatz her nicht möglich sind.

Daneben stehen die ökonometrischen Tests von Investitionsfunktionen auf der Grundlage wirtschaftsstatistischer Daten. Hier sind verschiedene Ansätze zu unterscheiden:

Zum einen können ökonometrische Tests ohne zugrunde liegende Theorie vorgenommen werden. Auswahlkriterium aus der Vielzahl der Ergebnisse ist die Höhe der Korrelationskoeffizienten in Verbindung mit anderen statistischen Meßzahlen. [4]

---

1) E. Gutenberg, Untersuchungen über die Investitionsentscheidungen industrieller Unternehmen, Köln, Opladen 1959; J.F. Helliwell, Taxation and Investment: A Study of Capital Expenditure Decisions in Large Corporations, Ottawa 1966; J. Honko, On Investment Decisions in Finnish Industry, Helsinki 1966.

2) Siehe oben FN 1; außerdem G. Katona, Psychological Analysis of Economic Behavior, New York, London, Toronto 1951; R. Eisner, Determinants of Capital Expenditures - An Interview Study, Urbana 1956.

3) E. Gutenberg, Untersuchungen über die Investitionsentscheidungen ..., S. 225 und die faktorenanalytische Auswertung der Gutenberg-Ergebnisse: A.-W. Scheer, Die industrielle Investitionsentscheidung, Wiesbaden 1969, S. 118 ff.

4) Siehe z.B. die Berechnungen bei J. Rosette, Ökonometrische Investitionsfunktionen für Konjunkturmodelle, Konjunkturpolitik, 17. Jg. (1971), S. 139 ff.

Größte Bedeutung haben aber in der jüngeren Vergangenheit jene ökonometrischen Einzeluntersuchungen erlangt, die fundierend auf investitionstheoretischen Vorüberlegungen einen empirischen Test bestimmter Investitionsfunktionen vornehmen. Statt einer Aufzählung der Einzelansätze und -ergebnisse sei auf die Überblicksartikel von R. Eisner und R.H. Strotz, [1] J. Rosette [2], D.W. Jorgenson [3] und R. Eisner [4] verwiesen. Das Ergebnis dieser empirischen Untersuchungen ist jedoch mehr zwiespältig, als daß es zu Erkenntnissen über die Investitionsfunktion verhelfen könnte, gibt es doch kaum eine plausible Hypothese über das Investitionsverhalten, die sich nicht in den empirischen Tests gut hätte nachweisen lassen.

Entsprechend vielfältig sind die Ergebnisse hinsichtlich der Bedeutung, die die fiskalpolitischen Parameter im Rahmen der Investitionsdeterminierung einnehmen. Die Einschätzung ihres Wirkungsgrades schwankt zwischen "unwirksam" und "überaus wirksam", wie am Beispiel einer Steuersatzvariation gezeigt werden kann (siehe Tab. 1).

---

1) R. Eisner, R.H. Strotz, Determinants of Business Investment, in: Commission on Money and Credit, Impacts of Monetary Policy, Englewood Cliffs 1963, S. 59 ff.

2) J. Rosette, Ökonometrische Investitionsfunktionen für Konjunkturmodelle.

3) D.W. Jorgenson, Econometric Studies of Investment Behavior: A Survey, JEL, Vol. 9 (1971), S. 1111 ff.

4) R. Eisner, Econometric Studies of Investment Behavior: A Comment, Economic Inquiry, Vol. 12 (1974), S. 91 ff.

Tab. 1 : Auswirkungen einer Steuersatzänderung auf die privaten Anlage- und Ausrüstungsinvestitionen [1)]

Investitionsfunktion	Zusätzliche Investitionen, hervorgerufen durch eine Senkung der Körperschaftsteuer um 1 % (in Mrd. $ 1958)
Fromm / Taubman [2)]	weniger als 0,1
Eisner [3)]	weniger als 0,1
Evans / Klein [4)]	0,3
Kuh [5)]	0,4
Hall / Jorgenson [6)]	0,4
Thurow [7)]	0,5
Okun [8)]	0,8

1) Entnommen aus: L.C. Thurow, The Impact of Taxes on the American Economy, New York, Washington, London 1971, S. 33.

2) G. Fromm, P. Taubman, Policy Simulations with an Econometric Model, Washington 1968, S. 132.

3) R. Eisner, A Permanent Income Theory for Investment, AER, Vol. 57 (1967), S. 377, 386.

4) M.K. Evans, L.R. Klein, The Wharton Econometric Forecasting Model, University of Pennsylvania 1967, S. 62.

5) E. Kuh, Capital Stock Growth: A Microeconometric Approach, 2. Aufl., Amsterdam 1971, S. 229.

6) R.E. Hall, D.W. Jorgenson, Tax Policy and Investment Behavior, AER, Vol. 57 (1967), S. 406, 412.

7) L.C. Thurow, A Neo-Classical Disequilibrium Investment Function, REStat, Vol. 51 (1969), S. 431.

8) A.M. Okun, Measuring the Impact of the 1964 Tax Reduction in: W.W. Heller (ed.), Perspective on Economic Growth, New York 1968, S. 44.

Damit besteht für alle die Arbeiten, die sich nicht selbst mit empirischer Testung beschäftigen, sondern die Ergebnisse derartiger Tests verwenden wollen, die Gefahr, sich die jeweils "passende" Investitionsbeziehung aus der Gesamtzahl der statistisch bewährten Investitionsfunktionen auszuwählen. Denn sowohl die Gewinn-Hypothese wie die Akzelerationshypothese, die Zinshypothese wie die Umsatzhypothese etc. lassen sich als "empirisch bestätigt" nachweisen.

Verschiedene Gründe können für diesen Funktionen-Pluralismus angeführt werden, insbesondere

- die Verwendung unterschiedlicher Investitions-Abgrenzungen,
- der Bezug auf unterschiedliche Untersuchungszeiträume in den verschiedenen Untersuchungen,
- Mängel in den statistischen Daten und Verfahren und
- Mängel der Spezifikation der zeitlichen Wirkungszusammenhänge.

Zwar fanden bisher bereits einige Versuche statt, für den gleichen Zeitraum und anhand des gleichen Zahlenmaterials alternative Investitionstheorien zu testen. Beispielhaft seien genannt die Untersuchungen von Z. Griliches und N. Wallace [1], von D.W. Jorgenson, J. Hunter und M.I. Nadiri [2] sowie von C.W. Bischoff [3]. Es handelt sich hierbei jeweils um Versuche, die Gültigkeit alternativer

---

1) Z.Griliches, N. Wallace, The Determinants of Investment Revisited, IER, Vol. 6 (1965), S. 311 ff.

2) D.W. Jorgenson, J. Hunter, M.I. Nadiri, A Comparison of Alternative Econometric Models of Quarterly Investment Behavior, Econometrica, Vol. 38 (1970), S. 187 ff.; dieselben, The Predictive Performance of Econometric Models of Quarterly Investment Behavior, ebenda, S.213 ff. Vgl. hierzu die kritischen Bemerkungen von L.R. Klein, Issues in Econometric Studies of Investment Behavior, JEL, Vol. 12 (1974), S. 48.

3) C.W. Bischoff, Business Investment in the 1970's: A Comparison of Models, BPEA, Vol. 2 (1971), S. 13 ff.

Theorien durch vergleichende empirische Analysen herauszuarbeiten, ohne daß die Stabilität der gefundenen (unterschiedlichen) Ergebnisse hinreichend geklärt wäre. Ziel bei diesen Gegenüberstellungen war jeweils die Auffindung der richtigen Investitionsfunktion.

Seltener wird die Möglichkeit explizit ins Auge gefaßt, es könne am Untersuchungsgegenstand selbst liegen, daß es nicht gelingt, eine allgemeingültige und -akzeptierte Investitionsfunktion zu ermitteln. Hinter einer solchen Hypothese steht dann die Erkenntnis, daß möglicherweise gar keine zeitinvariante Investitionsbeziehung existiert, daß es vielmehr das Wesen der Investitionstätigkeit ist, sowohl im Wachstums- wie im Konjunkturprozeß von einer wechselnden Zahl sich verändernder Einflußfaktoren mit unterschiedlicher Intensität abhängig zu sein. Wenn dies der Fall ist, dann ist die Aussagekraft empirischer Investitionsfunktionen nur sehr beschränkt. Sie sind dann nur für den je betrachteten Zeitraum ohne universellen Anspruch gültig. Eine Schlußfolgerung wie die, daß keine Investitionsbeziehung, die sich irgendwann einmal empirisch bewährt hat, bedeutungslos sein kann, folgt zwar logisch, zeigt aber angesichts der Vielzahl der bewährten Investitionsfunktionen, zu denen fast jede plausible Hypothese gehört, daß die Empirie nicht eine Auswahl aus alternativen Theorien ermöglicht, sondern eher Anlaß dazu gibt, neue Theorien über den Wandel der Investitionsbeziehung aufzustellen. Im Mittelpunkt des Erkenntnisinteresses stehen dann nicht mehr die Determinanten der Investitionsfunktion, sondern die Determinanten des Wandels der die Investitionen beeinflussenden Größen. Die Prüfung starrer Investitionsbeziehungen mit einer inflexiblen Lag-Struktur muß dann zurückstehen hinter solchen Erklärungsansätzen, die zur Berücksichtigung von variablen Beziehungen und variablen zeitlichen Abläufen in der Lage sind.

Hier ist zunächst die auf den Vorarbeiten von J.R. Meyer und E. Kuh [1] aufbauende Arbeit von J.R. Meyer und R.R. Glauber [2] zu nennen, die im Konjunkturablauf wechselnde Investitionsdeterminanten festgestellt haben. Die theoretische Grundlegung hierzu wurde von J.S. Duesenberry [3] gelegt. Ergebnis ist eine jeweils im Zeitablauf wechselnde Bedeutung der Akzelerator- und der Liquiditätsbeziehung als Determinante der Investitionstätigkeit.

Aber auch sämtliche Ansätze, die variable Akzeleratoren beinhalten, sind hier zu nennen [4] ebenso wie die ökonometrischen Modelle, die von variablen Wirkungsverzögerungen mit Analyse der jeweils die Dauer beeinflussenden Faktoren ausgehen. Fruchtbar scheint für diese Problemstellung auch der Ansatz der neoklassischen Investitionstheorie zu sein, der einmal ohne Schwierigkeiten eine Verwendung variabler Lags ermöglicht, der aber von seiner Grundstruktur her ebenfalls eine Möglichkeit der Berücksichtigung flexibler Investitionsdeterminierung bietet. [5]

Für die Einwirkung fiskalpolitischer Impulse auf die Investitionsentscheidungen würde eine solche variable Grundbeziehung gleichfalls einen wechselnden Einfluß in alternativen Situationen bedeuten. Dieser kann aber nur herausgearbeitet werden, wenn in den Investitionsbeziehungen fiskalpolitische Parameter enthalten sind. Das ist in vielen Investitionsbeziehungen nicht (z.B. in Akzelerator-

---

1) J.R. Meyer, E. Kuh, The Investment Decision.

2) J.R. Meyer, R.R. Glauber, Investment Decisions, Economic Forecasting, and Public Policy, Boston 1964.

3) J.S. Duesenberry, Business Cycles and Economic Growth, New York, Toronto, London 1958.

4) Siehe unten Kapitel C.3.b.III.

5) Siehe unten Kapitel C.4.

beziehungen) oder nur indirekt der Fall (z.B. in Liquiditäts- und Gewinnbeziehungen), so daß die Eigenart alternativer Instrumente nicht zum Ausdruck kommen kann. Mit dieser Feststellung wird bereits ein Rahmen gegeben für die Intensität, mit der die einzelnen Investitionstheorien hinsichtlich ihrer Aussagekraft für die vorgegebene Fragestellung zu analysieren sind.

4. Ein Überblick über den Gang der Untersuchung

Wenn es das Ziel der Arbeit ist, Aussagen über die Einwirkungsmöglichkeit fiskalpolitischer Parameter auf die private Investitionstätigkeit zu machen, so muß zunächst die allgemeine Formulierung "fiskalpolitische Parameter" differenziert werden; d.h. es ist zu prüfen, welche Instrumente der Finanzpolitik für derartige konjunkturpolitische Aktivitäten zur Verfügung stehen bzw. stehen können. Da eine Ordnung des Instrumentariums nur sinnvoll und für die weitere Verwendung in der Arbeit brauchbar vorgenommen werden kann, wenn die Instrumente hinsichtlich ihrer wesentlichen Charakteristika voneinander abgehoben werden, wird derart vorgegangen, daß ein gemeinsames logisches Raster gesucht wird, welches die Unterscheidungsgrundlage für die einzelnen Instrumente darstellt. Als ein derartiges Modell, anhand dessen die Instrumente zu charakterisieren sind, wird in Kapitel B das Kapitalwertmodell herangezogen, dessen Auswahl zuvor noch einer kurzen Begründung bedarf.

Es schließt sich in Kapitel C. eine intensive Untersuchung an, welcher Stellenwert diesen fiskalpolitischen Parametern in alternativen Investitionsfunktionen zukommt. Wenn hierbei nicht allein auf <u>eine</u> Investitionstheorie vertraut wird, so bedeutet das, daß als Ergebnis weniger ein Aufzeigen <u>der</u> effizienten Politik möglich ist, sondern mehr ein Aufzeigen alternativer Antworten unter Nennung der jeweils zu setzenden Bedingungen. Damit wird keiner der untersuchten Investitionstheorien isoliert vertraut, sondern ihnen wird jeweils vorwiegend ein heuristischer Wert bezüglich der Vielfalt möglicher Einflußfaktoren zugeschrieben.

Besondere Bedeutung kommt in diesem Rahmen zum einen der neoklassischen Investitionstheorie zu, da sie hervorragend zur Abbildung der Wirkung fiskalpolitischer Parameter geeignet ist, zum anderen dem genauen Gegenteil dieser Theorie in Form von verhaltenswissenschaftlichen Ansätzen. Erstere wird umfassend analysiert, um die Bedingungen ihrer Aussagefähigkeit herauszukristallisieren, letzteren wird zunächst in einem Exkurs nachgegangen (der wegen seiner grundlegenden Bedeutung den Rahmen des Themas überschreitet), dann aber wird versucht, liquiditätstheoretische Aussagen, Ersatzinvestitionstheorien sowie Hypothesen über den Wandel der Investitionsdeterminanten im Zeitablauf in ihrem Sinne zu interpretieren.

Neben der Frage nach den Determinanten der Investitionsentscheidungen und ihrer Beeinflußbarkeit durch fiskalpolitische Parameter steht die Frage nach den Zeitverzögerungen, mit denen die tatsächlichen Investitionen auf diese Determinanten reagieren. Denn in konjunkturpolitischer Sicht kommt es doch entscheidend darauf an, daß die angestrebten Veränderungen möglichst kurzfristig erfolgen. Dem Problem, ob und inwiefern hier Art, Ausgestaltung und Intensität des fiskalpolitischen Instrumentariums Einflußmöglichkeiten besitzen, wird in Kapitel D nachgegangen.

In Kapitel E. schließlich werden einige Schlußfolgerungen gezogen, z.T. in Form einer Zusammenfassung der bis dahin gefundenen Ergebnisse, z.T. aber auch darüber hinaus in allgemeineren Aussagen mündend. Neben der Frage, in welchem

Umfang denn nun die Analyse der verschiedenen Investitionstheorien hilfreich für die vorgegebene Problemstellung war, wird der These nachgegangen, daß es die optimale Ausgestaltung der fiskalpolitischen Vorgehensweise gar nicht geben kann. Einige abschließende Ausführungen stellen endlich das vorliegende Problem in einen größeren Zusammenhang und versuchen deutlich zu machen, daß im gegebenen Wirtschaftssystem immer nur eine relative Effizienz der hier angesprochenen fiskalpolitischen Parameter möglich ist. Denn eine perfekte Steuerungsmöglichkeit der Höhe der privaten Investitionen zu jeder Zeit würde eine derartige Macht des Staates als Institution bedeuten, daß damit eine Veränderung des Charakters des Wirtschaftssystems wahrscheinlich wäre.

B. Das finanzpolitische Instrumentarium zur konjunkturpolitischen Veränderung der privaten Investitionstätigkeit

Bisher wurden die Begrffe "fiskalpolitische Instrumente" und "fiskalpolitische Parameter" weitgehend unspezifiziert verwendet. Um im weiteren Verlauf der Arbeit auf konkrete Einzelinstrumente Bezug nehmen zu können, werden die fiskalpolitischen Instrumente zunächst im einzelnen dargestellt, erläutert und hinsichtlich ihrer spezifischen Charakteristika analysiert. Vorab sind jedoch zwei Entscheidungen zu treffen, nämlich

- nach welcher Logik, in welchem Raster die Darstellung der Instrumente stattfinden soll und
- welche Instrumente ausgewählt werden sollen; denn es erscheint sinnvoll, aus der Vielzahl denkmöglicher Instrumente hier nur die wesentlichen, politisch relevanten auszuwählen.

1. Das Kapitalwertmodell als Ausgangsmodell

a. Die Aussagekraft des Kapitalwertmodells

Die Verwendung des Kapitalwertmodells zur Darstellung steuerlicher Einflüsse (als Teil der fiskalpolitischen Einflüsse) auf die Entscheidungsgrundlagen der Unternehmungen hat lange Tradition. Aus dem Bereich der Volkswirtschaftslehre bzw. Finanzwissenschaft ist insbesondere hinzuweisen auf E.C. Brown, [1] R.A. Musgrave, [2] E.W.

---

1) E.C. Brown, Business-Income Taxation and Investment Incentives; ders., Tax Incentives for Investment, AERP, Vol. 52 (1962), S. 335 ff. (deutsch: Investitionsanreize durch Steuern, in: H.C. Recktenwald (Hg.), Finanztheorie, Köln, Berlin 1969, S. 366 ff.).

2) R.A. Musgrave, The Theory of Public Finance, S. 336 ff. (mit zahlreichen Literaturverweisen).

Dinkelacker, [1] H. Schneider [2] sowie J.F. Helliwell, [3] aus dem Bereich der Betriebswirtschaftslehre u.a. auf P. Swoboda [4] sowie D. Schneider [5]. Daß eine solche Vielzahl von Autoren die gleiche Methode verwendet, um Aussagen über den Zusammenhang zwischen staatlichen Parametern und privaten Entscheidungen zu machen, bedeutet nicht, daß damit auch allgemein akzeptiert ist, sämtliche Unternehmungen gingen nach dieser Methode vor oder die unternehmerische Entscheidungsfindung sei zumindest mittels der Kapitalwertmethode gut abbildbar. Derartige Annahmen mögen zuweilen eine Rolle gespielt haben; spätestens aber seit den empirischen Untersuchungen von E. Gutenberg,[6] J. Honko [7] sowie J.F. Helliwell [8] ist deutlich geworden, daß derartig rechenhaftes Vorgehen nicht übereinstimmt mit

---

1) E.W. Dinkelacker, Alternative Tax Incentives for Investment, JoPE, Vol. 72 (1964), S. 184 ff.

2) H. Schneider, Der Einfluß der Steuern auf die unternehmerischen Investitionsentscheidungen.

3) J.F. Helliwell, Public Policies and Private Investment.

4) P. Swoboda, Antizyklische steuerliche Regelungen und betriebliche Investitionsentscheidungen, Finanzarchiv, N.F., Bd. 28 (1969), S. 55 ff.

5) D. Schneider, Investition und Finanzierung, 3. Aufl., Opladen 1974, S. 297 ff.

6) E. Gutenberg, Untersuchungen über die Investitionsentscheidungen industrieller Unternehmen, besonders S. 195 ff.

7) J. Honko, On Investment Decisions in Finnish Industry, bes. S. 43 ff.

8) J.F. Helliwell, Taxation and Investment: A Study of Capital Expenditure Decisions in Large Corporations, bes. S. 12 ff.

den Entscheidungsprozessen in Unternehmen. [1]

Auch in der Betriebswirtschaftslehre wird anerkannt, daß ein wesentlicher Unterschied zwischen der Investitionsrechnung (als deren Teil die Kapitalwertmethode anzusehen ist) und einer Investitionstheorie besteht, die sich mit den Investitionsentscheidungen beschäftigt. In diesem Sinne sind dann die Investitionsrechnungen eine Vorstufe im größeren Zusammenhang des gesamten Investitionsplanungs- und -entscheidungsprozesses. [2] "Investitionskalküle in allen bisher von Theorie und Praxis entwickelten Formen unterstützen diese Entscheidungen - sie ersetzen sie jedoch nicht." [3] Als zusätzliche Einflußfaktoren werden genannt: [4]

1. zusätzliche Ziele des Entscheidenden - in der Kapitalwertmethode werden nur finanzielle Überschüsse berücksichtigt,
2. schwer abschätzbare Einwirkungen von Investitionsprojekten auf die Ein- und Auszahlungen und
3. Unsicherheit der Erwartungen hinsichtlich der Daten, die in die Rechnung eingehen.

Wenn nun trotzdem die Kapitalwertmethode nicht nur als Anleitung zur Entscheidungsfindung, also präskriptiv ver-

---

1) Hier könnte auch verwiesen werden auf die verschiedenen Arbeiten von E. Witte, der am Beispiel der Einführung von Computern in Unternehmungen gezeigt hat, wie bei derartigen Entscheidungsprozessen das Vorhandensein von Macht- und/oder Fachpromotoren für Schnelligkeit und Art der Entscheidungsfindung Bedeutung hat. Zusammenfassend hierzu: E. Witte, Organisation für Innovationsentscheidungen. Das Promotoren-Modell, Göttingen 1973 mit umfangreichen Literaturverweisen.

2) Siehe z.B. H. Hax, Investitionstheorie, Würzburg, Wien 1970, S. 5; W. Kern, Investitionsrechnung, Stuttgart 1974, S. 21 ff.

3) R.-B. Schmidt, Unternehmungsinvestitionen, Reinbek 1970, S. 70.

4) H. Hax, Investitionstheorie, S. 5.

wandt wird, sondern zu positiven Aussagen über tatsächliche Investitionsentscheidungen, [1] so können dahinter zwei unterschiedliche Argumentationen stehen.

Erstens wird bei der Übernahme von normativen Verhaltensregeln für den optimalen Unternehmer auf deskriptive Fragestellungen davon ausgegangen, die ökonomischen Abläufe in einer marktwirtschaftlichen Ordnung seien dergestalt determiniert, daß ein irgendwie geartetes "ökonomisches Gesetz" nur den Unternehmer erfolgreich bestehen läßt, der sich nach den maximierenden/optimierenden Regeln verhält. "The question how the rational investor should act has been given attention in order to generate testable inferences about how investors do act - or, since the rationality of investors is not essential, to discover the types of investments that will be successful and so will tend to persist (whatever the actual motivation)." [2]

Diese Aussage über die "faktische Kraft des Normativen" verdient eine kritische Würdigung, besagt sie doch, daß vom Wirtschaftssystem her nur ganz bestimmte Verhaltensweisen der Wirtschaftssubjekte zumindest mittel- bis lang-

---

1) Zuweilen wird die Art der Aussage nicht völlig klargemacht, z.B. bei D. Schneider, wenn er einen Aufsatz aus 1962 zwar richtig nennt "Der Einfluß von Ertragsteuern auf die Vorteilhaftigkeit von Investitionen", später jedoch einen richtigstellenden Aufsatz unter dem Titel "Korrekturen zum Einfluß der Besteuerung auf die Investitionen" erscheinen läßt, der den Anschein erweckt, als handle es sich nicht lediglich um die Vorteilhaftigkeit hinsichtlich einer bestimmten Zielsetzung, sondern als werden die Investitionen direkt durch derartige finanzpolitische Parameter gesteuert.

2) J. Hirshleifer, Investment. The Investment Decision, in: D. L. Sills (ed.), International Encyclopedia of the Social Sciences, Vol. 8 (1968), S. 198.

fristig geduldet werden. In dieser Sicht sind es dann nicht die Verhaltensweisen der Wirtschaftssubjekte, die das Marktergebnis determinieren, sondern die Verhaltensweisen sind durch das System vorgegeben; das Wirtschaftssystem als solches determiniert die Verhaltensweisen und damit das Marktergebnis.

Hier sollen nun nicht die Implikationen diskutiert werden, die in einem solchen Ansatz enthalten sind (keine Marktmacht, vollkommene Märkte, hohe Anpassungsgeschwindigkeit etc.), sondern es kann hier der Hinweis genügen, daß ein derartiges Verhalten wenn überhaupt dann sicherlich nur auf mittlere bis längere Sicht vom Markt erzwungen werden kann. Für die kurze, hier im Rahmen konjunkturpolitischer Fragestellungen interessierende Frist kann diese Gleichsetzung von normativer und positiver Theorie hinsichtlich der privaten Investitionsentscheidungen aus diesem Grunde jedenfalls nicht vollzogen werden. Leicht ist einzusehen, daß auf kurze Sicht bereits die mangelnde Vorhersehbarkeit der Zukunft genügt, um nicht stets derart überprüfbar "regelgebundenes" Verhalten aller Wirtschaftssubjekte vorliegen zu haben. [1)]

---

1) Mit dieser Argumentation werden also diejenigen Untersuchungen nicht diskreditiert, in denen die Kapitalwertmethode zur Analyse langfristiger Effekte auf Art und Umfang der Investitionstätigkeit Verwendung gefunden hat. Zu nennen sind insbesondere die Arbeiten von E.C. Brown (Business-Income Taxation and Investment Incentives; Tax Incentives for Investment), R.A. Musgrave (The Theory of Public Finance); H. Schneider (Der Einfluß der Steuern auf die unternehmerischen Investitionsentscheidungen) sowie H. Albach (Steuersystem und unternehmerische Investitionspolitik, Wiesbaden 1970).

Zuweilen wird ein zweites Argument für die allgemeine Verwendbarkeit des Kapitalwert-Ansatzes in deskriptiven Analysen angeführt: Je mehr Unternehmer bzw. Manager in optimalem Management ausgebildet werden, desto mehr werden auch nach den normierten Entscheidungsregeln späterhin agieren. [1)]

Hier gilt jedoch das gleiche Argument wie zuvor: Langfristig mag dieses Handeln so vollzogen werden - dies bleibe hier dahingestellt. Auf kurze Sicht sind jedoch schon aus den genannten Gründen Diskrepanzen möglich - und diese müssen bei konjunkturpolitischen Problemstellungen im Vordergrund stehen.

Wenn nun also eine derart kritische Distanz zur deskriptiven Verwendbarkeit der Kapitalwertmethode bezogen wird, bedarf es einer besonderen Erläuterung, warum diese Methode trotzdem als das logische Raster verwandt wird, mit dessen Hilfe das hier relevante finanzpolitische Instrumentarium dargestellt wird. Bei dieser Entscheidung spielt die Tatsache eine wesentliche Rolle, daß die Kapitalwertmethode mit ihren restriktiven Prämissen ein übersichtliches und einfaches Modell darstellt, das als Ausgangsmodell für eine vertiefte Diskussion dienen kann. Trotz seiner Einfachheit ist es nämlich doch geeignet, eine Vielzahl wesentlicher Charakteristika der einzelnen möglichen fiskalpolitischen Instrumente aufzudecken. Die Verwendung dieses Modells dient also weniger dazu, Wirkungsaussagen zu ermöglichen, sondern

---

1) Vgl. hierzu in einem weiteren Ansatz, der nicht auf die Kapitalwertmethode bezogen ist: W. Kirsch, Entscheidungsprozesse, Bd. I: Verhaltenswissenschaftliche Ansätze der Entscheidungstheorie, Wiesbaden 1970, S. 69 f.; G. Gäfgen, Theorie der wirtschaftlichen Entscheidung, 3. Aufl., Tübingen 1974, S. 61 ff.

ist mehr gedacht als Methode zur Auffindung solcher instrumentellen Eigenheiten der zu untersuchenden Maßnahmen, die bei lediglich verbaler Analyse nicht oder zumindest schwieriger deutlich zu machen wären. Dieser heuristische Ansatz kann natürlich wegen der Enge des Kapitalwertmodells nicht sämtliche instrumentellen Eigenheiten aufdecken; entsprechend ist in späteren Kapiteln jeweils auf die Besonderheiten der Instrumente im Lichte der jeweiligen Theorie einzugehen. [1]

Zu dieser allgemeinen Eignung der Kapitalwertmethode tritt ihre spezielle Verwandtschaft mit der neoklassischen Investitionstheorie. Eine Vielzahl von Prämissen und Verhaltensannahmen stimmt in beiden Ansätzen überein, so daß die Diskussion der Instrumente im Rahmen der Kapitalwertmethode z.T. schon zu Erkenntnissen führt, die später innerhalb der Analyse der neoklassischen Investitionstheorie nur wenig verändert übernommen werden können.

b. Der Kapitalwert einer Investition

"Den Kapitalwert einer Zahlungsreihe erhält man, indem man alle zeitlich nach dem Bezugszeitpunkt liegenden Zahlungen auf diesen abzinst und addiert." [2]

Die zunächst wesentlichen Zahlungen sind die Anschaffungszahlung des Investitionsprojektes und die Einzahlungsüber-

---

1) Bei diesem ersten Überblick über das Instrumentarium kann es also auch nicht sinnvoll sein, die gesamte wissenschaftliche Diskussion über die Wirksamkeit dieser Instrumente zu berücksichtigen.

2) H. Hax, Investitionstheorie, S. 10.

schüsse je Periode, die hier und im folgenden zur Vereinfachung jeweils den Periodengewinnen gleichgesetzt werden sollen. Statt der vielfach verwandten diskontinuierlichen Darstellungsweise wird die kontinuierliche Darstellungsweise der Zahlungsströme gewählt, da dies bei der später vorzunehmenden Analyse der neoklassischen Investitionstheorie zu einer einfacheren Handhabung führt. [1] Wenn im folgenden der Begriff "Kalkulationszinsfuß" verwandt wird, müßte es aufgrund der Verwendung der kontinuierlichen Analyse eigentlich "Verzinsungsenergie" oder "Verzinsungsintensität" heißen. Der Zusammenhang zwischen der Verzinsungsenergie und dem Kalkulationszinsfuß wird durch die Formel $r = \ln (1 + i)$ hergestellt, wobei r die Verzinsungsenergie und i den "eigentlichen" Kalkulationszinsfuß bezeichnen. [2] Statt des Summationszeichens wird also das Integrationszeichen verwandt:

$$(1) \quad PV = \int_{t=0}^{n} Z(t)\, e^{-rt}\, dt - qI$$

PV = Kapitalwert

n = ökonomischer Horizont

Z(t) = Periodengewinn in Periode t aus der Investition I

r = Kalkulationszinsfuß

q = Investitionsgüterpreis

I = Investition (real)

e = Basis der natürlichen Logarithmen (Eulersche Zahl)

Da die Existenz einer Gewinnsteuer vorauszusetzen ist, muß die Formel die Steuerzahlungen berücksichtigen. Diese ergeben sich in vereinfachter Darstellung aus den Bruttogewinnen abzüglich der Abschreibungen, multipliziert mit dem Gewinnsteuersatz:

---

1) Die Äquivalenz beider Darstellungsweisen wird z.B. bei D. Schneider, Investition und Finanzierung, S.280, gezeigt. Siehe auch W. Kern, Investitionsrechnung, Stuttgart 1974, S. 208 f.; J. Hirshleifer, Kapitaltheorie, Köln 1974, S. 41 ff.

2) Vgl. D. Schneider, a.a.O., S. 280.

$$(2)\quad PV = \int_{t=0}^{n} \left\{ Z(t) - u\left[Z(t)-D(t)\right] \right\} e^{-rt}dt - qI$$ [1)]

u = Gewinnsteuersatz

D(t) = Abschreibungsbetrag in Periode t

Eine Berücksichtigung des möglicherweise am Ende des ökonomischen Horizonts gegebenen Restwertes wird hier nicht explizit vorgenommen. [2)]

Der Kapitalwert einer Investition wird durch Einflußfaktoren in seiner Höhe bestimmt, die teils direkt aus der Formel ersichtlich sind, teils aber erst durch Interpretation der Voraussetzungen der Formel deutlich werden.

I. Direkt ersichtlich ist die Bedeutung der Preise für Investitionsgüter q, die einen direkten negativen Einfluß auf den Kapitalwert einer Investition ausüben.

II. In Formel (2) ist der Kalkulationszinsfuß r als unabhängig von der Gewinnsteuerhöhe angenommen. Dies ist

---

1) Bei ganzer oder teilweiser Fremdfinanzierung ist die Abzugsfähigkeit der Fremdkapitalzinsen zu berücksichtigen. In diesem Fall ändert sich die Formel zu:

$$PV = \int_{t=0}^{n} \left\{ Z(t) - u \left[(Z(t)-D(t)-iW(t)\right] \right\} e^{-rt}dt - qI$$

i = Zinssatz des Fremdkapitals
W(t) = Fremdfinanzierungsbetrag in Periode t

Hierauf soll hier jedoch nicht näher eingegangen werden, es sei auf die relevante Literatur verwiesen: D. Schneider, Korrekturen zum Einfluß der Besteuerung auf die Investitionen, besonders S. 308 ff.; P. Swoboda, Die Wirkungen von steuerlichen Abschreibungen auf den Kapitalwert von Investitionsprojekten bei unterschiedlichen Finanzierungsformen, ZfbF, N.F., 22. Jg. (1970), S. 77 ff.

2) Vgl. hierzu z.B. D. Schneider, Investition und Finanzierung, S. 307, wo der Restbuchwert und daraus resultierende mögliche Veräußerungsgewinne berücksichtigt werden.

offensichtlich unrealistisch, da eine derartige Annahme nur beim Vergleich einer besteuerten Investition mit einer nicht besteuerten Investition sinnvoll ist. Wenn hingegen alle Anlagealternativen einer Unternehmung der Besteuerung unterliegen, ist r nicht im Zeitablauf konstant, sondern abhängig von der Höhe des Steuersatzes u; d.h. der Kalkulationszinsfuß <u>ohne</u> Besteuerung (r) wird vermindert auf (1-u)r, den Kalkulationszinsfuß <u>mit</u> Besteuerung. Es gilt dann Formel (3), die im folgenden verwandt werden wird, sobald der Einfluß von u auf r Bedeutung gewinnt.

$$(3) \quad PV = \int_{t=0}^{n} \left\{ Z(t) - u\left[Z(t) - D(t)\right] \right\} e^{-(1-u)rt}\, dt - qI$$

Der Kapitalwert einer Investition wird also bestimmt durch den zum Kalkulationszinsfuß nach Steuern abdiskontierten Wert der zukünftigen Gewinne aus dieser Investition abzüglich der entsprechend abdiskontierten Steuerzahlungen sowie abzüglich der Investitionskosten.

III. Der <u>Steuersatz</u> wird in Gleichung (3) für alle Perioden als konstant angenommen. Dies gilt - abgesehen von der später zu diskutierenden diskretionären Steuersatzvariationen - jedoch nur, falls ein proportionaler Tarif vorliegt und in jeder Periode sofort ein vollständiger Verlustausgleich möglich ist.

Bei progressivem Tarif variiert u in Abhängigkeit von der Höhe der Differenz $\left[Z(t) - D(t)\right]$ in jeder Periode. Es gilt dann

$$(4) \quad PV = \int_{t=0}^{n} \left\{ Z(t) - u(t)\left[Z(t) - D(t)\right] \right\} e^{-\left[1-u(t)\right]rt}\, dt - qI$$

Insbesondere bei Vorhandensein konjunktureller Bewegungen ist dann zu berücksichtigen, daß Maßnahmen, die die Bemessungsgrundlage verändern, je nach erreichtem Progressionsgrad unterschiedliche quantitative Bedeutung hinsichtlich des Kapitalwertes gewinnen.

Formel (3) impliziert ebenfalls vollständigen Verlustausgleich in Perioden, in denen ein Verlust erwirtschaftet wird, insbesondere in der Rezession. Vollständiger Verlustausgleich bedeutet, daß entweder in Höhe der negativen Steuerschuld Erstattungen an die Unternehmung vorgenommen werden oder aber die Unternehmung die Möglichkeit einer internen Verrechnung der Verluste aus einer bestimmten Investition mit Gewinnen aus anderen Investitionsprojekten besitzt. Sind diese Möglichkeiten nicht gegeben, muß in den entsprechenden Perioden $u(t) = 0$ gesetzt werden.
Dies gilt auch, falls ein (begrenzter oder vollständiger) Verlustvortrag möglich ist.

IV. Schließlich ist der Einfluß von <u>Gewinnhöhe</u> und <u>Abschreibungsbetrag</u> je Periode auf den Kapitalwert offensichtlich; dieser Einfluß wird in seiner Höhe zusätzlich determiniert durch den Steuersatz u und den Kalkulationszinsfuß r bzw. $(1-u)r$.

Zur Beurteilung der Ergebnisse, die mit der Kapitalwertmethode gefunden werden, ist es nun noch notwendig, die wesentlichen Prämissen des Kapitalwertmodells herauszustellen. Im Anschluß an D. Schneider [1] werden sieben Prämissen des Standard-Modells genannt:

1. vollständige Kenntnis der Zahlungsströme
2. Nicht-Überwälzbarkeit der Gewinnsteuern
3. einfache Gewinndefinition
4. sofortiger Verlustausgleich
5. sofortige Versteuerung
6. konstanter Gewinnsteuersatz
7. Kalkulationszinsfuß = $(1-u)r$.

---

1) D. Schneider, Investition und Finanzierung, S. 301 ff. Siehe auch umfassend zum Informationsgehalt des Kapitalwertverfahrens:W. Kern, Investitionsrechnung, S. 196 ff.

Die 1. Prämisse ist identisch mit der Annahme, der Investor habe vollständige Kenntnis

- hinsichtlich der möglichen Alternativen
- hinsichtlich der Periodenüberschüsse bei allen Alternativen
- hinsichtlich der Zinsen in allen Perioden
- hinsichtlich der Steuersätze in allen Perioden,

und zwar jeweils bis zum Planungshorizont, bis zu dem er seine Kapitalwertrechnung vornimmt. Die Bedeutung von Unsicherheits-Situationen kann also mit diesem Modell nicht erfaßt werden.

Die 2. Prämisse verdeutlicht den mikroökonomischen Ansatz dieses Modells. Da dieses Modell nur zu heuristischen Zwecken benötigt wird, braucht hier zunächst nicht auf das Überwälzungsproblem eingegangen zu werden. Es genügt der Hinweis, daß natürlich anderenfalls die Gewinnsteuern ohne direkten Einfluß auf die Höhe des Kapitalwertes einer Investition bleiben.

Bei den Prämissen 3., 4., 5. und 6. handelt es sich um die Berücksichtigung technischer Einzelheiten des Steuersystems; Abweichungen können durch Verfeinerungen des Ansatzes in die Rechnung einbezogen werden.
Wenn Prämisse 3. aufgehoben wird, sind alle Einzelheiten des Einkommensteuer-, Körperschaftsteuer- und Gewerbesteuertarifs zu berücksichtigen. Dadurch werden zusätzliche Parameter für die Investitionsentscheidung bedeutsam, ohne daß sich an den grundsätzlichen Zusammenhängen, die hier interessieren, etwas zu ändern scheint.
Wenn Prämisse 5. aufgehoben wird, sind die jeweiligen Steuerzahlungstermine explizit einzubeziehen. Es werden sich Veränderungen der Zins-Ein- und -Auszahlungen ergeben.
Die Prämissen 4. und 6. werden bei der hier gewählten Vorgehensweise immer dann aufgelöst, wenn sie für die Ergebnisse von Bedeutung sind.

Die 7. Prämisse bezieht sich auf das Problem, wie der Steuereinfluß auf den Kalkulationszinsfuß bei der Kapitalwertermittlung zu berücksichtigen ist. Es wurden oben die beiden Grenzfälle dargestellt: kein Einfluß auf den Kalkulationszinsfuß und versteuerter Kalkulationszinsfuß. In der Literatur findet sich darüber hinaus noch der Ansatz, den Kalkulationszinsfuß im Steuerfall zu erhöhen. Welcher dieser drei Ansätze der "richtige" ist, muß hier zunächst dahingestellt bleiben. [1)]

2. Das fiskalpolitische Instrumentarium

Es wird nicht möglich sein, sämtliche irgend denkbaren finanzpolitischen Instrumente aufzuzählen sowie zu charakterisieren, die zum Zwecke einer antizyklischen Investitionsbeeinflussung eingesetzt werden können. Stattdessen wird mit der folgenden Übersicht versucht, diejenigen fiskalpolitischen Anreize zum Investieren bzw. Nicht-Investieren zu erfassen, die in der Vergangenheit verwirklicht wurden oder zumindest in der Diskussion Bedeutung erlangten.

Dabei liegt eine gewisse Willkür darin, welchen Maßnahmen eine Investitions-Orientierung zugeschrieben wird und welchen nicht. So besteht wohl allgemeine Übereinstimmung darin, daß eine Variation des Einkommensteuersatzes zumindest auch die gewerblichen Unternehmer und deren Investitionstätigkeit treffen soll; eine Variation des Mehrwertsteuersatzes demgegenüber gilt zwar weithin als auf den Konsum ausgerichtet, trifft aber in der zweiten Phase ebenfalls die Investitionstätigkeit. Wenn hier trotzdem derartig indirekt wirkende Maßnahmen ausgeklammert bleiben, so bedeutet dies eine Beschränkung auf solche Maßnahmen,

---

1) Siehe hierzu die ausführlichere Diskussion des Kalkulationszinsfußes in Kapitel C.4.c.II.

von denen vermutet wird, daß sie geeignet sind, direkt zum Investieren anzureizen bzw. von ihm abzuschrecken; sobald andere Marktteilnehmer zwischengeschaltet werden (beispielsweise die Konsumenten), entscheidet erst der Marktprozeß darüber, ob die Maßnahme tatsächlich bis zu den Unternehmungen hin wirkt. Die Analyse derartiger Prozesse auf dem Markt wird hier ausgeklammert, so daß als direkt investitionsorientierte Instrumente lediglich solche finanzpolitischen Maßnahmen bezeichnet werden, die direkt im Unternehmenssektor ihren Ansatzpunkt haben.

Dieses Instrumentarium ist derart zu ordnen, daß ein Zusammenhang zu der vorliegenden Zielrichtung besteht: Einsatz zur antizyklischen Investitionsbeeinflussung. Es wird daher unterschieden zwischen solchen Maßnahmen, die unabhängig von der (un-)erwünschten Aktivität (Investieren) zum Tragen kommen und solchen Maßnahmen, die nur dann für die Unternehmungen Bedeutung gewinnen, wenn die (un-) erwünschte Aktivität vorliegt. [1] Hinter dieser Ordnung steckt bereits eine Hypothese, nämlich daß eine Maßnahme um so eher die (un-)erwünschte Verhaltensweise beeinflussen kann, je direkter sie an diese Verhaltensweise geknüpft ist. Hierauf ist in Kapitel E. noch näher einzugehen.

In der folgenden Übersicht sind die hier zu berücksichtigenden Maßnahmen zusammengefaßt:

---

1) Eine Ordnung, die zwar eine ähnliche Zielrichtung hat, aber mehr institutionell ausgerichtet ist, wird von P. Swoboda vorgenommen. Er unterscheidet zwischen Regelungen im Rahmen von Gewinnsteuern und sonstigen steuerlichen Regelungen und innerhalb der Gewinnsteuern zwischen Variationen der Bemessungsgrundlage, der Gewinnsteuerbeträge bzw. -sätze und der Zahlungstermine.

Siehe P. Swoboda, Antizyklische steuerlichen Regelungen und betriebliche Investitionsentscheidungen, S. 55 ff.

a. Fiskalpolitische Maßnahmen, die unabhängig von der Investitionstätigkeit zur Auswirkung kommen·

I. Variation des Gewinnsteuersatzes
II. Variation der Steuerzahlungsmodalitäten

b. Fiskalpolitische Maßnahmen, die nur in investierenden Unternehmungen zur Auswirkung kommen

I. Abschreibungsvariationen

A) Variation des Abschreibungs-Verfahrens
B) Variation der Abschreibungs-Dauer
C) Variation der Abschreibungs-Summe

II. Variationen der Investitionskosten

A) Investitions-Freibetrag oder -Zuschlag
B) Steuerabzug oder -zuschlag für Investitionen
C) Investitions-Prämie oder -Steuer

III. Zinssubventionen, staatliche Bürgschaften und Kredite

c. Kombinierte fiskalpolitische Maßnahmen

Bis auf die Maßnahmen b.II.C) und b.III. sind sämtliche Maßnahmen mit der Erhebung von Gewinnsteuern verbunden. Wirkungen auf den Kapitalwert können sich also nur dann ergeben, wenn in irgendeiner der relevanten Perioden tatsächlich Gewinnsteuerzahlungen vorgenommen werden.

Soweit die Bemessungsgrundlage der Gewinnsteuer verändert wird - dies ist bei den Maßnahmen b.I. und b.II.A) der Fall gewinnen die Möglichkeiten des Verlustvor- und -rücktrags eine wesentliche Bedeutung für das Maß der Kapitalwertbeeinflussung.

Die Verlustausgleichsmöglichkeit, d.h. Möglichkeit der Verrechnung von Verlusten gewisser Projekte oder Unternehmensteile gegen Gewinne anderer Projekte oder Unternehmensteile ist bei der Beurteilung dieser Maßnahmen ebenfalls zu beachten, desgleichen aber auch bei Maßnahme a.I., soweit die geplanten Investitionen zunächst projektbezogene Verluste aufweisen. Es gilt die grundsätzliche Feststellung, daß solch ein Verlustausgleich um so eher möglich ist, je größer die Unternehmung und je besser die aktuelle Konjunkturlage ist.

Die nun folgende Darstellung der Instrumente im einzelnen stellt deren jeweilige Wirkung auf den Kapitalwert von Investitionen in den Vordergrund. Es wird insbesondere darauf ankommen aufzuzeigen, von welchen zusätzlichen Faktoren neben dem Instrumenteneinsatz die Kapitalwertwirkung jeweils abhängt. Als derartige Faktoren spielen eine wesentliche Rolle

- der jeweils gültige Kalkulationszinsfuß,
- der erreichte Progressionsgrad im Rahmen der Gewinnbesteuerung (soweit nicht ein proportionaler Tarif vorliegt) sowie
- die Dauer des Maßnahmeneinsatzes.

Teilweise sind diese zusätzlichen Faktoren weniger für die globalen Effekte auf alle Unternehmen von Bedeutung, als vielmehr für die Verteilung der Kapitalwert-Effekte zwischen den Unternehmungen.

a. Fiskalpolitische Maßnahmen, die unabhängig von der Investitionstätigkeit zur Auswirkung kommen

Unabhängigkeit von der Investitionstätigkeit soll hier nicht bedeuten, daß der Kapitalwert neuer Investitionen nicht durch derartige Maßnahmen beeinflußt wird. Diese Klassifikation besagt lediglich, daß die Maßnahmen in keinem direkten Zusammenhang zur gewünschten (unerwünschten) Aktivität stehen, sondern auch ohne das Vorliegen von Investitionen in den Unternehmungen zu positiven oder negativen Einflüssen führen. Die Logik dieser Maßnahmen beruht also nicht auf direkter Verhaltenssteuerung, sondern auf breitangelegter Datenveränderung für die Unternehmen.

I. Variation des Gewinnsteuersatzes

A) Konstanter Kalkulationszinsfuß

Zur Isolierung der verschiedenen auftretenden Effekte wird zunächst von einem konstanten Kalkulationszinsfuß ausgegangen, verwandt wird also Formel (2). Der Kapitalwert einer Investition wird dann im Regelfall durch eine Gewinnsteuersatzsteigerung negativ beeinflußt, da normalerweise

$$\int_{t=0}^{n} [Z(t) - D(t)]\, e^{-rt}\, dt \qquad \text{negativ ist.}$$

Dies kann leicht anhand einer extremen Annahme gezeigt werden:

Die Summe aller Abschreibungen $\int_{t=0}^{n} D(t) e^{-rt}\, dt$, die positiv auf den Kapitalwert einwirkt, erreicht beim Vergleich der verschiedenen Abschreibungsverfahren dann ihr Maximum, wenn Sofortabschreibung zugelassen ist. In diesem Fall kann für

$$\int_{t=0}^{n} D(t) e^{-rt}\, dt \qquad \text{auch } qI \text{ geschrieben werden.}$$

Es gilt dann:

$$PV = (1-u) \left[\int_{t=0}^{n} Z(t) e^{-rt} dt - qI \right].$$

Bei zuvor rentablen Projekten wird der Gegenwartswert der zukünftigen Gewinne immer größer sein als die Anschaffungskosten, der Kapitalwert wird also bei einer Steigerung des Steuersatzes u sinken.

Diese Schlußfolgerung gilt nicht, wenn die (nicht abdiskontierte) Summe aller Abschreibungen größer ist als der Betrag der Anschaffungskosten (z.B. bei Investitions-Freibeträgen oder Investitionszulagen bei unverminderter Abschreibungssumme). Dann kann der Kapitalwert einer Investition je nach der zeitlichen Verteilung der Abschreibungsbeträge trotz bzw. aufgrund einer Steuersatzerhöhung steigen. [1]

B) Steuersatzabhängiger Kalkulationszinsfuß

Bei steuersatzabhängigem Kalkulationszinsfuß ist Formel (3) zu verwenden. Neben dem unter A) beschriebenen Effekt sind dann die Auswirkungen der Steuersatzerhöhung auf die Größe (1-u)r zu berücksichtigen. Es treten zwei zusätzliche Effekte auf:

Erstens steigt der Wert der abdiskontierten Gewinne je Periode, da der Kalkulationszinsfuß von (1-u)r sinkt auf $(1-u^x)r$, wobei $u^x > u$.
Zweitens wirkt sich der ebenfalls steigende Wert der abdiskontierten Steuerzahlungen je Periode senkend auf den Kapitalwert der Investitionen aus.

Der Gesamteffekt ist im Regelfall negativ; ein inverser Gesamteffekt kann nur dann auftreten, wenn der Barwert der steuerlich möglichen Abschreibungen größer ist als der Barwert der Ertragswertabschreibungen (ökonomische Abschreibungen). Zum (ausführlichen) Beweis hierzu sei verwiesen auf die Darstellungen bei P.A. Samuelson, D. Schneider sowie M. White und A. White. [2]

---

1) Vgl. hierzu E.C. Brown, Business-Income Taxation and Investment Incentives, S. 528; D. Schneider, Investition und Finanzierung, S. 315.

2) P.A. Samuelson, Tax Deductibility of Economic Depreciation to Insure Invariant Valuations, JoPE, Vol. 72 (1964), S. 604 ff.; D. Schneider, Korrekturen zum Einfluß der Besteuerung auf die Investitionen, S. 304; ders., Investition und Finanzierung, S. 314 ff. mit Verweis auf S.E. Johansson, Skatt-Investering-Värdering, Stockholm 1961, S. 135, 148 f.; M. White, A. White, Tax Neutrality of Instantaneous versus Economic Depreciation, in: R.M. Bird, J.G. Head (ed.), Modern Fiscal Issues, Essays in Honor of C.S. Shoup, Toronto 1972, S. 105 ff.

Bei dieser Bedingung für eine inverse Reaktion werden zwei Barwerte miteinander verglichen. Sie kann, falls lediglich steuerliche Abschreibungen in Höhe der Anschaffungskosten zugelassen sind, nur erfüllt sein, falls die steuerlichen Abschreibungen zeitlich erheblich vor den ökonomischen Abschreibungen liegen, so daß der Zinsgewinn wegen der früheren steuerlichen Abschreibungen einen Ausgleich bietet für die absolut höhere oder zumindest gleich hohe Abschreibungssumme der ökonomischen Abschreibung. [1)]

Abgesehen von diesem Sonderfall, der jedoch zunehmende Bedeutung gewinnt, sobald Abschreibungsvergünstigungen, Steuerabzüge für Investitionen etc. einen größeren Umfang erlangen, kann normalerweise von einem negativen Einfluß einer Steuersatzerhöhung auf den Kapitalwert ausgegangen werden. Unter entsprechenden Bedingungen führen Steuersatzsenkungen zu einer Kapitalwerterhöhung.

C) Die Bedeutung der Dauerhaftigkeit

Die bisherigen Aussagen galten für eine als permanent angesehene Steuersatzerhöhung bzw. -senkung. Dies entspricht aber gerade nicht der Vorgehensweise bei antizyklischer Variation der Steuersätze. Nur falls die Möglichkeit besteht, anderweitig motivierte Steuersatzvariationen zeitlich in eine geeignete konjunkturelle Phase zu legen, sind diese Ergebnisse anwendbar. Das wird aber mehr zufällig der Fall sein, so daß sich aus diesen Ergebnissen kaum Schlußfolgerungen für die Kapitalwerteffekte von konjunkturpolitischen Maßnahmen ableiten lassen.

Bei nur zeitlich begrenzter Steuersatzerhöhung (hier Annahme: die Erhöhung gilt für <u>eine</u> Besteuerungsperiode) ist die Erfüllung derart strenger Bedingungen für das Vorliegen inverser Kapitalwerteffekte von Steuersatzerhö-

---

1) D. Schneider, Investition und Finanzierung, S. 319.

hungen gar nicht notwendig. Da hier die Besteuerung der Gewinne in späteren Perioden unverändert bleibt, hängt der Kapitalwerteffekt allein davon ab, ob in der ersten Periode ein auf das geplante Investitionsprojekt bezogener Gewinn oder Verlust vorliegt. Im Falle eines Gewinns sinkt der Kapitalwert der Investition, allerdings weniger als bei lang dauernder Steuersatzanhebung.

In vielen Fällen, insbesondere bei größeren Investitionen, wird sich jedoch in der ersten Periode ein Projekt-Verlust ergeben, da bereits Aufwendungen getätigt, aber noch keine Erträge erwirtschaftet werden. Übersteigen diese Projekt-Verluste die sonstigen Gewinne der Unternehmung, dann wird ein Verlustvortrag notwendig; der erhöhte Steuersatz kommt überhaupt nicht zur Auswirkung, der Kapitalwert ändert sich nicht.

Für eine Beurteilung der Wahrscheinlichkeit des Vorliegens der hier angenommenen Ausgangstatbestände ist zu berücksichtigen, daß derartige Steuersatzvariationen als Instrument zur Boom-Bekämpfung eingesetzt werden, also zu einer Zeit, in der die Mehrheit der Unternehmungen Gewinne erwirtschaftet. Geht man also davon aus, daß die sonstigen Gewinne die projektbezogenen Verluste übersteigen (also daß unternehmungsintern ein sofortiger Verlustausgleich möglich ist), dann bewirkt eine zeitlich begrenzte Steuersatzerhöhung, daß der Kapitalwert der betrachteten Investition steigt. Denn die Steuereinsparung durch den Projekt-Verlust ist um so größer, je höher der Steuersatz in der relevanten Periode ist. [1)]

Das bedeutet nicht, daß diese Steuersatzerhöhung die Unternehmung als Gesamtheit etwa nicht belastet, sondern nur, daß der Kapitalwert einer einzelnen zu untersuchenden Investition leicht in gerade unerwünschter Weise verändert werden kann, wenn eine solche Steuersatzvariation lediglich für einen begrenzten Zeitraum vorgenommen wird.

---

1) Siehe auch J.F. Helliwell, Public Policies and Private Investment, S. 104 f.

Bei zeitlich begrenzt niedrigeren Steuersätzen kann der umgekehrte Effekt eintreten: Der Gegenwartswert der Steuereinsparung in Folge des Projektverlustes sinkt (absolut gesehen), wenn der relevante Steuersatz in der ersten Periode gesenkt wird; es kann also - vom Kapitalwert her gesehen - für die Unternehmung lohnend sein, diesen Verlust in die Zukunft zu verlagern, wenn wieder höhere Steuersätze gelten. Allerdings ist zu beachten, daß eine solche Steuersatzsenkung in der Rezession vorgenommen wird, also zu einem Zeitpunkt, zu dem nicht notwendig damit gerechnet werden kann, daß sämtliche Unternehmungen die Möglichkeit des sofortigen Verlustausgleichs in Form von Kompensation mit anderweitigen Gewinnen besitzen.
In denjenigen Unternehmungen, die in der Periode der Steuersatzsenkung einen Unternehmungsverlust aufweisen, kann die zeitlich begrenzte Steuersatzsenkung von vornherein keine Wirkung auf den Kapitalwert geplanter Investitionen entfalten.

Als Ergebnis ist festzuhalten: In Unternehmungen, die im Boom Gewinne machen, wirken zeitlich terminierte Steuersatzerhöhungen positiv auf den Kapitalwert geplanter Investitionen ein, wenn diese in der Periode, für die der höhere Steuersatz gilt, noch keine Gewinne erwirtschaften.

In der Rezession kommen zeitlich terminierte Steuersatzsenkungen in Unternehmungen, die insgesamt Verluste ausweisen, gar nicht zur Auswirkung; in Unternehmungen, die trotz Rezession Gewinne machen, sinkt der Kapitalwert von solchen Investitionen, die in der relevanten Periode noch keinen Gewinn erwirtschaften. Im Hinblick auf Kapitalwerteffekte sind also zeitlich begrenzte Steuersatzvariationen keine geeigneten Mittel zur investitionsorientierten Konjunkturpolitik.

D) Rückzahlbarer Steuerzuschlag

Wird ein Zuschlag auf die jeweilige Gewinnsteuerlast erhoben, der nach einigen Perioden wieder zurückzuzahlen ist, so wird die Unternehmung grundsätzlich nur in Höhe der aufzuwendenden Zinsen bzw. des entgangenen Zinsertrages belastet.

Hinsichtlich des Kapitalwertes neuer Projekte gelten die schon unter C) ermittelten Ergebnisse, nur daß sich nun nicht effektive Steuereinsparungen ergeben, sondern lediglich Einsparungen an Zinsbelastung. Es sind also wiederum inverse Kapitalwerteffekte zu verzeichnen, diese sind jedoch geringer als bei nicht-rückzahlbaren Steuerzuschlägen.

E) Die Bedeutung eines progressiven Steuertarifs

Der erreichte Progressionsgrad ist für die Höhe der unter C) und D) beschriebenen Kapitalwerteffekte bedeutsam; d.h. diese inversen Kapitalwerteffekte treten um so stärker auf, je höher das Einkommen der Unternehmungseigner in der jeweiligen Periode ist. Das gilt auch bei linearen Steuersatzvariationen. Bei nichtlinearen Variationen kann dieser Effekt je nach Vorgehensweise verstärkt oder abgeschwächt werden.

Zusammenfassung:

- Zeitlich nicht terminierte Steuersatzvariationen verändern in der Regel den Kapitalwert geplanter Investitionen in der gewünschten Weise, jedoch sind Ausnahmen möglich.
- Zeitlich terminierte Steuersatzvariationen (mit oder ohne Rückzahlbarkeit) bleiben entweder (in der Rezession) ohne Einfluß auf den Kapitalwert oder aber haben uner-

wünschte Kapitalwerteffekte zur Folge, wenn die geplanten Investitionen in der relevanten Periode Verluste aufweisen.

- Bei progressivem Steuertarif können diese Effekte verstärkt zur Geltung kommen. Außerdem wird durch die Progression die Verteilung der Kapitalwerteffekte zwischen den Unternehmungen determiniert.

II. Variation der Steuerzahlungsmodalitäten

Eine Variation der Zahlungsmodalitäten kann auf verschiedene Art und Weise vorgenommen werden. Sie kann sich beziehen:

A) auf die Art der Veranlagung,
B) auf die Termine der Vorauszahlungen,
C) auf die Höhe der Vorauszahlungen oder
D) auf die Termine der Abschlußzahlungen.

Hierbei resultiert A) aus einer grundsätzlichen Entscheidung, nämlich der Wahl zwischen Selbstveranlagung und Veranlagung durch das Finanzamt. Da die Art der Veranlagung antizyklischen Variationen nicht unterliegt, genügt hier ein Verweis auf die größere Zeitnähe der Steuerzahlung bei Selbstveranlagung.

Der Termin der Abschlußzahlungen D) ist im gegebenen Veranlagungssystem bestimmt durch administrativ-technische Möglichkeiten der Finanzämter und scheidet hier ebenfalls aus.

Die Termine der Vorauszahlungen B) können nicht vor den jeweiligen Zahlungszeitraum vorgezogen werden. Ein Vorziehen ist also höchstens in der Weise möglich, daß von vierteljährlichen zu monatlichen Vorauszahlungen übergegangen wird. Derartige Maßnahmen sind aber zu trennen von antizyklischen Maßnahmen, die in diesem Zusammenhang allein durch C) vertreten sind.

Eine Erhöhung (Senkung) der Vorauszahlungen in beschleunigter Anpassung an geänderte gesamt- und einzelwirtschaftliche Entwicklungen kommt im Ergebnis der Selbstveranlagung nahe. Die Auswirkung auf den Kapitalwert ist im Prinzip ungewiß, praktisch wird man davon ausgehen können, daß ohne zusätzliche Anreize lediglich die Senkungen der Vorauszahlungen zeitnah vorgenommen werden, da die Steuerzahler selbst hierauf drängen werden, während die Erhöhungen auf Initiative des Finanzamtes durchgeführt werden müssen.

Damit wird eine beschleunigte Anpassung der Vorauszahlungen im Ergebnis zu einem Vorziehen der Steuerzahlungen führen. Eine derartige Maßnahme wird im Boom Bedeutung gewinnen. Effekte auf den Kapitalwert der zu dieser Zeit geplanten Investitionen sind nur dann zu erwarten, wenn diese Investitionen sogleich in der ersten Periode Gewinne erwirtschaften. Der Kapitalwerteffekt entspricht dann dem Zinseffekt. Bringen die in Planung befindlichen Investitionen jedoch in der ersten Periode Verluste ein, so kann kein Kapitalwerteffekt von einer solchen Maßnahme erwartet werden.

b. Fiskalpolitische Maßnahmen, die nur in investierenden Unternehmungen zur Auswirkung kommen

Der Begriff der "investierenden Unternehmung" bedarf einer kurzen Erläuterung. Er kann einerseits gleichbedeutend mit "wachsender Unternehmung" sein, der Investitionsbegriff bezieht sich dann nur auf die Nettoinvestitionen. Im anderen Fall zählt auch eine Unternehmung zu den "investierenden", die lediglich Ersatzinvestitionen vornimmt.

Diese möglichen Begriffsabgrenzungen zeigen bereits einen Aktionsparameter der Fiskalpolitik auf: Die investitionsfördernden (-hemmenden) Maßnahmen können sich auf die Brutto- oder auf die Netto-Investitionen beziehen. In der Rezession sind die Netto- wie die Ersatzinvestitionen erwünscht. Trotzdem kann eine Begrenzung der Maßnahmen auf die Nettoinvestitionen unter Berücksichtigung fiskalischer Zielsetzungen angebracht sein, falls damit zu rechnen ist, daß die Ersatzinvestitionen unabhängig von fördernden Maßnahmen "sowieso" durchgeführt werden. Denn wenn solche Maßnahmen in der Regel budgetäre Ausgaben bzw. Mindereinnahmen hervorrufen, kann eine Kostenverminderung durch Begrenzung auf die variablen (Netto-) Investitionen durchaus erwünscht sein.

Im Boom sind lediglich Neuinvestitionen unerwünscht, da ja ein Schrumpfen der Wirtschaft nicht angestrebt wird; eine Begrenzung restriktiver Maßnahmen auf die Neuinvestitionen wäre also wiederum denkbar. Zu beachten sind aber bei derartig differenzierendem Vorgehen - neben den Meßproblemen - in beiden Fällen die bedeutsamen Struktureffekte: Da die Unterscheidung zwischen Brutto- und Netto-Investition immer nur je Unternehmung aus der Differenz zwischen Brutto-Investitionen und Abschreibungen ermittelt werden kann, wird eine Beschränkung beispielsweise restriktiver Maßnahmen auf die Nettoinvestitionen dazu führen, daß auch im Boom erwünschte Strukturverschiebungen zwischen den Unternehmungen künstlich zurückgehalten werden, da der Kapitalwert von Investitionen in traditionellen Unternehmungen relativ zum Kapitalwert von Investitionen in neuen, dynamischen Unternehmungen zunimmt.

I. Abschreibungsvariationen

Mit dem Begriff "Abschreibungsvariation" werden hier Variationen des steuerlich zulässigen Abschreibungsverfahrens, der Abschreibungsdauer sowie der Abschreibungssumme bezeichnet. Sie wirken sich auf den Kapitalwert einer Investition über eine Beeinflussung der Größe

$$u \int_{t=0}^{n} D(t)\, e^{-(1-u)rt}\, dt$$

aus. Eine Verkürzung der Abschreibungsdauer und/oder eine Verlagerung des Schwergewichts der Abschreibungen zur Gegenwart hin erhöhen den Barwert der Abschreibungen und damit den Kapitalwert der Investition.

Umgekehrtes gilt bei einer Verlängerung der Abschreibungsdauer und/oder einer Verlagerung des Schwergewichts der Abschreibungen in die Zukunft. Eine Erhöhung / Senkung der Abschreibungssumme erhöht (senkt) bei gleichbleibendem Abschreibungsverfahren und Abschreibungsdauer den Kapitalwert einer Investition. Dem Effekt, daß der Kapitalwert einer Investition sich bei Abschreibungsvariation unter gewissen Finanzierungsannahmen invers verhalten kann, sei hier nicht weiter nachgegangen, da ihm lediglich eine einzelwirtschaftliche Bedeutung zuzusprechen ist, die gesamtwirtschaftlich kein Gegenstück besitzt. [1)]

---

1) Vgl. hierzu D. Schneider, Korrekturen zum Einfluß der Besteuerung auf die Investitionen, S. 297 ff.; P. Swoboda, Die Wirkungen von steuerlichen Abschreibungen auf den Kapitalwert von Investitionsprojekten bei unterschiedlichen Finanzierungsformen, S. 77 ff.

A) Variation des Abschreibungs-Verfahrens

Möglich ist ein Wechsel zwischen Abschreibungen mit gleichbleibenden und mit fallenden Beträgen je Periode. [1] Bei der Einführung von Abschreibungen mit fallenden Beträgen je Periode, wozu im weiteren Sinne auch Sonderabschreibungen (initial allowances) zu zählen sind, wird das Schwergewicht der Abschreibungen zur Gegenwart hin verlagert, es tritt eine Erhöhung des Kapitalwertes ein et vice versa. Dies gilt aber nur bei konstanten Steuersätzen im Zeitablauf. Variiert der Steuersatz im Zeitablauf aufgrund des progressiven Tarifs bei einer Personengesellschaft, kann der Fall eintreten, daß der positive Effekt der zeitlichen Vorverlagerung der Abschreibungen kompensiert wird durch verminderte Steuersätze, die auf diese Investitionen angewandt werden. So kann es in der Rezession (bei niedrigen Gewinnen und niedrigen Steuersätzen) für zahlreiche Unternehmungen sinnvoll sein, die Möglichkeit degressiver Abschreibungsweise ungenutzt zu lassen, um den Steuer-Spar-Effekt der Abschreibungen bei später erhöhten Steuersätzen verstärken zu können. Damit entfällt dann die Incentive-Wirkung, die der steigende Kapitalwert hervorrufen sollte.

Schließlich hängt das quantitative Ausmaß der Kapitalwertänderung in Folge eines Wechsels des Abschreibungsverfahrens von der Höhe des erreichten Progressionssatzes jeder einzelnen Unternehmung ab; d.h. der Kapitalwert steigt (sinkt) dort am stärksten, wo der höchste marginale Steuersatz vorliegt.

---

1) Es ist hier nicht nötig, eine ins einzelne gehende Klassifikation der Abschreibungsarten vorzunehmen. Vgl. hierzu mit umfangreichen Literaturverweisen H. Dietz, Die Normierung der Abschreibung in Handels- und Steuerbilanz, Opladen 1971, bes. S. 154 ff.

B) Variation der Abschreibungs-Dauer

Jeder Verkürzung der steuerlich möglichen Abschreibungs-Dauer bewirkt eine Erhöhung des Kapitalwertes einer Investition, da hierdurch das Zeitzentrum der Abschreibungen zur Gegenwart hin verlagert wird; entsprechend wird der Kapitalwert bei einer Verlängerung der Mindest-Abschreibungs-Dauer gesenkt.

Ein progressiver Steuersatz ruft hier die gleichen Wirkungen hervor wie bei einer Variation des Abschreibungsverfahrens.

C) Variation der Abschreibungs-Summe

Eine Variation der Abschreibungs-Summe liegt dann vor, wenn als Grundlage für die Höhe der steuerlichen Absetzungen für Abnutzung zeitweise (oder auf Dauer) zur konjunkturpolitischen Variation der Investitionstätigkeit ein anderer Betrag als die Anschaffungs- oder Herstellungskosten eingesetzt werden kann. In der ersten Periode ist der Effekt eines expansiven Einsatzes dieser Maßnahme identisch mit der Einführung von Sonderabschreibungen (initial allowances).

Bei der Einführung von Sonderabschreibungen werden die Abschreibungsmöglichkeiten in späteren Perioden gemindert, während bei einer Erhöhung der Abschreibungs-Summe die späteren Abschreibungsmöglichkeiten parallel zu der Erhöhung in der ersten Periode ebenfalls erhöht werden. Entsprechendes gilt für einen restriktiven Einsatz einer Variation der Abschreibungs-Summe. Die Auswirkungen auf den Kapitalwert einer Investition entsprechen hinsichtlich Richtung und Einflußgrößen denen der Sonderabschreibungen, nur daß hier - da die Abschreibungsmöglichkeiten in allen Perioden erhöht werden - inverse Effekte wie bei den Sonderabschreibungen, auch unerwünschte zeitliche Verschiebungen, nicht zu erwarten sind.

II. Variationen der Investitionskosten

Unter dem Oberbegriff Variation der Investitionskosten werden solche Maßnahmen zusammengefaßt, die lediglich in der Gegenwart, also zum Zeitpunkt der Investitionsanschaffung eine monetäre Auswirkung haben. Die Vergünstigung oder Belastung wirkt sich also nicht auf die zukünftigen Zahlungen aus, weder auf die Periodenüberschüsse noch auf die Abschreibungen. Soweit die zukünftigen Abschreibungen gleichzeitig betroffen werden, ist die Maßnahme als Mischung aus Abschreibungsvariation und Variation der Investitionskosten zu klassifizieren.

Die Maßnahmen werden danach geordnet,

- ob sie die Bemessungsgrundlage der Gewinnsteuer in der Gegenwart verändern (Investitions-Freibetrag oder -Zuschlag),
- ob sie das Vorhandensein einer Gewinnsteuerschuld in der Gegenwart zwar voraussetzen, die Bemessungsgrundlage aber unverändert lassen (Steuerabzug oder -zuschlag für Investitionen) , oder
- ob sie unabhängig von der Gewinnbesteuerung durchgeführt werden (Investitionsprämie oder -steuer).

Alle drei Maßnahmen erlangen nur dann Wirksamkeit, wenn tatsächlich Investitionen vorgenommen werden.

A) Investitions-Freibetrag oder -Zuschlag

Ist es den investierenden Unternehmungen erlaubt, im Jahr der Anschaffung oder Herstellung eines Investitionsgutes unabhängig von den Absetzungen für Abnutzung einen bestimmten Prozentsatz des Anschaffungs- oder Herstellungspreises als Freibetrag bei der Ermittlung der Gewinnsteuer-Bemessungsgrundlage zu berücksichtigen, so wird dieser Freibetrag als Investitions-Freibetrag ("investment allowances") bezeichnet. Symmetrisch hierzu wäre in Hochkonjunkturzeiten ein Investitionszuschlag zur Bemessungsgrundlage denkbar ("investment deferments"), jedoch hat eine solche Bestimmung bisher soweit ersichtlich noch nirgendwo Eingang in die steuerrechtlichen Ausgestaltungen gefunden.

Die Einführung von Investitions-Freibeträgen oder -Zuschlägen kann, soweit in den Unternehmungen Gewinn in Höhe des Freibetrags vorhanden ist, auch als gleichzeitige Variation der Abschreibungssumme und des Abschreibungsverfahrens interpretiert werden. Denn das Ergebnis derartiger Maßnahmen für die Unternehmungen entspricht hinsichtlich des Kapitalwertes geplanter Investitionen im ersten Jahr der Auswirkung einer Variation des Abschreibungsverfahrens. Allerdings werden bei dieser Vorgehensweise nicht die Abschreibungsmöglichkeiten in der Zukunft erhöht oder vermindert, d.h. die auf den Kapitalwert einwirkenden unerwünschten zukünftigen Effekte werden quasi durch gleichzeitige Variation der Abschreibungssumme vermieden. Formelmäßig läßt sich die Auswirkung auf den Kapitalwert einer Investition leicht darstellen:

$$PV = \int_{t=0}^{n} \left\{ Z(t) - u\left[Z(t) - D(t) \right] \right\} e^{-rt}\, dt - qI + uk_1 qI$$

k_1 = Prozentsatz des Investitions-Freibetrags

Die Formel zeigt die Auswirkung eines Investitions-Freibetrags; ein Investitions-Zuschlag zur Gewinnsteuer-Bemessungsgrundlage wäre stattdessen mit negativem Vorzeichen einzusetzen.

Wie z.T. direkt aus der Formel hervorgeht, hängt die Höhe der Wirkung auf den Kapitalwert ab

- vom Steuersatz u (wie bei der Variation des Abschreibungsverfahrens),
- vom Prozentsatz k_1,
- von der Höhe der Anschaffungskosten qI sowie
- von der Höhe des Gewinns in der Gegenwart (und zwar muß Gewinn in Höhe des Investitions-Freibetrags vorhanden sein).

Eine veränderte Auswirkung ergibt sich, wenn die Vergünstigung nicht als "Freibetrag" ausgestaltet ist, sondern unabhängig vom Vorhandensein eines Gewinns wie eine Abschreibung von der Bemessungsgrundlage abgezogen wird. In diesem Fall können auch Unternehmen mit Verlust im relevanten Jahr in den nachfolgenden Jahren - entsprechend den Verlustvortragsmöglichkeiten - von derartigen Vergünstigungen profitieren, bzw. es kann sogar der Fall eintreten, daß durch diese Vergünstigung gewisse Unternehmen sich steuerrechtlich von gewinn- zu verlustbringenden Unternehmen wandeln.

B) <u>Steuerabzug oder -zuschlag für Investitionen</u>

Der Unterschied zum Investitions-Freibetrag liegt darin, daß hier nicht die Bemessungsgrundlage, sondern die Steuerschuld direkt variiert wird. [1] Das Ausmaß der Aus-

---

1) Vgl. auch K. Brockhoff, Steuerabzüge für Investitionen, Finanzarchiv, N.F., Bd. 29 (1970), S. 256 ff.

wirkung ist also unabhängig von der Höhe des Steuersatzes. Bei proportionalem Steuertarif sind beide Maßnahmen identisch, soweit Gewinn vorliegt. Vom Steuerabzug für Investitionen ("investment tax credit") können Unternehmungen mit Verlust im relevanten Jahr nicht profitieren, ein Effekt, der gerade beim konjunkturpolitischen Einsatz dieses Instruments in der Rezession Bedeutung gewinnt. Hier könnte jedoch eine spezielle Vortragsmöglichkeit des Steuerabzugs geschaffen werden.

Im Gegensatz dazu kann beim Einsatz von Steuerzuschlägen für Investitionen zur Bemessungsgrundlage oder zur Gewinnsteuerschuld in der Hochkonjunktur stets vorausgesetzt werden, daß die Unternehmen Gewinne machen. Der Unterschied zwischen beiden Maßnahmen besteht dann nur in der vorhandenen bzw. fehlenden Abhängigkeit der Wirkung vom geltenden Steuersatz.

In der Kapitalwertformel wirkt sich der Steuerabzug für Investitionen wie folgt aus:

$$PV = \int_{t=0}^{n} \left\{ Z(t) - u\left[Z(t) - D(t)\right] \right\} e^{-rt} dt - qI + k_2 qI$$

k_2 = Prozentsatz des Steuerabzugs für Investitionen

Diese Formel gilt bei fehlender Vortragsmöglichkeit nur für $u\left[Z(1) - D(1)\right] \geq k_2 qI$, d.h. die Steuerschuld muß in der ersten Periode mindestens so hoch wie der mögliche Steuerabzug sein.

Für $0 < u\left[Z(1) - D(1)\right] < k_2 qI$ gilt

$$PV = \int_{t=0}^{n} \left\{ Z(t) - u\left[Z(t) - D(t)\right] \right\} e^{-rt} dt - qI + u\left[Z(1) - D(1)\right]$$

Für $u\left[Z(1) - D(1)\right] \leq 0$ ist der Steuerabzug wirkungslos, der Kapitalwert einer geplanten Investition bemißt sich unverändert nach Formel (2) bzw. (3).

C) Investitions-Prämie oder -Steuer

Die Investitions-Prämie oder -Steuer wird unabhängig vom Gewinnsteuersystem ausgezahlt bzw. erhoben. Ihre Wirkung auf den Kapitalwert ist damit auch nicht abhängig vom Vorhandensein von Gewinnen, von der Möglichkeit des Verlustausgleichs oder von der Höhe des erreichten Steuersatzes. Umgekehrt formuliert: Bei proportionalem Steuersatz und allgemein vorhandenen Gewinnen sind die Maßnahmen A), B) und C) gleichwertig. Nun gelten aber proportionale Steuersätze nur für Körperschaften (und hier wird nach der Gewinnverwendung differenziert, so daß ebenfalls nicht von proportionalem Steuersatz gesprochen werden kann), und gerade im Konjunkturverlauf können nicht stets Gewinne vorausgesetzt werden.

Unter diesem Aspekt sind Investitions-Steuer und -Prämie die Instrumente, die im Vergleich zu allen anderen Instrumenten am gleichmäßigsten wirken. Ihr Effekt auf den Kapitalwert geplanter Investitionen ist nur abhängig vom erwünschten Prozentsatz der Förderung (bzw. Verteuerung) und den Investitionsgüterkosten. Dies verdeutlicht die Kapitalwertformel (für die Investitions-Prämie):

$$PV = \int_{t=0}^{n} \left\{ Z(t) - u\left[Z(t) - D(t)\right] \right\} e^{-rt} dt - qI + k_3 qI ,$$

die hier ohne Nebenbedingungen gilt.

k_3 = Prozentsatz der Investitions-Prämie

Die in Abschnitt b.II. genannten Maßnahmen können wie folgt zusammengefaßt werden: Unter der Voraussetzung, daß

- ein konstanter, proportionaler Steuersatz gültig ist und
- die Unternehmungen jederzeit Gewinn ausweisen,

werden die Instrumente hinsichtlich der Auswirkungen auf

den Kapitalwert zu einem Instrument reduziert.

Die Einführung eines progressiven Tarifs bringt die gesonderten Wirkungen des Investitions-Freibetrags (oder -Zuschlags) mit sich, die Einführung der Möglichkeit von Verlusten bedingt die Beachtung der Verlustausgleichs-Regelungen und die Differenzierung zwischen Steuerabzug (oder -zuschlag) für Investitionen und Investitions-Prämien (oder -Steuer).

III. Zinssubventionen, staatliche Bürgschaften und Kredite

Zinssubventionen führen ex definitione zu einer Zinsverbilligung. Staatliche Bürgschaften verringern das Risiko des Kreditgebers und bewirken also ebenfalls tendenziell eine Zinsverbilligung, staatliche Kredite werden nur dann in Anspruch genommen, wenn sie billiger sind als private Kredite. Alle drei Maßnahmen ermöglichen also mehr oder weniger eine verbilligte Kreditaufnahme der privaten Unternehmungen. Damit werden jedoch nicht sämtliche Investitionen verbilligt, sondern nur solche, die ganz oder teilweise mit Kredit finanziert werden (sollen). Im Gegensatz zu vielen steuerlichen Maßnahmen profitieren hiervon also auch solche Unternehmen, deren Selbstfinanzierungskraft mangels Gewinnen gemindert ist.

In der Kapitalwertformel

$$PV = \int_{t=0}^{n} \left\{ Z(t) - u\left[Z(t) - D(t)\right] \right\} e^{-rt} dt - qI$$

wird Z(t) dem jeweiligen Umfang der Fremdfinanzierung gemäß aufgrund der verminderten Zinszahlungen vermindert. Die Wirkung tritt entsprechend dem Grad des Fremdfinanzierungsanteils bei alternativen Unternehmen in unterschiedlicher Höhe ein, während z.B. Abschreibungsvariation nach dem gültigen Steuersatz,also nach der Höhe des Einkommens - bei progressivem Satz - oder nach der Art der Gewinnverwendung differenziert.

Die Beeinflussung der allgemeinen Fremdfinanzierungskosten ist bei institutioneller Arbeitsteilung zwischen Geld- und Finanzpolitik Aufgabe der Geldpolitik. Ein allgemeiner Einsatz dieser fiskalpolitischen Mittel ist also nur denkbar und sinnvoll [1)]

- bei einem ungelösten Konflikt zwischen Geld- und Finanzpolitik, [2)] der bei einer autonomen Notenbank möglich ist, oder
- bei einer Ausrichtung der Geldpolitik an außenwirtschaftlichen Erfordernissen, die mit binnenwirtschaftlichen Notwendigkeiten nicht übereinzustimmen brauchen.

Von dieser Aussage unberührt bleibt der struktur- oder regionalpolitische Einsatz der Fiskalpolitik mit diesen Mitteln, der immer primär selektive Wirkungen hervorrufen soll, während hier die globale Zielrichtung zu analysieren ist.

Obwohl der Einsatz aller drei hier zusammengefaßten Instrumente zu einer Zinsverbilligung für die begünstigten Unternehmen führt, ist doch ein wesentlicher Unterschied zwischen der Kreditvergabe für Investitionen einerseits und den Zinssubventionen und Bürgschaften andererseits festzustellen. Denn die beiden letztgenannten Instrumente überlassen grundsätzlich die Zinsbildung den Marktvor-

---

1) Siehe hierzu ausführlich J. Richter, Die Zinssubventionen in der Bundesrepublik Deutschland, Frankfurt/M. 1970, S. 210 ff.

2) Siehe den Hinweis von G.F. Break, daß Zentralbanken bekanntlich die Gefahren einer inflationären Entwicklung überbewerten und die Kosten der Unterbeschäftigung unterschätzen und daß die Regierungen mit ihrer Kreditvergabetätigkeit ein geeignetes Mittel zur Hand haben, die privaten Kreditnehmer in gleicher Weise wie mittels expansiver Geldpolitik zu beeinflussen. G.F.Break, Federal Lending and Economic Stability,Washington 1965, S. 8 und S. 27 f.

gängen; insbesondere die relative Zinshöhe für unterschiedlich risikobehaftete Investitionen wird bei globaler Vorgehensweise des Staates unverändert gelassen. Demgegenüber greift direkte staatliche Kreditvergabe in diesen Zinsbildungsprozeß ein, die Zinshöhe (absolut und relativ) wird behördlich festgesetzt. Die Lenkungsfunktion des Marktes wird also in stärkerem Maße außer Kraft gesetzt als bei Zinssubventionen und staatlichen Bürgschaften; der Übergang zu eigener staatlicher Investitionstätigkeit ist fließend.

c. Kombinierte fiskalpolitische Maßnahmen

Maßnahmen-Kombinationen können theoretisch zwischen allen Instrumenten vorgenommen werden. In manchen Fällen werfen sie keine Probleme auf, da die Effekte unabhängig voneinander eintreten (z.B. gleichzeitige Gewinnsteuersatzerhöhung und Einführung einer Investitionsteuer). Hier werden also nur einige Fälle herausgegriffen, bei denen das Zusammenwirken der Maßnahmen Bedeutung gewinnt.

I. Investitionsrücklage

Unabhängig von den einzelnen konkreten Ausgestaltungen in verschiedenen Ländern (Schweden, Norwegen, Dänemark, im Prinzip abweichend in der Schweiz) soll hier nur das wesentliche Charakteristikum dieser Maßnahme aufgezeigt werden. [1)]

---

1) Eine ausführliche Darstellung findet sich bei W. Pfaffenberger, Investitionssteuerung mit Hilfe steuerfreier Rücklagen. Neue konjunkturpolitische Instrumente in Schweden und in der Schweiz, Berlin 1969. Vgl. auch J.F. Helliwell, Public Policies and Private Investment, S. 118 ff.; P. Swoboda, Antizyklische steuerliche Regelungen ..., S. 58 f.; A. Lindbeck, Theories
Fortsetzung auf S. 61

Im Boom erhalten die Unternehmungen die Möglichkeit, steuerfreie Rücklagen zu bilden. Der Gegenwert der Steuerersparnis ist zinslos bei der Notenbank festzulegen. In der Rezession können die Unternehmungen, falls sie investieren, den stillgelegten Betrag von der Notenbank zurückerhalten und die Rücklage gegen die Investitionen auflösen. Als Anreiz zur Rücklagenauflösung erhält die Unternehmung in der Rezession zusätzlich die Möglichkeit, Steuerfreibeträge für Investitionen auszunutzen.

Hier liegt eine Maßnahmenkombination in mehrfacher Hinsicht vor:

Erstens werden bestimmte Maßnahmen in der Hochkonjunktur mit bestimmen Maßnahmen in der Rezession gekoppelt.

Zweitens wird gleichzeitig eine Variation der Abschreibungsdauer und des Abschreibungsverfahrens insofern vorgenommen, als die gesamte Abschreibung zu einem Zeitpunkt vorgenommen wird. Daraus ergibt sich jedoch keine Sofortabschreibung, sondern der Steuer-Spar-Effekt der Abschreibung wird aus der Rezession (in der investiert werden soll) in die Hochkonjunktur verlegt. Man kann insofern von einem "Verlustrücktrag" [1] oder einer "Vorwegabschreibung" sprechen, die im Boom vorgenommen, aber erst in der Rezession liquiditätswirksam wird.

Drittens wird diese Vorwegabschreibung mit einem Investitionsfreibetrag in der Rezession gekoppelt, da ansonsten kein Anreiz zu Rücklagenauflösung und gleichzeitiger Investition besteht.

Fortsetzung von S. 6o
1) and Problems in Swedish Economic Policy in the Post-War Period, AER, Supplement, Vol. 58 (1968), Part 2, S. 1 ff., bes. S. 37 ff.; F.Th. Gubbi, De Investeringsreserve. Een Fiscale Studie rondom Structuur en Conjunctuur, Deventer, Alphen aan den Rijn 1970.

1) P. Swoboda, Antizyklische steuerliche Regelungen ..., S. 59.

Viertens handelt es sich um eine Kombination von Einflüssen auf die Investitionsneigung (Vorwegabschreibung, Investitionsfreibetrag) mit Einflüssen auf die Investitionsfähigkeit (Liquiditätsstillegung im Boom und -auflösung in der Rezession). Liquiditätseffekte treten zwar ebenfalls bei allen fiskalpolitischen Maßnahmen auf, die oben unter a. und b. aufgeführt wurden, das Besondere an den Liquiditätseffekten der Investitionsrücklage liegt aber in der Anbindung der Unternehmungen direkt an die Notenbank, so daß Einnahmen und Ausgaben des Staates von diesen Vorgängen insofern unberührt bleiben. [1)]

II. Variation der Investitionskosten mit gleichzeitiger Veränderung der Abschreibungssumme

Um den Unternehmungen nicht Abschreibungen von Investitionskosten zu ermöglichen, die sie gar nicht aufgebracht haben, werden vielfach insbesondere Steuerabzüge für Investitionen und Investitionsprämien nur mit der Maßgabe einer Minderung der Abschreibungssumme um den entsprechenden Betrag vergeben. Damit wird bereits in der ersten Periode der Incentive-Effekt vermindert, da ja auch die Abschreibungsmöglichkeit des ersten Jahres proportional der Kürzung der Abschreibungssumme entsprechend dem Abschreibungsverfahren verringert wird.

Die Auswirkungen auf den Kapitalwert resultieren dann aus der Differenz der Kapitalwerterhöhung durch Steuerabzug oder Investitionsprämie und der Kapitalwertminderung durch Verminderung der Abschreibungssumme.

---

1) Die Bedeutung der Liquiditätseffekte wurde bisher nicht hervorgehoben. Hierauf wird in Kapitel C.6. näher eingegangen.

III. Kombination von Abschreibungs- und Steuersatzvariation

Eine Variation der Abschreibungsmöglichkeiten wirkt sich - wie dargestellt - um so stärker auf den Kapitalwert einer Investition aus, je höher der gültige Steuersatz ist. Von daher erscheint auf den ersten Blick die Kombination einer Steuersatzsenkung und einer Einführung von Sonderabschreibungen problematisch, da durch die Senkung des Steuersatzes die Auswirkung der Sonderabschreibung auf den Kapitalwert einer Investition negativ beeinflußt wird. Eine darüber hinausgehende Aussage findet sich z.B. bei D. Schneider: [1] "Sonderabschreibungen und Steuerermäßigungen gleichzeitig anzuordnen, wie im Berlinförderungsgesetz, schwächt die relative Wirksamkeit beider Maßnahmen." Diese These impliziert, daß auch die Wirkung der Steuersatzsenkung durch die Abschreibungsvergünstigung gemindert wird. Dies ist jedoch nicht der Fall, wie eine Betrachtung der Kapitalwertformel zeigt. [2]

$$(2)\quad PV = \underbrace{\int_{t=0}^{n} Z(t)e^{-rt}dt}_{A} - \underbrace{u\int_{t=0}^{n} Z(t)e^{-rt}dt}_{B} + \underbrace{u\int_{t=0}^{n} D(t)e^{-rt}dt}_{C} - \underbrace{qI}_{D}$$

Die einzelnen Bestandteile wurden zur Vereinfachung mit großen Buchstaben gekennzeichnet.

Fall 1: Durch die Steuersatzvariation werden A und D unverändert gelassen, während B sich absolut vermindert, wodurch der Kapitalwert erhöht wird. C wird ebenfalls vermindert, was den bekannten kompensierenden Effekt der Abschreibungsverrechnungen bei Steuersatzvariationen kennzeichnet. Das Ergebnis ist im Regelfall - wie oben [3]

---

1) D. Schneider, Investition und Finanzierung, S. 331.

2) Zunächst wird - wie bei Schneider - von unverändertem Kalkulationszinsfuß ausgegangen.

3) Siehe oben Abschnitt B.2.a.I.(S. 41 ff.)

gezeigt wurde - ein positiver Nettoeffekt.

Fall 2: Wird nun gleichzeitig eine Sonderabschreibung ermöglicht, so steigt der Bestandteil C, also

$$\int_{t=0}^{n} D(t)\, e^{-rt} dt,$$

der Barwert der Abschreibungen an. Dadurch ergibt sich ein zusätzlicher positiver Effekt auf den Kapitalwert der Investition. Dieser zweite positive Effekt wäre zwar größer, wenn der gültige Steuersatz höher wäre, dies bedeutet aber nicht, daß die Wirkung der Steuersatzsenkung irgendwie gemindert würde. Sie wird nur weniger verstärkt - verglichen mit einem hypothetischen Fall. Hierunter kann aber keine Einschränkung der "relativen Wirksamkeit" einer Steuersatzsenkung gesehen werden.

Es wird lediglich die relative Wirksamkeit der Abschreibungsvergünstigung gemindert, die absolute Vergünstigung einer Kombination beider Maßnahmen ist stets größer als die Vergünstigung einer isolierten Steuersatzsenkung. [1)]

Bei einer Beeinflussung des Kalkulationszinsfußes durch die Steuersatzvariation gilt dies ebenfalls immer dann, wenn der Kapitalwert durch die isolierte Steuersatzsenkung nicht invers verändert wurde.

Die Aussagen gelten für eine Kombination von Steuersatzsteigerung und Einschränkung der Abschreibungsmöglichkeiten (z.B. Aussetzen der degressiven Abschreibung) analog: Die Wirkung der Abschreibungsvariation wird zwar - isoliert gesehen - durch die Steuersatzsteigerung teilweise oder völlig kompensiert, der Gesamteffekt beider Maßnahmen zusammen auf den Kapitalwert ist aber größer als der Effekt einer isolierten Steuersatzerhöhung.

---

1) Dies geht auch aus der Beispielsrechnung bei D. Schneider, Investition und Finanzierung, S. 331, hervor.

C. Die Beeinflußbarkeit der Determinanten der Investitionstätigkeit

1. Investitionsfunktionen - ein Überblick

Die Theorie der Investitionsnachfrage ist eines der umstrittensten Gebiete der Wirtschaftstheorie. Gleichzeitig ist das Auffinden der Investitionsfunktion eine wesentliche Aufgabe der Ökonometriker seit dem Beginn ökonometrischer Forschungen. Es ist nun nicht möglich, hier eine vollständige Zusammenfassung der theoretischen und empirischen Ergebnisse vorzunehmen.

Dies wäre auch nicht sinnvoll angesichts der Tatsache, daß mehrere - auch neuere - Überblicke in der Literatur existieren. Allerdings läßt sich bei ihnen keine Trennung zwischen Theorie und Empirie vornehmen. Gerade die neuere investitionstheoretische Forschung ist immer mehr zu einem Miteinander von theoretischer Modellaufstellung und empirischer Prüfung übergegangen.

Ein erster Überblick über Investitionsfunktionen in Theorie und Empirie findet sich bei J.R. Meyer und E. Kuh.[1] R. Eisner und R.H. Strotz haben im Jahre 1963 für die Commission on Money and Credit eine umfassende Darstellung der bis dahin vorliegenden empirischen Ergebnisse vorgenommen, mit Einzelbeschreibung der wesentlichen Projekte.[2] Von R. Eisner stammt auch ein problemorientierter Überblick aus dem Jahre 1968.[3] Die Entwicklung

---

1) J.R. Meyer, E. Kuh, The Investment Decision, S. 6 ff.

2) R. Eisner, R.H. Strotz, Determinants of Business Investment, bes. S. 137 ff. Dort auch ein umfangreiches Verzeichnis der seit 1945 erschienenen Literatur über Investitionstheorien.

3) R. Eisner, Investment. The Aggregate Investment Function, in: D.L. Sills (ed.), International Encyclopedia of the Social Sciences, Vol. 8 (1968), S. 185 ff.

der Investitionstheorie in den 60er Jahren - besonders für Unternehmungen und Wirtschaftssektoren - wurde von D.W. Jorgenson 1971 zusammenfassend dargestellt. [1] Ein kritischer Überblick findet sich bei P.J. Lund, der ebenfalls theoretische und empirische Entwicklungen gleichzeitig analysiert. [2] Lediglich eine knappe, keineswegs vollständige Aufzählung bietet J. Rosette, der zugleich eine Vielzahl von Investitions-Hypothesen für die Bundesrepublik Deutschland überprüft. [3] Außerdem sind dort die bis dahin für Deutschland vorliegenden Investitionsfunktionen zusammengestellt.

Angesichts dieser vorliegenden Überblicksartikel erscheint es hier nicht notwendig zu sein, neuerlich eine umfassende Darstellung vorzunehmen. Wohl aber ist die Auswahl der Investitionsfunktionen zu begründen, die im folgenden eine nähere Analyse erfahren.

Dabei ist zunächst zu unterscheiden zwischen Nettoinvestitionen und Ersatzinvestitionen. Der überwiegende Teil der Literatur beschäftigt sich mit den Nettoinvestitionen. Auf die speziellen Determinanten der Ersatzinvestitionen wird in Abschnitt 7. dieses Kapitels eingegangen, die Hypothesen hierzu sind nicht sehr umfangreich.

---

1) D.W. Jorgenson, Econometric Studies of Investment Behavior: A Survey, S. 1111 ff. Siehe hierzu auch: R. Eisner, Econometric Studies of Investment Behavior: A Comment, S. 91 ff.

2) P.J. Lund, Investment. The Study of an Economic Aggregate, Edinburgh, San Francisco 1971, bes. S. 21 ff.

3) J. Rosette, Ökonometrische Investitionsfunktionen für Konjunkturmodelle, passim.

Maßgebliches Auswahlkriterium aus den Nettoinvestitions-Hypothesen müßte eigentlich das Maß ihrer statistischen respektive ökonometrischen Bewährung sein; d.h. - da Verifizierbarkeit von Hypothesen auszuschließen ist [1] - es dürften zumindest solche Hypothesen keine Verwendung finden, die empirisch falsifiziert worden sind. Nun wirft gerade bei derartigen makroökonomischen Fragestellungen die eindeutige empirische Falsifizierung bislang kaum lösbare Probleme auf. Die stetige Verfeinerung der statistischen und ökonometrischen Methoden läßt es bislang nicht möglich erscheinen, zu abschließenden Ergebnissen zu kommen. Im Rahmen der Investitionstheorie ist es der Akzeleratoransatz, der zur Verdeutlichung dieser Problematik exemplarisch herangezogen werden kann: Seit J.M. Clark [2] galt das Akzelerationsprinzip als die Investitionstheorie. Aufgrund der (negativen) statistischen Ergebnisse von S. Kuznets [3] und J. Tinbergen [4] galt es dann lange Zeit als falsifiziert und erlangte erst wieder Bedeutung in der empirischen Forschung, als unter Verwendung neuerer Methoden der Berücksichtigung von Zeitverzögerungen gezeigt werden konnte, daß es in modifizierter Form durchaus zur Erklärung des Investitionsverhaltens beitragen kann. [5] In der theoretischen

---

1) K.R. Popper, Logik der Forschung, 5. Aufl., Tübingen 1973, S. 14.

2) J.M. Clark, Business Acceleration and the Law of Demand: A Technical Factor in Economic Cycles, JoPE, Vol. 25 (1917), S. 217 ff.

3) S. Kuznets, Relation Between Capital Goods and Finished Products in the Business Cycle, Economic Essays in Honor of W.C. Mitchell, New York 1935, S. 209 ff.

4) J. Tinbergen, Statistical Evidence on the Acceleration Principle, Economica, N.S., Vol. 5 (1938), S. 164 ff.

5) R. Eisner, A Permanent Income Theory for Investment: Some Empirical Explorations, S. 363 ff.

Forschung hatte dieses Prinzip jedoch seinen Stellenwert in der Zwischenzeit nicht verloren, eher im Gegenteil: Gerade in dieser Zeit, in der das Akzelerationsprinzip als empirisch obsolet galt, erschienen maßgebliche konjunkturtheoretische Arbeiten, deren integraler Bestandteil ebendieses Prinzip war. [1)]

Verallgemeinert man die Schlußfolgerung aus diesem Beispiel, so scheint es nicht sinnvoll zu sein, die bisherigen empirischen Ergebnisse als Entscheidungskriterium der Auswahl heranzuziehen. Die Auswahl wäre zu sehr abhängig vom jeweiligen Stand der empirischen Forschung.

Die hier gewählte Vorgehensweise ist mehr heuristisch orientiert. Da der Schwerpunkt des Erkenntnisinteresses bei solchen Investitionsfunktionen liegt, die zur Abbildung fiskalpolitischer Parameter in der Lage sind, gilt der Analyse solcher Funktionen auch der breiteste Raum. Dabei sind sie in den theoretischen Rahmen zu stellen, aus dem sie entstanden und durch dessen Ausweitung sie Bedeutung gewinnen.

Dieser Rahmen wird gesetzt von solchen Investitionstheorien, in denen die fiskalpolitischen Parameter in Folge der Verwendung einer restriktiven Ceteris-paribus-Klausel keine Berücksichtigung finden. Zu nennen sind einerseits die Schumpeterschen autonomen Investitionen, deren Determinanten zwar jenseits jeder fiskalpolitischen Beeinflußbarkeit zu liegen scheinen, die aber doch für Investitions-Klima-Überlegungen Bedeutung gewinnen können. Andererseits zählt zu dieser Kategorie natürlich

1) Vgl. z.B. P.A. Samuelson, Interaction Between the Multiplier Analysis and the Principle of Acceleration, REStat, Vol. 21 (1939), S. 75 ff.; J.R. Hicks, A Contribution to the Theory of the Trade Cycle, Oxford 1950.

die "klassische" Akzeleratortheorie, die lediglich Konsum- oder Volkseinkommensveränderungen Einflüsse auf Kapitalstockveränderungen zuschreibt und damit sämtliche übrigen volkswirtschaftlichen Größen als irrelevant erscheinen läßt. Im vorliegenden Zusammenhang ist diese Theorie an sich von geringerer Bedeutung, da sie kaum zu Erkenntnissen hinsichtlich der Wirksamkeit fiskalpolitischer Parameter führt. Ihr Ausbau zu einer Theorie des variablen Akzelerators wandelt diesen Ansatz jedoch zu einer Vorstufe der neoklassischen Investitionstheorie. Als solche ist der Akzeleratoransatz hier zu sehen.

Die neoklassische Investitionstheorie ist schließlich diejenige Theorie, die am ehesten geeignet ist, Aussagen über die Wirksamkeit des Einsatzes fiskalpolitischer Parameter zu ermöglichen. In ihr wird die Ceteris-paribus-Klausel hinsichtlich der relativen Preise aufgehoben, so daß gerade <u>die</u> Effekte analysiert werden können, die durch investitionsorientierte Konjunkturpolitik hervorgerufen werden sollen. Aus der Kritik an der neoklassischen Investitionstheorie ergeben sich die weiteren zu berücksichtigenden Theorien: Die restriktiven Verhaltensprämissen dieser Theorie führen zu einem grundsätzlichen Exkurs, in dem einzelne verhaltenswissenschaftliche Ansätze dargestellt werden.

Als Abweichungen vom neoklassischen Modell - wenn auch nicht notwendig völlig im Gegensatz zu ihm befindlich - sind einzelne Erweiterungen und Ergänzungen zu sehen. Die Liquiditäts- und Gewinntheorien können als Alternativen, aber auch als Ergänzung der neoklassischen Investitionstheorie gesehen werden. Die restriktive Ersatz-Investitions-Hypothese dieser Theorie ist einer Revision zu unterziehen. Schließlich ist zu prüfen, welcher Aussagewert solchen Ansätzen zukommt, die im Konjunkturverlauf keine konstante, sondern eine variable Investitionsbeziehung herausstellen.

Ausgeklammert bleiben zunächst sämtliche Probleme, die durch das Vorhandensein von Zeitverzögerungen im Rahmen der Investitionsentscheidungen und des Investitionsvollzugs bei den Unternehmungen auftreten. Ihnen ist das anschließende Kapitel D. gewidmet.

2. Die "autonomen" Investitionen

Am leichtesten geschieht die Abgrenzung der "autonomen Investitionen" negativ: Autonome Investitionen sind diejenigen, welche nicht auf irgendwelche Einflußfaktoren reagierend "induziert" werden. Dies würde in allgemeinster Form bedeuten: Die unternehmerische Entscheidung zu autonomen Investitionen wird völlig unabhängig von externen Einflußgrößen der Unternehmungen vorgenommen, es gibt keine feststellbaren Investitionsdeterminanten und damit keine Einflußmöglichkeiten für die Fiskalpolitik.

Eine derartige Fassung scheint auf den ersten Blick dem Konjunkturmodell von J.R. Hicks [1] zugrunde zu liegen. In diesem Modell wachsen die autonomen Investitionen mit einer konstanten Rate, die Höhe der Investitionen im jeweiligen Jahr ist nur abhängig vom erreichten Zeitpunkt im Wirtschaftsablauf, also nicht abhängig von einer anderen unabhängigen Variablen. Jedoch zeigt sich bei einer näheren Analyse, daß Hicks dieses konstante Wachstum nur zur besseren Verdeutlichung seines Oszillationsmodells angenommen hat, da nach seiner Meinung ein Rekurs der Konjunkturtheorie auf die autonomen Investitionen gerade die zentrale Frage der Konjunkturtheorie un-

---

1) J.R. Hicks, A Contribution to the Theory of the Trade Cycle, S. 58 ff.

beantwortet ließe;[1] denn Veränderungen der autonomen Investitionen bleiben ex definitione unerklärt. Diese völlige Unabhängigkeit der autonomen Investitionen wählte Hicks also nur für seine Modellbildung, verbal schloß er Schwankungen der "autonomen" Investitionen in Abhängigkeit von der jeweiligen Konjunkturlage nicht aus.[2]

Damit schwindet bei einer Annäherung an die Wirklichkeit die Autonomie der "autonomen" Investitionen, und der Begriff reduziert sich zu dem, als was er in der Literatur implizit auch zumeist gebraucht wird: Autonome Investitionen sind die vom jeweiligen Ansatz (Modell, Theorie) nicht erklärten Investitionen.

Damit gilt auch die Schlußfolgerung für die Wirtschaftspolitik nicht mehr, die privaten Investitionen seien, soweit autonom, nicht beeinflußbar. Zu prüfen sind stattdessen die Bestimmungsgründe der "autonomen" Investitionen. Da diese jedoch (definitionsgemäß) nur theoriebezogen zu analysieren sind, und zwar als Lücke der jeweiligen Theorie, sind sie jeweils als Kritikpunkt für die Aussagekraft der untersuchten Theorie zu berücksichtigen. Eine allgemeine Analyse der autonomen Investitionen kann nicht stattfinden, da es die autonomen Investitionen nicht gibt.

Stattdessen kann nur kurz auf die Investitionen eingegangen werden, die in allen nachfolgenden Ansätzen auf den ersten Anschein nicht berücksichtigt bzw. erklärt werden: die Schumpeterschen Investitionen.

---

1) J.R. Hicks, A Contribution..., S. 63; vgl. auch W.A. Jöhr, Die Konjunkturschwankungen, Tübingen, Zürich 1952, S. 568.

2) J.R. Hicks, A Contribution ..., S. 120 f. und S. 161.

J.A. Schumpeter [1] sieht als das treibende Element der Konjunkturbewegungen die Innovationen an. [2] Innovationen sind zunächst diejenigen Investitionen, die der Realisierung von Erfindungen ("inventions") dienen; man kann diesen Vorgang als Durchsetzen des technischen Fortschritts bezeichnen, der sich in einer neuen Produktionsfunktion manifestiert. In weiterer Sicht umfaßt dieser Begriff dann auch "jedes 'Andersmachen' im Gesamtbereich des Wirtschaftslebens". [3]

Schumpeters These ist nun, daß diese Innovationen zyklisch und geballt, also nicht kontinuierlich auftreten, [4] und zwar entweder, weil jeweils nur einzelne Innovationen bis zur vollständigen Anpassung des Wirtschaftsgeschehens durchgeführt werden können, die für anderweitige Innovationen keinen Platz lassen, oder weil die Erfindungen diskontinuierlich anfallen. [5]

Die Entwicklung einer Innovation ist also bei Schumpeter dergestalt, daß zunächst eine Erfindung vorhanden ist und sich dann ein fähiger Unternehmen finden muß, der eine geeignete Wirtschaftslage abwartet, um seine Innovation vorzunehmen. Entscheidend für Veränderungen des gesamtwirtschaftlichen Investitionsumfangs - und damit der konjunkturellen Lage - sind aber nicht die (einzelnen) Innovationen dieser dynamischen Unternehmer, sondern die der vielen nachahmenden Unternehmer, die durch

---

1) J.A. Schumpeter, Konjunkturzyklen. Eine theoretische, historische und statistische Analyse des kapitalistischen Prozesses, Göttingen 1961.

2) J.A. Schumpeter, Konjunkturzyklen, S. 94 ff.

3) Ebenda, S. 91.

4) Ebenda, S. 108, 110; vgl. zu den Ursachen auch W.A. Jöhr, Die Konjunkturschwankungen, S. 160 f.

5) W.A. Jöhr, Die Konjunkturschwankungen, S. 161.

die Gewinne, die aufgrund der neuen Produktionsfunktion gemacht werden können, angezogen werden und ebenfalls in dem ursprünglichen Bereich und davon ausgehend in allen übrigen Wirtschaftsbereichen investieren.

Das Motiv zur Innovation ist bei Schumpeter "die Aussicht auf Gewinn ..., welche nicht ... ein tatsächliches oder erwartetes Steigen der Preise und Ausgaben voraussetzt", [1] sondern durch Verwendung einer kostengünstigeren Produktionsfunktion entsteht. Die Theorie Schumpeters ignoriert also nicht, wie bei Lund [2] fälschlich behauptet wird, solche ökonomischen Überlegungen wie Faktorkosten und erwartete Gewinne. Im Gegenteil: Der Gewinn "ist der Preis, mit dem in der kapitalistischen Gesellschaft erfolgreiche Innovation bezahlt wird" [3], auch wenn er nur eine "vorübergehende Prämie" [4] ist.

Damit scheint im Anschluß an Schumpeter der Gewinn als Motiv-Variable die geeignete Ansatzgröße zur Beeinflussung der Investitionstätigkeit zu sein, soweit es sich um echte Innovationen handelt. In einer solchen Sichtweise kann dann nicht mehr von autonomen Investitionen gesprochen werden: sie wären insofern induziert, als erst eine passende Umwelt einschließlich Gewinnaussichten vorliegen muß, um die Erfindungen in Innovationen zu realisieren.

Während die Schlußfolgerungen für eine langfristige Wirtschaftspolitik klar in einer Förderung von Erfindungen und im Schaffen einer günstigen Atmosphäre ("Klima") für Innovationen liegen, bietet die Schumpetersche Theorie lediglich einen vagen Anhaltspunkt für kurzfristige

---

1) J.A. Schumpeter, Konjunkturzyklen, S. 139.

2) P.J. Lund, Investment. The Study of an Economic Aggregate, Edinburgh, San Francisco 1971, S. 25.

3) J.A. Schumpeter, Konjunkturzyklen, S. 113.

4) Ebenda.

Konjunkturpolitik: Variation der Gewinne der privaten Unternehmen über Gewinnsteuern, so daß der Anreiz zu Innovationen verstärkt oder vermindert wird.

Es sei jedoch darauf hingewiesen, daß diese Auslegung Schumpeters recht extensiv ist; Schumpeter selbst hat soweit ersichtlich nirgendwo auf die Möglichkeit von investitionsfördernden Maßnahmen durch Gewinnsteuervariationen hingewiesen. Lediglich ganz global hat er in seinem abschließenden Kapitel die restriktive Kraft der hohen Gewinnsteuersätze hervorgehoben. [1)] Die allgemeine Interpretation Schumpeters folgt mehr der These, "daß die Nachfrage nach Produktionsgütern von subjektiven Antizipationen abhängig ist, die zukünftige Märkte, technische Entwicklungen, Bevölkerungswachstum und viele andere ungewisse Kräfte betreffen, über die der Nationalökonom keine angemessene Theorie hat". [2)] Dieses Fehlen einer ökonomischen Theorie rechtfertigt eine Zuordnung dieser Schumpeterschen Innovationen zu den "autonomen Investitionen", die sich insbesondere der konjunkturpolitischen Beeinflussung entziehen. Der Staat kann zwar ein gutes Klima zur Förderung dieser subjektiven Bedingungen schaffen und kann hierzu auch finanzpolitische Instrumente einsetzen, beispielsweise Verlustvortragsmöglichkeiten etc. Derartige Regelungen sind aber einerseits losgelöst vom konjunkturpolitischen Zusammenhang zu sehen und bedeuten andererseits nur eine sehr indirekte Einflußnahme auf die private Investitionstätigkeit.

Damit wird durch Schumpeters Theorie der autonomen Investitionen mehr die allgemeine Bedeutung des Investi-

---

1) J.A. Schumpeter, Konjunkturzyklen, S. 1070 ff.

2) L.R. Klein, The Keynesian Revolution, New York 1947, zitiert nach dem Auszug: Das Neue und das Alte, in: W. Weber (Hg.), Konjunktur- und Beschäftigungstheorie, Köln, Berlin 1967, S. 37. Vgl. auch die entsprechende Darstellung in P.J. Lund, Investment, S. 24 f.

tionsklimas hervorgehoben,als daß sich spezielle konjunkturpolitische Schlußfolgerungen ergäben.

3. Der fehlende direkte Ansatzpunkt für die Fiskalpolitik bei Existenz einer Akzeleratorbeziehung

a. Der einfache Akzelerator

Das Akzelerations-(Beschleunigungs-)Prinzip besagt, daß eine direkte Abhängigkeit des Umfangs der Stromgröße "Investitionen" von der Veränderung des Umfangs einer anderen Stromgröße (Volkseinkommen, Konsumnachfrage etc.) besteht. [1] Aufgrund der Eigenart, daß die Veränderung einer unabhängigen Variablen die absolute Höhe der abhängigen Variablen determiniert, ergibt sich notwendig, daß das Akzelerationsprinzip nur induzierte Investitionen zum Inhalt hat, denn bei Konstanz der unabhängigen Variablen wird die Investitionstätigkeit Null.

Beim einfachen ("rigid") Akzelerator wird die direkte Abhängigkeit durch einen konstanten Parameter ausgedrückt. Bei Gültigkeit dieser Art des Zusammenhangs kann die Finanzpolitik nur indirekt über Beeinflussung der privaten Konsumtätigkeit, der staatlichen Nachfragebereiche

---

1) Aus der umfangreichen Literatur zum Akzelerationsprinzip sei auf die Monographien von W. Mieth (Das Akzelerationsprinzip, Berlin 1954), P. Winding (Some Aspects of the Acceleration Principle, Kopenhagen , Amsterdam 1957) sowie P. Gütermann (Theorie des Akzelerationsprinzips, Zürich 1961) verwiesen. Siehe außerdem M.K. Evans, Macroeconomic Activity, S. 80 ff.; R.G.D. Allen, Makroökonomische Theorie, Berlin 1972, S. 78 ff. und 418 ff.; J. Kromphardt, Wachstum und Konjunktur, Göttingen 1972, S. 160 ff.; R.C. O. Matthews, Konjunktur, München 1973, S. 39 ff.

sowie der Nachfrage des Auslandes die private induzierte Investitionstätigkeit zu verändern suchen. Eine direkte Beeinflußbarkeit muß demgegenüber in einer potentiellen Veränderbarkeit des zunächst konstanten Parameters "Akzelerator" zum Ausdruck kommen. Die folgenden Fragen nach den Determinanten des Akzelerators zielen also im Ergebnis ab auf mögliche Ursachen für seine Veränderungen zur Ermittlung eines "variablen Akzelerators".
Ganz grob können zwei Gründe für eine Akzelerationsbeziehung vorgebracht werden:

I. das Akzelerationsprinzip als technische Relation und

II. das Akzelerationsprinzip als Verhaltensprinzip.

I. Die technische Relation

"The accelerator function simply implies that the typical entrepreneur behaves somewhat like a thermostat, noting when capacity is technically overtaxed and then initiating steps to remedy this deficiency." 1)

Als technische Relation sagt das Akzelerationsprinzip $I_t = v \cdot \Delta Y_t$ also nichts anderes aus als die einfache Tatsache, daß zur zusätzlichen Produktion von Gütern in einer Volkswirtschaft ein zusätzlicher Bestand an Produktionskapital notwendig ist. Diese Aussage ist besonders auf längere Sicht eine Trivialität und verdiente keine vertiefte Beachtung, wenn sie nicht doch eine wesentliche Implikation beinhaltete: nämlich die Konstanz des marginalen Kapitalkoeffizienten $\frac{\Delta K}{\Delta Y}$.
Die Verwendung eines Akzelerationsprinzips auf längere Sicht besagt, daß sich die Produktionsfunktion im Zeitablauf nicht verändert, zumindest nicht, was die Pro-

---

1) J.R. Meyer, E. Kuh, The Investment Decision, S. 14.

duktivität des Faktors Kapital anbelangt. [1]

Gültigkeit des einfachen Akzelerationsprinzips als technisches Prinzip auf längere Sicht [2] würde implizieren, daß auf längere Sicht keinerlei Beeinflussung der Investitionstätigkeit durch fiskalische Parameter möglich wäre. Derartige Wachstumswirkungen der Fiskalpolitik stehen hier aber nicht im Vordergrund, vielmehr ist hier von Bedeutung, ob eine derartige technische Beziehung zwischen Kapitaleinsatz und Volkseinkommen (et vice versa) kurzfristig realistisch ist.

In diesem Zusammenhang ist insbesondere auf die alternativen Möglichkeiten der Unternehmungen hinzuweisen, sich an Beschäftigungsschwankungen anzupassen. [3] Eine technisch abgeleitete Akzeleratorbeziehung geht davon aus, daß nur quantitative Anpassungen vorgenommen werden, denn nur bei quantitativer Anpassung wirken sich Beschäftigungsgradänderungen sogleich in Bestrebungen aus, die Kapazitäten anzupassen. Zeitliche und intensitätsmäßige Anpassung haben in dieser Theorie keinen Raum. Damit verliert das derart begründete Akzelerationsprinzip seine allgemeine Aussagekraft und bleibt nur noch gültig für bestimmte Beschäftigungslagen im Unternehmensbereich, in denen rein technisch keine andere Anpassungsmöglichkeit besteht.

---

1) Also ist nur Harrod-neutraler technischer Fortschritt möglich. Vgl. K. Rose, Grundlagen der Wachstumstheorie, 2. Aufl., Göttingen 1973, S. 154 ff.

2) So z.B. L.R. Klein, Issues in Econometric Studies of Investment Behavior, S. 44.

3) Siehe E. Gutenberg, Grundlagen der Betriebswirtschaftslehre, 1. Bd.: Die Produktion, 15. Aufl., Berlin u.a. 1969, S. 349 ff., 359 ff.

II. Das Verhaltensprinzip

Verläßt man die Hypothese der streng technischen Beziehung, so sind drei Möglichkeiten vorhanden, das Akzelerationsprinzip als Verhaltensprinzip zu interpretieren.

A) Die Unternehmungen haben eine Präferenz für quantitative Anpassung.

B) Die Unternehmungen orientieren sich an den Ergebnissen der Kapitalwertrechnung - bei steigenden Umsätzen.

C) Die Unternehmungen bilden ihre Erwartungen anhand vergangener oder gegenwärtiger Umsatz- bzw. Produktionstätigkeit.

ad A): Hinter der Präferenz für quantitative Anpassung - die als solche nichts besagt - könnten Gegenargumente gegen die anderen Anpassungsformen an Beschäftigungsschwankungen stecken. Es könnte mit habituellem Verhalten zu erklären sein, daß zeitliche Anpassung (die organisatorische Probleme aufwirft) und intensitätsmäßige Anpassung (die technische Probleme hervorruft) nur eine insgesamt geringe Bedeutung gewinnen. Auch das Prestigemotiv [1] könnte - zumindest im Aufschwung - eine Erklärung für die Präferenz für quantitative Anpassung darstellen. Doch diese Hypothesen sollen hier nicht weiter verfolgt werden.

ad B): Eine Orientierung der Investitionsentscheidungen an den Ergebnissen der Kapitalwertrechnung kann ganz

1) H. Kreikebaum, Das Prestigeelement im Investitionsverhalten. Ein Beitrag zur Investitionstheorie, in H. Kreikebaum, G. Rinsche, Das Prestigemotiv in Konsum und Investition, Berlin 1961, S. 9 ff.

allgemein als Kapitalwertprinzip bezeichnet werden. Dieses Kapitalwertprinzip gibt an, in welchem Umfang sich Nettoinvestitionen bei gegebenen Zinssätzen und bei gegebenen Produktions- und damit Gewinnerwartungen lohnen. Grundlage des Kapitalwertprinzips ist die gewinnmaximierende Verhaltensweise der Unternehmungen. Steigen nun bei gleichbleibenden Zinssätzen die Produktionserwartungen, so steigen - bei linearem Kostenverlauf - auch die Investitionen. Es werden so lange Investitionen (netto) getätigt, bis die Produktionssteigerungen voll berücksichtigt sind. Dann sinken in diesem statischen Modell die (Netto-)Investitionen wieder auf Null, bis zur nächsten Produktions- (oder Zins-)Veränderung.

Das Akzelerationsprinzip läßt sich so mit einfachen "Ceteris-paribus-Setzungen" aus dem Kapitalwertprinzip ableiten. [1] Und zwar werden sowohl die relevanten Zinssätze als auch die Kosten der Produktionsfaktoren konstant gesetzt.

Es zeigt sich, daß aus einer solchen Verhaltensinterpretation des Akzelerationsprinzips keine negativen Aussagen zur Wirksamkeit fiskalpolitischer Parameter abgeleitet werden können, sondern daß diese Wirksamkeit nur zur besseren Verdeutlichung der wesentlichen, die Entwicklung vorantreibenden Faktoren in die Ceteris-paribus-Klausel geschoben worden ist.

Nun ist es jedoch ein logischer Widerspruch, mit einer Hypothese, bei deren Ableitung bewußt gewisse Einflußfaktoren konstant angenommen wurden, Einflüsse eben

---

1) So auch u.a. J.S. Duesenberry, Business Cycles and Economic Growth, S. 29; M. Neumann, Kapitalbildung, Wettbewerb und ökonomisches Wachstum, Berlin, Heidelberg, New York 1968, S. 100 ff.; W.H. Branson, Macroeconomic Theory and Policy, New York u.a. 1972, S. 208.

dieser Faktoren zu untersuchen bzw. leugnen zu wollen. Denn fiskalpolitische Parameter können nun einmal zum einen die relevanten Zinssätze verändern (allein schon durch die Abzugsfähigkeit bzw. Nichtabzugsfähigkeit bestimmter Zinsarten), zum anderen sind sie eine wesentliche Determinante der zu erwartenden Kosten und Erträge. Das so definierte Akzelerationsprinzip kann also wenig zur Klärung des vorliegenden Problems beitragen.

Es bleibt jedoch noch eine Möglichkeit, zu einer negativen Aussage hinsichtlich der Wirksamkeit von fiskalpolitischen Parametern wegen der Gültigkeit des Akzelerationsprinzips zu kommen: Wenn die Elastizität der Investitionstätigkeit hinsichtlich Produktionsveränderungen sehr groß, hinsichtlich Kosten- und Preisveränderungen (also Veränderungen der relativen Preise) aber sehr klein ist, so kann der Fall eintreten, daß die Bedeutung der fiskalpolitischen Parameter im Vergleich zu der Bedeutung der Produktionsveränderungen so gering ist, daß sie vernachlässigt werden kann. Hierzu kann jedoch das Kapitalwertprinzip in der vorliegenden Form keine Aussagen abgeben, vielmehr ist ein umfassenderes Modell der Investitionstätigkeit zu verwenden, in das dann die relevanten Elastizitäts-Parameter als Variable eingehen. Insbesondere muß auch eine Spezifizierung der Produktionsfunktion vorgenommen werden, da nur dann festgestellt werden kann, welche relative Bedeutung die einzelnen Einflußfaktoren haben. [1]

<u>ad C)</u>: Sowohl in der technischen Formulierung als auch in der Verhaltensformulierung enthält das Akzelerationsprinzip Elemente einer Theorie der Erwartungsbildung: [2] Denn die Nettoinvestitionen, die in der Periode t durchgeführt werden, können ja noch nicht in Periode t, son-

1) Siehe unten Abschnitt 4.

2) Vgl. auch R.C.O. Matthews, Konjunktur, S. 48 ff.

dern erst in Periode t + 1 (dies sei hier angenommen, auch andere Verzögerungen sind möglich) eingesetzt werden, also auch erst in Periode t + 1 zur Erstellung des Sozialprodukts beitragen. Das heißt, der in Periode t investierende Unternehmer, der ja nur die Produktionsergebnisse der Periode t - 1 kennt, muß von diesen Produktionsergebnissen Rückschlüsse auf die Produktionsergebnisse der Periode t + 1 ziehen, um diese dann auch technisch bewältigen zu können bzw. um die Nachfrage nach seinen Gütern in Periode t + 1 gewinnmaximal befriedigen zu können.

Damit kann das Prinzip explizit formuliert werden: $I_t = \beta (x_{t-1} - x_{t-2})$. Hierbei umfaßt β zwei Faktoren: zum einen die technische Relation v, die den marginalen Kapitalkoeffizienten wiedergibt, und den Parameter η, der die Erwartung hinsichtlich der Produktionsveränderungen bis zur Periode t + 1 wiedergibt.[1] Wenn also der Unternehmer erwartet, daß die Produktionsänderung zwischen t und t + 1 der zwischen t - 2 und t - 1 entspricht, und er in Periode t einen richtig angepaßten Kapitalstock besitzt, dann wird sein Erwartungskoeffizient η genau 1 betragen,und der Akzelerator entspricht dem marginalen Kapitalkoeffizienten v.

$$I_t = v \cdot \eta (x_{t-1} - x_{t-2})$$

Das einfache Akzelerationsprinzip mit $\eta = 1$ beinhaltet also eine konstante Erwartungsstruktur, die unabhängig

1) Dieser Ansatz entspricht dem von L.A. Metzler, The Nature and Stability of Inventory Cycles, REStat, Vol. 23 (1941), S. 113 ff., deutsch unter dem Titel: Natur und Stabilität von Lagerzyklen, in: W.Weber (Hg.), Konjunktur- und Beschäftigungstheorie, Köln, Berlin 1967, S. 242 ff., hier S. 253 ff.; vgl. auch R.S. Eckaus, The Acceleration Principle Reconsidered, QJE, Vol. LXVII (1953), S. 209 ff., deutsch unter dem Titel: Das Akzelerationsprinzip nochmals betrachtet, in: W. Weber (Hg.), Konjunktur- und Beschäftigungstheorie, S. 212 ff., hier S. 222 f.

von der Konjunkturlage oder sonstigen Einflußgrößen ist. Aber nicht nur $\eta = 1$ führt zum einfachen Akzelerator, sondern auch ein konstantes $\eta \neq 1$ oder gegenläufige Variation von v und η, so daß sich die Einflüsse gegenseitig kompensieren.

III. Ergebnis

Das einfache Akzelerationsprinzip ist durch verschiedene Annahmen gekennzeichnet, die erst die Konstanz des Akzelerators bewirken:

1. nur quantitative Anpassung an Beschäftigungsschwankungen,
2. Konstanz aller relevanten Preise (einschließlich Zinsen),
3. Konstanz der Steuersätze,
4. Konstanz der Erwartungen,
5. Konstanz der Produktionsperiode und
6. Konstanz der Produktionsfunktion (oder nur Harrod-neutraler Fortschritt).

Erst eine Abkehr von diesen Annahmen schafft Raum für eine Berücksichtigung des Einflusses fiskalpolitischer Parameter. Die Auflösung der Annahme 1. führt zur Veränderung des Akzelerationsprinzips zum Kapitalstockanpassungsprinzip und zu prinzipiell nichtlinearen und variablen Akzeleratoren, die Auflösung der Annahmen 2. und 3. wird im Rahmen der neoklassischen Investitionstheorie ermöglicht, die sich ebenfalls als variabler Akzelerator interpretieren läßt, die Auflösung der Annahmen 4. und 5. wird möglich bei Berücksichtigung realistischer timelags bei Investitions-Entscheidungen und -Durchführungen, die Annahme 4 wird aber ebenfalls schon im Rahmen des Kapitalstockanpassungsprinzips aufgelöst. Die Annahme 6 wird im folgenden nicht weiter berücksichtigt, da hier

Variabilität wohl nur in längerfristigen Analysen Bedeutung gewinnen wird, nicht aber bei der Analyse der für konjunkturelle Bewegungen bedeutsamen kurzfristigen Investitionsentscheidungen.

b. Das Kapitalstockanpassungsprinzip

Das Kapitalstockanpassungsprinzip braucht hier nicht in allen Einzelheiten unter Berücksichtigung sämtlicher möglicher Verfeinerungen analysiert zu werden. Es gilt vielmehr lediglich diejenigen Konsequenzen aus diesem Prinzip abzuleiten, die auf das Vorhandensein einer variablen Akzelerationsbeziehung hindeuten. Es ergeben sich zwar noch keine direkten Konsequenzen für die Wirksamkeit fiskalpolitischer Parameter, wohl aber liegen damit erste Ansätze für eine Investitionsbeziehung vor, die im Zeitablauf variiert; daraus lassen sich dann Ergebnisse gewinnen, die bei der Bewertung der Bedeutung fiskalpolitischer Parameter im Konjunkturablauf Verwendung finden können.

I. Der Akzelerator als Kapitalstockanpassungsprinzip

Die Aussage des Kapitalstockanpassungsprinzips [1] lautet, daß Investitionen vorgenommen werden, um den tatsächlichen Kapitalstock an den gewünschten Kapitalstock anzunähern.

(1) $I_t = K_t^x - K_t$

1) R.C.O. Matthews, Konjunktur, S. 46 ff.; M.K. Evans, Macroeconomic Activity, S. 82 und 85 f.

Dabei ist K_t^x der gewünschte Kapitalstock in Periode t und K_t der tatsächliche Kapitalstock. Richtet sich nun der gewünschte Kapitalstock am Einkommen Y der Periode t aus (Annahme: keine Zeitverzögerungen), so gilt

(2) $K_t^x = v \cdot Y_t$

und in (1) eingesetzt

(3) $I_t = v \cdot Y_t - K_t$

Der Kapitalbestand K_t am Anfang der Periode t wurde durch die Investitionen in t-1 bewirkt, die sich an Y_{t-1} ausrichteten. Bei sofortiger Vollanpassung der Kapazität an die gewünschte Kapazität gilt also

(4) $K_t = v \cdot Y_{t-1}$

Wird nun (4) in (3) eingesetzt, so ergibt sich die Akzeleratorbeziehung

(5) $I_t = v \cdot Y_t - v \cdot Y_{t-1}$

$= v\ (Y_t - Y_{t-1})$

Die Übereinstimmung zwischen Kapitalstockanpassungsprinzip und Akzelerationsprinzip trifft nur zu bei stetiger Vollanpassung der tatsächlichen an die gewünschten Kapazitäten, da ansonsten $K_t \neq v \cdot Y_{t-1}$.[1)]

Aus der Darstellung des Akzelerationsprinzips als Kapitalstockanpassungsprinzip läßt sich leicht ablesen, daß Unter- bzw. Überauslastungen der Kapazitäten (aufgrund externer Faktoren) sich auf die Höhe der Investitionstätigkeit auch im Akzelerationsprinzip auswirken:[2)]

1) R.C.O. Matthews, Konjunktur, S. 46 f.; J. Kromphardt, Wachstum und Konjunktur, S. 163.

2) Diese Darstellung folgt J. Kromphardt, Wachstum und Konjunktur, S. 164.

(1) $I_t = K_t^x - K_t$

wird erweitert zu

$$I_t = \frac{K_t^x - K_t}{K_t} \cdot K_t$$

$$= (\frac{K_t^x}{K_t} - 1) \cdot K_t$$

$$= (\frac{v \cdot Y_t}{K_t} - 1) \cdot K_t$$

$$= (\frac{Y_t}{K_t/v} - 1) \cdot K_t$$

Da nun gemäß (4) gilt $K_t = v \cdot Y_{t-1}$, ergibt sich

(6) $I_t = (\frac{Y_t}{Y_{t-1}} - 1) \cdot K_t$

Falls nun Vollanpassung stattfand, bewirkt Y_{t-1} eine Optimalausnutzung von K_t , wir können hier also auch statt Y_{t-1} nun $Y_{opt.}$ schreiben:

(7) $I_t = (\frac{Y_t}{Y_{opt.}} - 1) \cdot K_t.$

Somit steckt auch in einem Akzelerationsprinzip mit jederzeitiger Vollanpassung an die gewünschte Kapazität, die um eine (oder mehrere) Periode(n) verzögert ist, implizit eine Abhängigkeit der Investitionstätigkeit vom Auslastungsgrad des vorhandenen Kapitalbestandes ($Y_t/Y_{opt.}$). Allerdings wird dieser Auslastungsgrad lediglich durch Veränderungen des Volkseinkommens Y_t bewirkt, es werden weder Kapitalstockveränderungen (z.B. durch Abschreibungen) noch Veränderungen der Kosten und Preise berücksichtigt, die sich in einem veränderten Kapitalstock-Optimum niederschlagen könnten.

II. Das Kapitalstockanpassungsprinzip bei unvollständiger Anpassung

Die Eigenart des Kapitalstockanpassungsprinzips tritt erst dann hervor, wenn man nicht mehr jeweils genau vollständige Anpassung annimmt, sondern auch die Möglichkeiten zeitlicher und intensitätsmäßiger Anpassung zuläßt.[1] $Y_{opt.}$ ist nun $\neq Y_{t-1}$, und I_t dient nun je nach Situation einer Über- oder Unteranpassung der Kapazitäten:[2]

$$I_t = \delta \left(\frac{Y_t}{Y_{opt.}} - 1\right) \cdot K_t$$

Diese Formulierung läßt sich nicht mehr in das Akzelerationsprinzip zurückverwandeln, da $K_t \neq v \cdot Y_{t-1}$. Es ergibt lediglich:

$$I_t = \delta \, (K_t^x - K_t)$$

$$I_t = \delta \, (v \cdot Y_t - K_t).$$

Bei Vollanpassung ist $\delta = 1$, es gilt das ursprüngliche Akzelerationsprinzip. Bei nicht vollständiger Anpassung können sich Unterkapazitäten oder auch Überkapazitäten entwickeln, falls die Reduktion des Kapitalstocks nicht hinreichend vollzogen wird. δ kann also als Reaktionskoeffizient gekennzeichnet werden und gibt an, in welchem prozentualen Umfang die Unternehmungen auf Divergenzen zwischen erstrebtem und tatsächlichem Kapitalstock reagieren. Um zu zeigen, daß dann und nur dann keine Divergenz besteht, wenn die Auslastung von K_t

---

1) So erstmals bei R.M. Goodwin, Secular and Cyclical Aspects of the Multiplier and the Accelerator, in: Income, Employment and Public Policy. Essays in Honor of A.H. Hansen, New York 1948, S. 108 ff.

2) Vgl. J. Kromphardt, Wachstum und Konjunktur, S. 164.

optimal ist, kann im Anschluß an H.B. Chenery [1] dieser Auslastungsgrad explizit mit in die Gleichung hineingenommen werden: Nur dann, wenn eine Divergenz zwischen den derzeitigen Anforderungen an den Kapitalstock ($v \cdot Y_t$) und seinen Möglichkeiten bei Optimalausnutzung $\lambda \cdot K_t$ besteht, ergibt sich eine Notwendigkeit (ein Bedürfnis) zu investieren:

$$I_t = \delta \, (v \, Y_t - \lambda \, K_t)$$

In dieser Formel ist v der (konstante) Akzelerationskoeffizient, δ ein Reaktionskoeffizient und λ ein Kapazitätsfaktor, der den optimalen Auslastungsgrad des Kapitalstocks K_t charakterisiert. Die Vor- und Nachteile dieser Darstellungsweise lassen sich wie folgt zusammenfassen:

1. Die Investitionen werden ihrer Eigenschaft entsprechend als Determinanten der Kapazitätsausweitung explizit berücksichtigt.

2. Die Anpassung an Divergenzen erfolgt nicht jeweils vollständig, wie beim Akzelerationsprinzip, sondern in Höhe von $0 \leq \delta \leq 1$. Das Problem ist die Höhe und Konstanz des Reaktionskoeffizienten δ, also die Ermittlung seiner Bestimmungsfaktoren.

3. Bei unvollständiger Anpassung des Kapitalstocks konnten im Akzelerationsprinzip Über- und Unterkapazitäten auftreten, da nur die Veränderungen des Einkommens (u.ä.) unbeachtlich der Höhe des Auslastungsgrades zu Investitionen führten. Dieses Verhalten tritt im Kapitalstockanpassungsprinzip nicht auf, da immer der bestehende Kapitalstock bei Optimalauslastung Berücksichtigung findet. Zeitliche und intensitätsmäßige Anpassung sind möglich, sie erhöhen jedoch die Divergenzen und bieten daher Anreize zu Investitionen bzw. Desinvestitionen.

---

1) H.B. Chenery, Overcapacity and the Acceleration Principle, Econometrica, Vol. 20 (1952), S. 1 ff.

III. Ansätze einer nichtlinearen Investitionsfunktion

Das Kapitalstockanpassungsprinzip kann aufgrund seiner Zulassung von anderen Anpassungsarten als allein quantitative Anpassung auch als flexibles Akzelerationsprinzip[1] gekennzeichnet werden. Denn bei Vorliegen des Kapitalstockanpassungsprinzips mit unvollständiger Anpassung ist die Reaktion der Investitionstätigkeit auf Änderungen des Volkseinkommens je nach Auslastungsgrad unterschiedlich groß. Der Akzelerator variiert. Dies gilt bei variablem Reaktionskoeffizienten δ (über den ja bisher noch keine Hypothesen angestellt wurden), aber auch bei konstantem $\delta \neq 1$.

Als weitere Ursache von Variabilität kommt der technische Umstand in Frage, daß die Investitionen in negativer Hinsicht nicht über die Verschrottungsrate des Kapitalbestandes hinausgehen können. Sowohl im Akzelerationsprinzip als auch im Kapitalstockanpassungsprinzip können sich (theoretisch) beliebig stark negative Investitionen ergeben, nämlich dann, wenn $v \cdot Y_t < v \cdot Y_{t-1}$ bzw. wenn $v \cdot Y_t < \lambda K_t$. Solange nicht an mutwillige Zerstörungen gedacht wird, bildet jedoch die Verschrottungsrate (M) hier eine untere Begrenzung ("floor").

---

1) Der Begriff "flexibler Akzelerator" wird in der Literatur unterschiedlich verwandt:
   (1) In allgemeiner Form kann man mit diesem Begriff eine variable Beziehung zwischen z.B. Produktions-Änderungen und dem Niveau der Investitionen wegen <u>anderer Einflußgrößen</u> kennzeichnen (so u.a. W.H. Branson, Macroeconomic Theory and Policy, S. 208).
   (2) In engerer Form versteht man darunter das Kapitalstockanpassungsprinzip, zu dem man - wie später gezeigt werden wird - auch über einen Akzelerator mit verteilten lags gelangen kann. Diese Begriffsbildung findet sich bei R.S. Eckaus, Das Akzelerationsprinzip nochmals betrachtet, S. 225; D.W. Jorgenson, Econometric Studies of Investment Behavior: A Survey, S. 1111; R. Richter, U. Schlieper, W. Friedmann, Makroökonomik, Berlin u.a. 1973, S. 211.

Umgekehrt können die Investitionen auch aus rein technischen Gründen nicht beliebig groß werden, da die Kapazität des Kapitalgütersektors (L) hier eine Obergrenze ("ceiling") setzt.

Diese technischen Grenzen könnten durch Variabilität des Reaktionskoeffizienten δ berücksichtigt werden. Es können aber auch für die Investitionen explizit eine Unter- und eine Obergrenze gesetzt werden, während zwischen diesen Grenzen die jeweils gewählte Investitionsfunktion Gültigkeit besitzt. Eine einfache nichtlineare Investitionsbeziehung wird von Allen [1] als erster Ansatz gewählt. Hier gibt es nur drei alternative Werte für die Höhe der Investitionstätigkeit (die Bezeichnungen wurden geändert):

Für $\lambda K_t < K_t^x$ ist $I = L \doteq$ Kapazität der Investitionsgüter-Industrie

Für $\lambda K_t = K_t^x$ ist $I = 0$

Für $\lambda K_t > K_t^x$ ist $I = -M$ = Verschrottungsrate.

Bei Hicks [2] bilden ebenfalls L und -M die obere und untere Grenze, der Raum dazwischen aber wird durch eine einfache Akzeleratorbeziehung (mit time-lag) ausgefüllt. Bei Erreichen der beiden Grenzen wird der Hickssche Akzelerator "abgeschaltet". [3] Allerdings ist bei Hicks die Obergrenze nicht starr, sie wächst vielmehr.

R.M. Goodwin schließlich umgeht das bei Hicks bestehende Problem eines plötzlichen Wechsels vom einfachen Akzelerator auf die Werte am ceiling und floor und ersetzt die einfache Akzelerationsbeziehung zwischen ceiling

---

1) R.G.D. Allen, Makroökonomische Theorie, S. 418 f.

2) J.R. Hicks, A Contribution to the Theory of the Trade Cycle, S. 95 ff.

3) Vgl. die Darstellung bei J. Kromphardt, Wachstum und Konjunktur, S. 169 ff.

und floor durch eine nichtlineare Akzelerationsfunktion, die sich asymptotisch den Größen L und -M annähert, so daß der abrupte Wechsel wie bei Hicks wegfällt. [1] Jedoch ist bei Goodwin die Obergrenze starr.

IV. Ergebnis und Kritik

I) Das Akzelerationsprinzip kann als Kapitalstockanpassungsprinzip bei vollständiger Anpassung des Kapitalstocks an den zur Befriedigung der Nachfrage notwendigen Kapitalstock in jeder Periode bezeichnet werden.

II) Es zeigt sich dann auch, daß das Akzelerationsprinzip die Investitionen in Abhängigkeit vom Auslastungsgrad des Produktionspotentials sieht.

III) Bei nicht vollständiger Anpassung des Kapitalstocks (also z.B. bei zeitlicher oder intensitätsmäßiger Anpassung der Unternehmungen an Beschäftigungsschwankungen) schwindet die Identität von Akzelerationsprinzip und Kapitalstockanpassungsprinzip. Es wird der Reaktionskoeffizient δ eingeführt, der angibt, in welchem Umfang die Unternehmen auf Differenzen zwischen aktuellem und optimalem Kapitalstock mit Investitionen reagieren.

IV) Das Kapitalstockanpassungsprinzip ist eine modifizierte Form des Akzelerationsprinzips, wenn der gewünschte Kapitalstock als $K_t^x = f(Y)$ gekennzeichnet wird. Es ist jedoch offen für jede andere Determination des gewünschten Kapitalstocks.

---

1) R.M. Goodwin, The Non-Linear Accelerator and the Persistence of Business Cycles, Econometrica, Vol. 19 (1951), S. 1 ff. und die Darstellung bei R.G.D. Allen, Makroökonomische Theorie, S. 422 f.

V) Das Kapitalstockanpassungsprinzip führt - als Akzelerationsprinzip ausgedrückt - zu einem variablen Akzelerationsprinzip, wobei der Akzelerationskoeffizient vom Auslastungsgrad des Kapitalstocks abhängt.

VI) Bei im Konjunkturverlauf variierendem Reaktionskoeffizienten δ bringt dies eine zusätzliche Variabilität in die Investitionsfunktion.

VII) Da die Investitionen nicht beliebig negativ werden können, kann in das Kapitalstockanpassungsprinzip (oder in das Akzelerationsprinzip) eine Untergrenze eingebaut werden, bei deren Erreichen das Kapazitätsanpassungsprinzip bzw. das Akzelerationsprinzip ausgeschaltet wird (Goodwin, Hicks). Die Kapitalstockanpassungsprinzip- bzw. Akzelerationsprinzip-Beziehung ist dann nichtlinear.

VIII) Entsprechend kann eine Obergrenze in Höhe der Kapazitätsgrenze eingeführt werden. Ober- und Untergrenze sind technisch bedingt.

Mit dieser knappen Darstellung der Ergebnisse, die aus dem Akzelerations- und Kapitalstockanpassungsprinzip abgeleitet werden konnten, sind die Vorarbeiten für einige der folgenden Abschnitte abgeschlossen. Das Kapitalstockanpassungsprinzip findet erstens weitere Verwendung im Rahmen der neoklassischen Investitionstheorie. Zweitens können die dargestellten nichtlinearen Investitionsbeziehungen dann wieder aufgegriffen werden, wenn nach den möglichen Ursachen einer variablen Investitionsbeziehung im einzelnen gefragt wird. Schließlich kann der Reaktionskoeffizient δ bei der Interpretation der Verhaltensweisen berücksichtigt werden, die zu Wirkungsverzögerungen der fiskalpolitischen Maßnahmen im Unternehmenssektor führen. Es ist dann zu prüfen, ob seine Größe möglicherweise fiskalpolitischen Einflüssen zugänglich ist.

4. Die Bedeutung fiskalpolitischer Parameter in der neoklassischen Investitionstheorie

a. Die neoklassische Investitionstheorie

Der Begriff "neoklassische Investitionstheorie" ist nicht allgemeingültig festgelegt. Im engeren Sinne wird darunter eine Investitionstheorie verstanden, welche die Nettoinvestitionen der Unternehmungen als ausschließlich durch die Höhe des erwarteten Realzinses determiniert ansieht. [1] Dies wäre eine monovariable Investitionsfunktion, welche vielfach in klassischer und keynesscher Tradition für Analysen des Investitionsverhaltens verwandt wird, die jedoch gänzlich ungeeignet ist zum Studium des Einflusses direkter fiskalpolitischer Variablen.

Im weiteren Sinne wird in neuerer Zeit der Begriff "neoklassische Investitionstheorie" für diejenigen Arbeiten verwandt, die nicht wie eine Vielzahl ökonometrischer Arbeiten einzelne Ad-hoc-Hypothesen zur Erklärung der Investitionstätigkeit verwenden, sondern ein geschlossenes Modell des Unternehmerverhaltens zugrunde legen, welches auf klassischen Hypothesen aufbaut. [2] Diese Investitionstheorie unterscheidet sich von vielen anderen Investitionserklärungen durch ihren prinzipiell umfassenden Ansatz, der nicht lediglich einzelne plausible Einflußfaktoren der Investitionstätigkeit berücksichtigt; es wird vielmehr von einer grundlegenden Zielsetzung der Unternehmungen ausgegangen, aus der in Verbindung mit produktionstheoretischen Restriktionen das jeweilige Verhalten ableitbar ist.

---

1) Siehe z.B. R. Richter, U. Schlieper, W. Friedmann, Makroökonomik, S. 203 ff.

2) Diese Gegenüberstellung der neoklassischen Theorie mit den Ad-hoc-Hypothesen ökonometrischer Arbeiten wurde verwandt von D.W. Jorgenson, Capital Theory and Investment Behavior, AERP, Vol. 53 (1963), S. 247.

Der Ansatz ist insofern umfassend, als aus der neoklassischen Investitionstheorie durch Vereinfachungen und zusätzliche Annahmen jede andere Investitionstheorie abgeleitet werden kann. Diese Eigenschaft läßt die neoklassische Investitionstheorie zur grundlegenden Investitionstheorie werden, von der sich andere Theorien durch Einschränkung oder Erweiterung der Variablen-Art und -Zahl unterscheiden.

Die Entwicklung der neoklassischen Investitionstheorie in ihrer modernen Form war von Anfang an mit ökonometrischen Überprüfungen auf einzelwirtschaftlicher, sektoraler und gesamtwirtschaftlicher Ebene verknüpft. [1] Diese Verbindung mikro- und makroökonomischer Verwendbarkeit läßt diese Theorie als besonders geeignet erscheinen, überprüfbare Aussagen zur Einwirkung bestimmter Variablen auf die Investitionstätigkeit zu liefern.

Schließlich bringt die neoklassische Investitionstheorie für die vorliegende Untersuchung den Vorteil mit sich, derart ausbaufähig zu sein, daß fiskalpolitische Parameter explizit auch in ihren jeweiligen Ausgestaltungsformen Eingang in die Investitionsfunktion als Determinanten der Investitionstätigkeit finden. Diese Eigen-

---

1) Auf mikroökonomischer Ebene wurde die neoklassische Theorie getestet von D.W. Jorgenson, C.D. Siebert, Optimal Capital Accumulation and Corporate Investment Behavior, JoPE, Vol. 76 (1968), S. 1123 ff.; dies., A Comparison of Alternative Theories of Corporate Investment Behavior, AER, Vol. 58 (1968), S. 681 ff. Auf Branchen-Ebene und für die gesamte Industrie wurde sie getestet von D.W. Jorgenson, J.A. Stephenson, Investment Behavior in U.S. Manufacturing, 1947-1960, Econometrica, Vol. 35 (1967), S. 169 ff. Als Grundlage für ein gesamtwirtschaftliches Modell bei D.W. Jorgenson, Anticipations and Investment Behavior, in: J.S. Duesenberry, G. Fromm, L.R. Klein, E. Kuh (ed.), The Brookings Quarterly Econometric Model of the United States, S. 35 ff.

schaft ist es, die in neuerer Zeit zu einer breiten Anwendung neoklassischer Ansätze geführt hat, wenn der Einfluß von Steuern auf die Investitionstätigkeit untersucht wurde. [1)]

I. Das Kapitalstockanpassungsprinzip als Grundlage der neoklassischen Investitionstheorie

Die neoklassische Investitionstheorie [2)] baut auf der grundlegenden Hypothese des Kapitalstockanpassungsprinzips auf, die besagt, daß die Unternehmungen Nettoinvestitionen vornehmen wollen, um die Differenz zwischen gewünschtem und aktuellem Kapitalstock zu vermindern bzw. zu beseitigen:

$$I_{N_t} = K^x_t - K_t$$

1) So u.a. von R.E. Hall, D.W. Jorgenson, Tax Policy and Investment Behavior; dies., The Role of Taxation in Stabilizing Private Investment, in: V.P. Rock (ed.), Policy-makers and Model Builders: Cases and Concepts, New York 1969; dies., Application of the Theory of Optimum Capital Accumulation, in: G. Fromm (ed.), Tax Incentives and Capital Spending, Washington 1971, S. 9 ff.; C.W. Bischoff, The Effect of Alternative Lag Distributions, in: G. Fromm (ed.), Tax Incentives ..., S. 61 ff.; M.T. Sumner, Investment and Corporate Taxation, JoPE, Vol. 81 (1973), S.982 ff.; A. Sandmo, Investment Incentives and the Corporate Income Tax, JoPE, Vol. 82 (1974), S. 287 ff.

2) Die nachfolgende Darstellung beruht auf der Entwicklung der neoklassischen Investitionstheorie, wie sie von Jorgenson in verschiedenen Arbeiten vorgenommen wurde, u.a. in: D.W. Jorgenson, Capital Theory and Investment Behavior; ders., Anticipations and Investment Behavior; ders., The Theory of Investment Behavior, in: R. Ferber (ed.), Determinants of Investment Behavior, New York 1967, S. 129 ff.; D.W. Jorgenson, J.A. Stephenson, Investment Behavior in U.S. Manufacturing, 1947-1960; D.W. Jorgenson, C.D. Siebert, Optimal Capital Accumulation and Corporate Investment Behavior.

Bei gegebenem K_t folgt daraus, daß die Bestimmung der Netto-Investitionen durch die Determinanten von K_t^x erfolgt.

Beim Kapitalstockanpassungsprinzip, wie es oben in Kapitel C.3.b. dargestellt wurde, war es das Volkseinkommen der jeweiligen Periode, welches in Verbindung mit dem marginalen Kapitalkoeffizienten sowie einem Reaktionskoeffizienten die Höhe des gewünschten Kapitalstocks bestimmte. Im Gegensatz dazu wird im Rahmen der neoklassischen Investitionstheorie der gewünschte Kapitalstock aus einer Hypothese über optimierendes Verhalten der Unternehmungen abgeleitet, wobei gewisse produktionstechnische Nebenbedingungen zu berücksichtigen sind.

Vier wesentliche Spezifizierungen müssen also im Rahmen dieser Investitionstheorie vorgenommen werden:

1. Der gewünschte Kapitalstock ist nur in dem Maße "gewünscht", wie er zur Zielsetzung der Unternehmung beiträgt. Unter der Voraussetzung, daß die Unternehmungen danach trachten, diese Zielsetzung zu maximieren, muß also eine Aussage gemacht werden über

$$Z \rightarrow \text{Max !}$$

2. Es bedarf einer näheren Ermittlung der Produktionsfunktion, in deren Rahmen diese Maximierung stattfinden kann:

$$F\ (Q, L, K) = O$$

Q = mengenmäßige Produktion
L = Einsatzmenge des Faktors Arbeit
K = Einsatzmenge des Faktors Kapital

3. In konjunkturpolitischer Sicht sind neben den Nettoinvestitionen auch die Ersatzinvestitionen von Bedeutung. Über ihre Determinanten sind gesonderte

Aussagen notwendig.

4. Aus dem Kapitalstockanpassungsprinzip kann nur dann eine Aussage über die Höhe der Nettoinvestition je Periode abgeleitet werden, wenn die Anpassungsreaktionen (Zeitverzögerungen) in den Unternehmen bekannt sind. [1]

II. Die Zielsetzung der Unternehmung

Die Zielsetzung der Unternehmung in der neoklassischen Theorie der Unternehmung ist, den Kapitalwert W der Unternehmung zu maximieren. Insofern besteht eine Verwandtschaft zum simplen Kapitalwertmodell, das oben zur Darstellung der fiskalpolitischen Instrumente verwandt wurde. [2] Hinsichtlich der konkreten Handlungsanweisung ist diese Zielsetzung identisch mit dem Ziel, den Gewinn der Unternehmung zu jeder Zeit zu maximieren. [3]

Zur Vereinfachung wird ausgegangen von einem produzierten Gut Q, einem variablen Produktionsfaktor L und einem Kapitaleinsatz K. Außerdem ist ein Zinssatz r extern gegeben, zu dem auf dem vollkommenen Kapitalmarkt zu jedem Zeitpunkt Ausleihungen und Entleihungen möglich sind.

---

1) Die Zeitverzögerungen werden gesondert in Kapitel D. analysiert.

2) Der wesentliche Unterschied zwischen einfacher Kapitalwertmethode und neoklassischer Investitionstheorie besteht darin, daß mit ersterer nur Aussagen über die Vorteilhaftigkeit einzelner Investitionen abgeleitet werden können, ohne daß gleichzeitig die Reaktionen der Unternehmungen auf diese Änderungen der Vorteilhaftigkeit einbezogen werden, während durch die Verbindung der letzteren mit produktionstheoretischen Hypothesen auch direkt Aussagen über Art und Umfang der Reaktion der Investoren gemacht werden können.

3) auf S. 97.

Der Periodenüberschuß Z(t) in Periode t wird bestimmt durch die Differenz zwischen den Einzahlungen in Höhe des Umsatzes und den Auszahlungen aufgrund der Bezahlung des variablen Faktors und aufgrund der Investitionsgüterkäufe in der jeweiligen Periode:

$$Z(t) = pQ_t - wL_t - qI_t$$

p = Preis der produzierten Güter
Q = Menge der produzierten Güter
w = Preis des eingesetzten variablen Faktors
L = Menge des eingesetzten variablen Faktors
q = Preis der gekauften Investitionsgüter
I = Menge der gekauften Investitionsgüter

Zusätzlich sind nun die Zahlungen an direkten Steuern zu berücksichtigen. Wenn dabei die Ansätze für pQ, wL und qI gleichbleibend verwandt werden, impliziert dies, daß die Gewinnsteuern nicht überwälzbar sind. Der steuerpflichtige Gewinn ist nicht mit dem Periodenüberschuß Z(t) identisch; es sind vielmehr die jeweiligen Eigenarten des Steuersystems zu berücksichtigen. Hier können nun nicht alle Eigenarten des deutschen Steuersystems, besonders der Einkommensteuer, Körperschaftsteuer und Gewerbeertragsteuer formelhaft erfaßt werden, es werden in einem ersten Ansatz einbezogen:

- die steuerliche Berücksichtigung der Abschreibungen,
- die steuerliche Berücksichtigung der Fremdkapitalzinsen und
- die steuerliche Berücksichtigung von Preisveränderungen der Investitionsgüter.

Wesentlicher Mangel dieser Vorgehensweise ist die fehlende Beachtung der Tatsache, daß in der deutschen

---

Fortsetzung von S. 96

3) Der ausführliche Beweis dieser übereinstimmenden Schlußfolgerung findet sich bei D.W. Jorgenson, The Theory of Investment Behavior, S. 144 f.

Körperschaftsteuer zwischen ausgeschütteten und nichtausgeschütteten Gewinnen unterschieden wird. Dieser Mangel bleibt nur dann unbedeutend, wenn mit einem konstanten Verhältnis zwischen einbehaltenen und ausgeschütteten Gewinnen zu rechnen ist.

Der Periodenüberschuß in Periode t lautet nun:

$$Z(t) = pQ_t - wL_t - qI_t - TC_t$$

wobei $TC_t = u\left[pQ_t - wL_t - q(v\delta + wr - x\frac{\dot{q}}{q})K_t\right]$

K_t = Kapitalstock zu Beginn der Periode t

u = Gewinnsteuersatz

v = steuerlich berücksichtigungsfähiger Prozentsatz der Abschreibungen

w = steuerlich abzugsfähiger Teil der Zinsbelastung

x = steuerlich zu berücksichtigender Teil der Preisveränderungen der Investitionsgüter

δ = Abschreibungssatz

r = Zinssatz

$\dot{q}$ = Preisveränderungen der Investitionsgüter

Der Kapitalwert W der Unternehmung ergibt sich unter diesen Bedingungen aus den abdiskontierten Periodenüberschüssen

$$W = \int_0^{\infty} e^{-rt} Z(t)\, dt$$

In ausführlicher Schreibweise stellt sich die Zielfunktion der Unternehmung wie folgt dar:

$$(1)\quad W = \int_0^{\infty} e^{-rt}\left\{pQ_t - wL_t - qI_t - u\left[pQ_t - wL_t - q(v\delta + wr - x\frac{\dot{q}}{q})K_t\right]\right\} dt$$

$$\rightarrow \text{Max!}$$

Diese Zielfunktion ist unter folgenden Nebenbedingungen zu maximieren:

1. Die Produktionsfunktion lautet - zunächst leerformelhaft -:

(2) $F(Q, L, K) = 0$

2. Es werden Ersatzinvestitionen in Höhe eines festen Prozentsatzes δ des Kapitalstocks vorgenommen, so daß gilt

(3) $\Delta K_t - I_t + \delta K_t = 0.$

ΔK_t = Veränderung des Kapitalstocks in Periode t
I_t = Bruttoinvestitionen in Periode t

Es ist also die Zielfunktion (1) mit den Nebenbedingungen (2) und (3) zu maximieren. Das Maximum einer derartigen Zielfunktion mit mehreren Veränderlichen und Nebenbedingungen wird nach dem Lagrangeschen Multiplikatorverfahren berechnet.[1)]

Die Lagrange-Funktion lautet (die Zeitindices werden der Einfachheit halber weggelassen):

$$(4)\quad \mathcal{L} = \int_0^\infty \Big\{ e^{-rt} \big[pQ-wL-qI-u(pQ-wL-q\,[v\delta+wr-x\tfrac{\dot{q}}{q}]\;K)\big]$$

$$+\lambda_1(t)F(Q,L,K) + \lambda_2(t)\;(\Delta K-I+\delta K)\Big\}\,dt$$

$$\mathcal{L} = \int_0^\infty f(t)\,dt$$

Die notwendigen Bedingungen für das Vorliegen eines Maximums sind nun herzuleiten. Dabei ergibt sich bereits aus der Problemstellung, daß nicht gesondert untersucht werden muß, ob ein Maximum oder ein Minimum vorliegt.

1) Siehe H. Stöwe, E. Härtter, Lehrbuch der Mathematik für Volks- und Betriebswirte, Göttingen 1970, S. 103 f.; H. Bader, S. Fröhlich, Einführung in die Mathematik für Volks- und Betriebswirte, 3. Aufl., München, Wien 1970, S. 300 ff.

$$(5)\quad \frac{\partial f}{\partial Q} = e^{-rt}(1-u)p + \lambda_1(t)\frac{\partial F}{\partial Q} = 0$$

$$(6)\quad \frac{\partial f}{\partial L} = -e^{-rt}(1-u)w + \lambda_1(t)\frac{\partial F}{\partial L} = 0$$

$$(7)\quad \frac{\partial f}{\partial I} = -e^{-rt}q - \lambda_2(t) = 0$$

$$(8)\quad \frac{\partial f}{\partial K} - \frac{d}{dt}\cdot\frac{\partial f}{\partial \Delta K} = e^{-rt}uq\left\{v\delta + wr - x\frac{\dot q}{q}\right\} + \lambda_1(t)\frac{\partial F}{\partial K}$$

$$+ \lambda_2(t)\delta - \frac{d}{dt}\lambda_2(t) = 0$$

Aus diesen vier Bedingungen läßt sich nun die Bedingung für das Vorliegen eines Maximums herleiten:

Aus (5) folgt:

$$(9)\quad \lambda_1(t) = -e^{-rt}(1-u)\,p\ \frac{\partial Q}{\partial F}$$

Aus (7) folgt:

$$(10)\quad \lambda_2(t) = -e^{-rt}q$$

Hieraus ergibt sich für $\frac{d}{dt}\lambda_2(t)$:

$$(11)\quad \frac{d}{dt}\lambda_2(t) = -e^{-rt}\cdot\dot q + e^{-rt}rq$$

Nun wird (8) nach $\lambda_1(t)\frac{\partial F}{\partial K}$ aufgelöst und gleichzeitig (10) und (11) eingesetzt:

$$(12)\quad \lambda_1(t)\frac{\partial F}{\partial K} = -e^{-rt}uq\left\{v\delta + wr - x\frac{\dot q}{q}\right\} + e^{-rt}q\delta - e^{-rt}\dot q + e^{-rt}rq$$

$$= e^{-rt}q\left[\delta(1-uv) + r(1-uw) - \frac{\dot q}{q}(1-ux)\right]$$

Für $\lambda_1(t)$ wird nun (9) eingesetzt:

$$(13)\quad -e^{-rt}(1-u)p\,\frac{\partial Q}{\partial F}\cdot\frac{\partial F}{\partial K} = e^{-rt}q\left[\delta(1-uv)+r(1-uw)-\frac{\dot{q}}{q}(1-ux)\right]$$

Nach einigen Umformungen ergibt sich:

$$(14)\quad \left|\frac{\partial Q}{\partial K}\right| = \frac{q\left[\frac{1-uv}{1-u}\cdot\delta+\frac{1-uw}{1-u}\cdot r-\frac{1-ux}{1-u}\cdot\frac{\dot{q}}{q}\right]}{p}$$

Der umfangreiche Zähler in (14) ist ein Ausdruck für die Kosten der Kapitalbereitstellung in der Unternehmung [1] und wird im folgenden mit c bezeichnet:

$$(15)\quad c = q\left[\frac{1-uv}{1-u}\cdot\delta+\frac{1-uw}{1-u}\cdot r-\frac{1-ux}{1-u}\cdot\frac{\dot{q}}{q}\right]$$

Aus (14) ergibt sich als Verhaltensregel für den Einsatz des Faktors Kapital: Es sind so lange zusätzliche Kapitalgüter einzusetzen (Investitionen zu beschaffen), bis die Grenzproduktivitätsbedingung

$$(16)\quad \frac{\partial Q}{\partial K} = \frac{c}{p}$$ erfüllt ist.

Diese Formulierung bedeutet, daß eine Unternehmung ihren höchsten Kapitalwert und damit ihr Gewinnmaximum zu jedem Zeitpunkt erreicht, wenn das zusätzliche Produkt aus dem Einsatz einer zusätzlichen Kapitaleinheit gleich ist dem Verhältnis von Kapitalbereitstellungskosten und dem Verkaufspreis dieses Produktes. Oder anders ausgedrückt (wobei umformuliert wird zu $p\cdot\partial Q = c\cdot\partial K$), die Unternehmungen werden so lange investieren, bis das bewertete partielle Grenzprodukt mit den Grenzkosten des Einsatzes des Faktors Kapital übereinstimmt.

---

1) Siehe zur Begriffsbildung unten Abschnitt b.I.

III. Die Produktionsfunktion

Die aus der Zielfunktion ermittelte Grenzproduktivitätsbedingung gibt erst dann Auskunft über die Höhe des gewünschten Kapitalstocks K_t^x , wenn die Produktionsfunktion

$$F\ (Q,\ L,\ K) = 0$$

näher spezifiziert wird. Denn nur aufgrund einer vorgegebenen Produktionsfunktion können Aussagen über $\frac{\partial Q}{\partial K}$ gemacht werden.

In der neoklassischen Theorie der Unternehmung wird als Produktionsfunktion die Cobb-Douglas-Funktion mit konstanten Niveaugrenzprodukten gewählt.[1] Es gilt

$$(17) \qquad Q = K^{\alpha} \cdot L^{1-\alpha} \qquad (0 < \alpha < 1)$$

Es handelt sich also um eine linear homogene Produktionsfunktion.

Bei partieller Differentiation nach K erhält man

$$(18) \qquad \frac{\partial Q}{\partial K} = \alpha \cdot K^{\alpha -1} \cdot L^{1-\alpha}$$

Da nun gilt: $\frac{Q}{K} = K^{\alpha -1} \cdot L^{1-\alpha}$, läßt sich (18) auch schreiben als

$$(19) \qquad \frac{\partial Q}{\partial K} = \alpha \cdot \frac{Q}{K}$$

oder auch

$$(20) \qquad \alpha = \frac{\partial Q}{Q} : \frac{\partial K}{K} ,$$

was verdeutlicht, daß in der Cobb-Douglas-Produktionsfunktion α die partielle Produktionselastizität des Faktors Kapital darstellt.

---

1) Siehe z.B. D.W. Jorgenson, J.A. Stephenson, Investment Behavior in U.S. Manufacturing, 1947-1960, S. 177.

In der neoklassischen Investitionstheorie lautete nun die Maximum-Bedingung für den gewünschten Kapitalstock K_t^x, die im vorhergehenden Abschnitt hergeleitet wurde,

$$(16) \quad \frac{\partial Q}{\partial K} = \frac{c}{p}$$

Für $\frac{\partial Q}{\partial K}$ kann nun gemäß (19) bei Verwendung einer Cobb-Douglas-Funktion $\alpha \cdot \frac{Q}{K}$ eingesetzt werden.

$$(21) \quad \frac{c}{p} = \alpha \cdot \frac{Q}{K}$$

Nach K aufgelöst ergibt sich die Höhe des optimalen Kapitalstocks zum Zeitpunkt t:

$$(22) \quad K_t^x = \alpha \cdot \frac{pQ_t}{c}$$

Die Höhe des optimalen Kapitalstocks hängt also ab

- von der partiellen Produktionselastizität des Faktors Kapital α,
- vom Preisniveau der produzierten Güter p,
- von der Menge der produzierten Güter Q und
- von den Kapitalbereitstellungskosten c.

Die neoklassische Investitionsfunktion lautet damit ohne die Berücksichtigung von Anpassungsverzögerungen

$$I_t = \alpha \frac{pQ_t}{c} - K_t + \delta K_t \quad \text{oder auch}$$

$$(23) \quad I_t = \alpha \frac{pQ_t}{c} - (1- \delta) K_t \ .$$

Es sei jedoch hier bereits darauf hingewiesen, daß in der neoklassischen Investitionstheorie nicht wie in (23) von einer sofortigen Anpassung der Investitionstätigkeit an Veränderungen von K_t^x ausgegangen wird, sondern daß hierfür ein stetiger Anpassungsprozeß angenommen wird. Dieser Prozeß soll jedoch erst später [1] in die Analyse einbezogen werden.

---

1) Siehe Kapitel D.

b. Die Kapitalbereitstellungskosten und ihre Beeinflußbarkeit durch fiskalpolitische Parameter

I. Die Kapitalbereitstellungskosten

Fiskalpolitische Variablen gewinnen in der neoklassischen Investitionsfunktion allein Einfluß auf die Höhe des gewünschten Kapitalstocks und damit auf die Investitionstätigkeit über die Größe c, die bezeichnet wird als "Kosten der Kapitalnutzung", [1] "user cost of capital", "shadow price of capital service", "implicit rental" [2], "rental price of capital input", "price of capital services" [3], "imputed rent", "quasi-rent" [4]. Im Deutschen trifft weder die Bezeichnung von Wolff "Kosten der Kapitalnutzung", da in c nicht die Nutzungsintensität des Faktors Kapital berücksichtigt wird, noch die Bezeichnung "Kapitalkosten" [5] zu, da dieser Begriff Verwechslungen mit dem Zins oder mit dem Preis für Kapitalgüter nahelegt. Auch der Begriff "Gebrauchskosten" [6] trifft nicht den Kern, da diese Kosten auch bei Nicht-Gebrauch auftreten. Dem Inhalt von c am nächsten kommen Begriffe wie "Opportunitätskosten des Kapitals" [7] oder auch "Kalkulatorische Kapitalbereitstellungskosten". Im folgenden wird c kurz als "Kapitalbereitstellungskosten" bezeichnet.

---

1) H.Wolff, Die Bestimmung der Investitionstätigkeit unter Berücksichtigung mehrwertiger Zielfunktionen der Unternehmer, S. 6.

2) D.W. Jorgenson, Capital Theory and Investment Behavior, S. 249.

3) R.E. Hall, D.W. Jorgenson, Application of the Theory of Optimum Capital Accumulation, S. 15 f.

4) C.W. Bischoff, The Effect of Alternative Lag Distributions, S. 64 f.

5) R. Richter, U. Schlieper, W. Friedmann, Makroökonomik, S. 210.

6) So die Übersetzung des Terminus "user cost" in der deutschen Ausgabe von J.M. Keynes, Allgemeine Theorie der Beschäftigung, des Zinses und des Geldes, Berlin 1936, S. 47.

7) J. Heubes, Investitionsverhalten in der Industrie der Bundesrepublik Deutschland 1950-1970,ZfgSt, 129.Bd. (1973), S. 687.

In einer Wirtschaft ohne Steuern ($u = 0$) werden die Kapitalbereitstellungskosten determiniert

- durch die (kalkulatorischen) Zinskosten qr
- durch die Wertminderung je Periode $q\delta$ (Abschreibungen)
- durch die Wertsteigerungen aufgrund von Preissteigerungen für Investitionsgüter $\dot{q}$.

Aus (15) ergibt sich für $u = 0$: [1]

$$(24) \quad c = q(r + \delta - \frac{\dot{q}}{q})$$

oder auch

$$(25) \quad c = q\,(r - \frac{\dot{q}}{q}) + q\delta$$

Nach dieser Umformulierung wird deutlich, daß sich die Kapitalbereitstellungskosten aus der Realzinsbelastung sowie den Abschreibungen zusammensetzen. [2]

Die hier dargestellte Einbeziehung steuerlicher Parameter folgte dem Ansatz, den Jorgenson seit seiner ersten Darstellung der neoklassischen Theorie [3] in einer Vielzahl von Arbeiten verwandte. [4]

In der Gleichung

$$(15) \quad c = q\left[\frac{1-uv}{1-u}\cdot\delta + \frac{1-uw}{1-u}\cdot r - \frac{1-ux}{1-u}\cdot\frac{\dot{q}}{q}\right]$$

werden durch die Verwendung von v, w und x jedoch nur

---

1) Vgl. auch die Herleitung bei D.W. Jorgenson, The Theory of Investment Behavior, S. 140 ff., die entsprechend der oben in Abschnitt 2) angewandten Vorgehensweise verläuft, jedoch ohne Einbeziehung steuerlicher Parameter.

2) Siehe W.H. Branson, Macroeconomic Theory and Policy, S. 215.

3) D.W. Jorgenson, Capital Theory and Investment Behavior, S. 247 ff.

4) Siehe oben S. 93, Fußnote.

recht rohe Annäherungen an einzelne fiskalische Parameter vorgenommen.

Kritisiert werden können besonders:

- die Größe v, die angibt, in welchem Umfang die jährlichen Abschreibungen steuerlich Berücksichtigung finden. Denn jedes $v < 1$ bedeutet, daß während der Lebensdauer eines Investitionsgutes die Anschaffungskosten nicht voll abgeschrieben werden können. Bezeichnet man diesen Fall als unrealistisch, so sagt die Größe v nichts aus, insbesondere kann sie keine Auskunft über die Einflüsse von Variationen des Abschreibungsverfahrens und der Abschreibungsdauer geben.[1)] Als Alternative bietet sich an, das mögliche Abschreibungsverfahren explizit zu berücksichtigen.

- die Größe w, die angibt, in welchem Maße die Zinsbelastung steuerlich absetzbar ist. Die Abzugsfähigkeit der Fremdkapitalzinsen kann statt direkt bei den Zahlungen indirekt in der Höhe des Kalkulationszinsfußes berücksichtigt werden.

- Es kann weiterhin - für das deutsche Steuersystem - davon ausgegangen werden, daß nicht realisierte Gewinne aus der Erhöhung der Preise für Kapitalgüter (capital gains) nicht der Besteuerung unterliegen. Damit wird x zu null.

- Schließlich ist die Möglichkeit einer fiskalpolitischen Verminderung der Investitionskosten explizit in die Rechnung einzubeziehen.

---

1) Siehe zur Kritik an der Verwendung von v: R.M. Coen, Effects of Tax Policy on Investment in Manufacturing, AERP, Vol. 58 (1968), S. 2O3.

Als Zielfunktion ergibt sich dann in Abänderung zu (1):

$$(26)\quad W = \int_0^\infty e^{-rt}\left\{pQ_t - wL_t - qI_t - u\left[pQ_t - wL_t - D_t\right] + kqI_t\right\} dt$$

D_t = Abschreibungsmöglichkeiten in Periode t

k = Prozentsatz eines Steuerabzugs für Investitionen bzw. einer Investitionsprämie

Wird diese Zielfunktion unter den gleichen Nebenbedingungen wie (1) maximiert, so erhält man als Ausdruck für die Kapitalbereitstellungskosten

$$(27)\quad c = q(r + \delta - \frac{\dot{q}}{q})\ (1-k-uz)\ (1-u)^{-1}\quad \text{, wobei}$$

$$(28)\quad z = \int_0^\infty e^{-rs}\ D(s)\ ds$$

D(s) = der Teil der steuerlich zulässigen Abschreibungssumme, der für Steuerzwecke von einem Investitionsgut abgeschrieben werden darf, das s Perioden alt ist. Die Abfolge der D(s) für s = 1, 2, 3 ... bildet das steuerlich zulässige Abschreibungsverfahren ab. Bei linearer Abschreibung gilt z.B. D(1) = D(2) = D(3) ...

z = der Gegenwartswert aller steuerlich erlaubten Abschreibungen eines Investitionsgutes. Da die D(s) jeweils in Prozenten ausgedrückt sind, repräsentiert z den Gegenwartswert der steuerlich erlaubten Abschreibungen eines Investitionsgutes, das eine monetäre Einheit (z.B. 1 DM) gekostet hat. In der Höhe von z kommen zum Ausdruck
- die Relation zwischen Anschaffungs- bzw. Herstellungskosten und Abschreibungssumme,
- die Abschreibungsdauer und
- das Abschreibungsverfahren.

Je größer die Abschreibungssumme (als Prozentsatz der Anschaffungs- bzw. Herstellungskosten), je kürzer die Abschreibungsdauer und je ungleichmäßiger die Abschreibungsbeträge zur Gegenwart hin verteilt sind, desto größer ist z. Bei erlaubter Sofortabschreibung der gesamten Anschaffungs- oder Herstellungskosten ist z = 1.

Die Verwendung von (27) für die Kapitalbereitstellungskosten c [1] ermöglicht im Gegensatz zur ursprünglich von Jorgenson verwendeten Formulierung (15) eine Analyse der Einflüsse der drei in Kapitel B.2. als wesentlich herausgestellten fiskalpolitischen Variablen:

- Steuersatzvariation (Variation von u),
- Abschreibungsvariation (Variation von z) und
- Variation der Investitionskosten (Variation von k).

Und zwar ist zu prüfen, wie sich Veränderungen von u, z und k auf die Kapitalbereitstellungskosten c und damit indirekt auf den gewünschten Kapitalstock K_t^x auswirken. Es gilt weiterhin:

$$(22) \quad K_t^x = \alpha \frac{pQ_t}{c}$$

Für die Kapitalbereitstellungskosten c werden zwei Formeln verwandt, je nachdem, ob der Kalkulationszinsfuß r durch den Steuereinfluß verändert wird oder nicht: [2]

$$(27a) \quad c = q(r + \delta - \frac{\dot{q}}{q}) \; (1-uz) \; (1-u)^{-1}$$

In (27a) gilt r = const., wird also nicht durch die Gewinnbesteuerung beeinflußt.

$$(29) \quad c = q \left[(1-u)\varrho + \delta - \frac{\dot{q}}{q} \right] (1-uz) \; (1-u)^{-1}$$

In (29) gilt $r = (1-u)\varrho$, wird also durch die Besteuerung vermindert. ϱ ist der Kalkulationszinsfuß vor Besteuerung, wobei gilt ϱ = const.

---

1) R.M. Coen, Effects of Tax Policy on Investment in Manufacturing, S.204; ders., The Effect of Cash Flow on the Speed of Adjustment, in: G.Fromm (ed.), Tax Incentives and Capital Spending, S.131 ff., hier S. 142; R.E.Hall, D.W. Jorgenson, Tax Policy and Investment Behavior, S.393; dies. , Application of the Theory of Optimum Capital Accumulation, S.16; C.W. Bischoff, The Effect of Alternative Lag Distributions, S. 66.

2) In Anlehnung an die deutschen Verhältnisse wird angenommen, daß eine Investitionsprämie nicht permanent gewährt wird. Es gilt also normalerweise k = O. Nur bei der Untersuchung der Auswirkungen einer Variation der Investitionskosten ist die Größe k einzuführen.

II. Der Einfluß der Kapitalbereitstellungskosten auf die Höhe des gewünschten Kapitalstocks

Aus

(22) $K^x = \alpha \frac{pQ}{c}$ folgt direkt [1)]

(30) $\frac{\partial K^x}{\partial c} = - \alpha \frac{pQ}{c^2}$

Der gewünschte Kapitalstock wird durch eine Erhöhung der Kapitalbereitstellungskosten ceteris paribus gesenkt, durch eine Senkung erhöht. Wesentlich ist es nun, die Wirkung der fiskalpolitischen Parameter auf c herauszuarbeiten. Eine Veränderung von c wird dann gemäß (30) direkt auf K^x durchschlagen.

III. Der Einfluß fiskalpolitischer Parameter auf die Kapitalbereitstellungskosten

A) Variation des Gewinnsteuersatzes

1) Konstanter Kalkulationszinsfuß

Zunächst wird angenommen, der Kalkulationszinsfuß werde bei einer Einführung einer Gewinnsteuer bzw. bei einer Änderung des Steuersatzes nicht verändert. Es gilt also (27a).

Aus

(27a) $c = q(r + \delta - \frac{\dot{q}}{q})(1-uz)(1-u)^{-1}$

folgt direkt

(31) $\frac{\partial c}{\partial u} = q\ (r + \delta - \frac{\dot{q}}{q})(1-z)(1-u)^{-2}.$

Wird zunächst davon ausgegangen, daß $\frac{\dot{q}}{q} < r + \delta$, so ist das Vorzeichen von (31) abhängig von der Größe z. Im Nor-

---

1) Auf die Verwendung des Zeitindex t wird - soweit er nicht benötigt wird - im folgenden verzichtet.

malfall ist der Gegenwartswert der zukünftigen, für Steuerzwecke erlaubten Abschreibungen $z < 1$. Unter dieser Bedingung erhöht (verringert) eine Steuersatzanhebung (-senkung) die Kapitalbereitstellungskosten; dies ist der üblicherweise von einer Steuersatzänderung erwartete Effekt.

Wenn jedoch $z = 1$ gilt, also Sofortabschreibung im Jahr des Kaufs des Investitionsgutes erlaubt ist, ergibt sich $\frac{\partial c}{\partial u} = 0$; unter solchen Voraussetzungen haben Steuersatzvariationen keinen Einfluß auf die Höhe der Kapitalbereitstellungskosten. [1] Dies wird auch direkt deutlich, wenn $z = 1$ in (27a) eingesetzt wird, denn (27a) wird dann reduziert zu

(24) $c = q\,(r + \delta - \frac{\dot{q}}{q})$, die Kapitalbereitstellungskosten entsprechen also in diesem Fall den entsprechenden Kosten in einer Wirtschaft ohne Steuern, und zwar unabhängig vom Steuersatz. [2]

---

1) Dies ist das gleiche Ergebnis, das auch bei der Diskussion von Steuersatzvariationen mit Hilfe der Kapitalwertmethode hergeleitet wurde, siehe oben Kapitel B.2.a.I. Entsprechende Schlußfolgerungen im Rahmen der neoklassischen Investitionstheorie finden sich bei R.E. Hall, D.W. Jorgenson, Application of the Theory of Optimum Capital Accumulation, S. 18, und bei M.T. Sumner, Investment and Corporate Taxation, S. 984.
Ist "Neutralität der Besteuerung" ein Ziel der Allokationspolitik, so läßt sich aus diesem Ergebnis ein Plädoyer für Sofortabschreibung herleiten; so bereits M. Kalecki, Three Ways to Full Employment, in: The Economics of Full Employment, Oxford 1947, S. 46.
Es wird allerdings dann auch der Konflikt zwischen Allokations- und Stabilisationsabteilung deutlich, denn Aneutralität der Besteuerung muß gerade im Sinne der Stabilisationsabteilung sein.

2) R.E. Hall und D.W. Jorgenson (Application of the Theory of Optimum Capital Accumulation, S. 18) leiten die Bedingung $z = 1$ direkt aus einer Gleichsetzung von (27a) und (24) ab.

In Je-desto-Form gekleidet läßt sich aus diesen beiden Ergebnissen festhalten: Je liberalisierter, d.h. günstiger für die Unternehmungen die steuerlich zulässigen Abschreibungsverfahren sind (also je größer z), desto geringer ist der Einfluß einer Konjunkturpolitik über Steuersatzvariationen auf die Kapitalbereitstellungskosten c und damit auf die Höhe des gewünschten Kapitalstocks.

Im Extremfall übersteigt der Gegenwartswert der steuerlich zulässigen Abschreibungen (evtl. in Verbindung mit einem Investitionsfreibetrag) die Investitionskosten. In diesem Fall (also wenn $z > 1$) sinken die Kapitalbereitstellungskosten als Folge einer Steuersatzerhöhung, die Fiskalpolitik verfehlt nicht nur ihr Ziel, sondern ruft geradezu inverse Effekte hervor.

Wird nun die Annahme aufgegeben, daß $\frac{\dot{q}}{q} < r + \delta$, so scheint sich eine zweite Bedingung ableiten zu lassen, unter der eine Steuersatzerhöhung zu inversen Ergebnissen hinsichtlich der Entwicklung der Kapitalbereitstellungskosten führt. Denn wenn $\frac{\dot{q}}{q} > r + \delta$ (während $z < 1$), dann ist (31) ebenfalls immer negativ, d.h. wenn die Preissteigerungsrate der Investitionsgüter höher ist als Kalkulationszinsfuß zuzüglich der Abschreibungsrate, dann wird eine Steuersatzerhöhung die Kapitalbereitstellungskosten senken. Allerdings hat eine derartige Aussage wenig Bedeutung für die Wirklichkeit, denn unter den vorgegebenen Bedingungen ist auch (27a) bereits negativ, d.h. bereits in der Ausgangssituation sind keine Kapitalbereitstellungskosten mehr existent, die hohe erwartete Preissteigerungsrate - die sich in diesem obskuren Fall nicht auf den nominalen Kalkulationszins auswirkt - sorgt für eine kostenlose Zurverfügungstellung des Faktors Kapital.

Formuliert man (27a) um in der Form

$$(27a)\quad c = q\left[\left(r - \frac{\dot{q}}{q}\right) + \delta\right] (1-uz)(1-u)^{-1} ,$$

wobei $(r - \frac{\dot{q}}{q})$ den realen Kalkulationszinsfuß ausdrückt, so wird deutlich, daß die Bedingung $\frac{\dot{q}}{q} > r + \delta$ ohne empirische Relevanz sein wird.

2) Steuersatzabhängiger Kalkulationszinsfuß

Bei einem Einfluß des Steuersatzes auf den Kalkulationszinsfuß gilt $r = (1-u)\varrho$, wobei ϱ konstant gehalten wird. Es ist also von Gleichung (29) auszugehen.
Aus

$$(29) \quad c = q \left[(1-u)\varrho + \delta - \frac{\dot{q}}{q}\right] (1-uz)\ (1-u)^{-1}$$

folgt

$$\frac{\partial c}{\partial u} = q \cdot \left[(\delta - \frac{\dot{q}}{q})(1-z) - (1-u)\varrho\, z(1-u) + (1-u)\varrho u \frac{\partial z}{\partial (1-u)\varrho} \cdot ([1-u]\varrho + \delta - \frac{\dot{q}}{q})\right] (1-u)^{-2}$$

Zur Vereinfachung dieser unübersichtlichen Gleichung wird nun r für $(1-u)\varrho$ eingesetzt. Außerdem kann für $(\delta - \frac{\dot{q}}{q})$ im folgenden δ^x geschrieben werden, woraus die teilweise Kompensation der Abschreibungslast (δ) durch die Preissteigerungen der Investitionsgüter zum Ausdruck kommt. Es ergibt sich dann:[1)]

$$(32) \quad \frac{\partial c}{\partial u} = q\left[\delta^x(1-z) - rz(1-u) + ru\frac{\partial z}{\partial r}(r+\delta^x)\right](1-u)^{-2}$$

Es läßt sich leicht zeigen,[2)] daß (32) für $z = \frac{\delta^x}{r+\delta^x}$ den Wert 0 annimmt.

---

1) Ähnlich auch M.T. Sumner, Investment and Corporate Taxation, S. 983.

2) Falls $z = \frac{\delta^x}{r+\delta^x}$, gilt $\frac{\partial z}{\partial r} = (-\delta^x)(\delta^x+r)^{-2}$. Aus (32) folgt dann für den eckig eingeklammerten Teil:

$$\delta^x(1-\frac{\delta^x}{\delta^x+r}) - r \cdot \frac{\delta^x}{\delta^x+r}(1-u) - ru\frac{\delta^x}{\delta^x+r} = ? \quad \text{oder auch}$$

Fortsetzung auf S. 113

Falls $\frac{\dot{q}}{q} = 0$, lautet diese Bedingung $z = \frac{\delta}{r + \delta}$.

Eine ökonomische Interpretation dieser Bedingung besagt, daß $\frac{\delta}{r+\delta}$ der Barwert der ökonomischen Abschreibungen[1] ist.[2] Wenn also für Steuerzwecke Abschreibungen genau in dem Maße möglich sind, wie es den ökonomischen Abschreibungen entspricht, dann rufen Steuersatzvariationen keinerlei Veränderungen der Kapitalbereitstellungskosten hervor. Falls $z > \frac{\delta}{r + \delta}$, tritt eine inverse Reaktion der Kapitalbereitstellungskosten auf Steuersatzveränderungen auf. Dies gilt, falls der Kalkulationszinsfuß durch Steuersatzvariationen verändert wird.

Wird $\frac{\delta^x}{r+\delta^x}$ für z in (29) eingesetzt, so wird (29) reduziert zu:

$c = q\,(\varrho + \delta - \frac{\dot{q}}{q})$, was zeigt, daß unter dieser Bedingung die Kapitalbereitstellungskosten <u>mit</u> Steuern den Kapitalbereitstellungskosten <u>ohne</u> Steuern entsprechen.

Ein Vergleich dieser abgeleiteten Bedingung mit der entsprechenden Bedingung bei konstantem Kalkulationszinsfuß r zeigt, daß $z \geqq \frac{\delta}{r + \delta}$ in der Realität viel eher er-

---

Fortsetzung von S. 112

2) $(\delta^x + r)^{-1}(\delta^{x2} + r\delta^x - \delta^{x2} - r\delta^x + ru\delta^x - ru\delta^x) = 0$

q.e.d.

1) Die Höhe der ökonomischen Abschreibungen ergibt sich für das Jahr x aus der Differenz des Gegenwartswertes aller zukünftigen Zahlungsströme aus einem Investitionsprojekt zu Beginn des Jahres x abzüglich des Gegenwartswertes aller zukünftigen Zahlungsströme aus diesem Projekt zum Beginn des Jahres x+1. Die ökonomische Abschreibung im Jahre x entspricht also dem hypothetischen Wertverlust eines Kapitalgutes auf einem vollkommenen Markt für Kapitalgüter. Siehe M.White, A White, Tax Neutrality of Instantaneous versus Economic Depreciation, S. 107.

2) Siehe zum ausführlichen Beweis R.E. Hall, D.W. Jorgenson, Application of the Theory of Optimum Capital Accumulation, S. 17, sowie M. White, A. White, Tax Neutrality ..., S. 108.

füllt sein wird als $z \gtreqless 1$, da stets gilt $\frac{\delta}{r+\delta} < 1$. Es hängt also entscheidend von der Art des Steuereinflusses auf den Kalkulationszinsfuß ab, ob und unter welchen Umständen es zu inversen Einwirkungen von Steuersatzvariationen auf die Kapitalbereitstellungskosten kommen kann.[1] Grundsätzlich sind diese Bedingungen um so eher erfüllbar, je "besser" die steuerlichen Abschreibungsmöglichkeiten gestaltet sind.

B) Abschreibungsvariationen

In der Größe

$$(28) \quad z = \int_0^\infty e^{-rs} D(s)\, ds$$

kommen das Abschreibungsverfahren, die Abschreibungsdauer und die Abschreibungssumme zum Ausdruck, die steuerlich zulässig sind. Jede Abschreibungsvariation schlägt sich also in einer Variation von z nieder.

Der Einfluß von z auf die Höhe der Kapitalbereitstellungskosten [2] ergibt sich aus

$$(27a) \quad c = q\,(r+\delta-\frac{\dot{q}}{q})\,(1-uz)(1-u)^{-1},$$ indem gebildet wird

$$(33) \quad \frac{\partial c}{\partial z} = -\,uq\,(r+\delta-\frac{\dot{q}}{q})(1-u)^{-1}$$

---

1) Auf die Problematik des "richtigen" Kalkulationszinsfußes bei der Analyse der Wirkung von fiskalpolitischen Parametern auf die Kapitalbereitstellungskosten wird unten näher eingegangen. (S. 138 ff.)

2) Für c wird hier und im folgenden lediglich Formel (27) verwandt, da eine Verwendung von (29) hier keine zusätzlichen Erkenntnisse bringen würde.

(33) ist stets negativ, solange $0 < u < 1$ gilt. Für $u = 0$ haben natürlich die steuerlich zulässigen Abschreibungen keine Bedeutung.

In aller Regel ruft also eine "Verbesserung" der steuerlichen Abschreibungsmöglichkeiten (Erhöhung von z) eine Senkung der Kapitalbereitstellungskosten c hervor, eine "Verschlechterung" wirkt entsprechend.

C) Variationen der Investitionskosten

1) Investitions-Freibetrag oder -Zuschlag

Ein Investitions-Freibetrag kann in (27a) über eine Erhöhung der Größe z ausgedrückt werden, so daß z dann auch größer als 1 werden kann. Die Auswirkung der Einführung eines Investitions-Freibetrags (-Zuschlags) auf die Kapitalbereitstellungskosten ist aus (33) zu ersehen. Es ergibt sich - außer bei $u = 0$ - eine senkende (steigernde) Wirkung auf c.

2) Steuerabzug oder -zuschlag für Investitionen und Investitions-Prämie oder -Steuer

Im Modell der neoklassischen Investitionstheorie ist implizit vorausgesetzt, daß in jeder Periode hinreichender Gewinn vorliegt, um einen Steuerabzug für Investitionen auch ausnützen zu können. Folglich haben ein Steuerabzug für Investitionen und eine Investitions-Prämie die gleichen Auswirkungen auf die Kapitalbereitstellungskosten c. Ausgehend von

$$(27)\quad c = q\left(r + \delta - \frac{\dot{q}}{q}\right)(1-k-uz)(1-u)^{-1}$$

ergibt sich

(34) $\frac{\partial c}{\partial k} = -q\,(r + \delta - \frac{\dot{q}}{q})\,(1-u)^{-1}$

Die Einführung (Erhöhung) eines Steuerabzugs (einer Investitions-Prämie) senkt also stets die Kapitalbereitstellungskosten. Der Charakter dieser Maßnahmen als Einflußgrößen der Investitionskosten kann auch direkt aus einer Umformung von (27) deutlich gemacht werden:

(27) $c = \left[q(1-k) - quz\right]\,(r - \frac{\dot{q}}{q} + \delta)\,(1-u)^{-1}$

A B C D E

A = Investitionskosten
B = Vorteil aus den steuerlich möglichen Abschreibungen
C = interne Verzinsung (real)
D = Abschreibung
E = Gewinnsteuereinfluß

Steuerzuschlag für Investitionen und Investitionsteuer erhöhen entsprechend die Investitionskosten und damit die Kapitalbereitstellungskosten.

D) Investitions-Prämie, die die Abschreibungssumme mindert

Von den kombinierten fiskalpolitischen Maßnahmen sei hier lediglich noch kurz die Alternative zur einfachen Investitions-Prämie analysiert, nämlich eine Investitions-Prämie, deren Betrag die Abschreibungssumme mindert, die für steuerliche Zwecke Verwendung finden kann. Ausgehend von (27) ist nun der Vorteil der steuerlich möglichen Abschreibungen um den Prozentsatz k zu mindern:

(35) $c = q\,(1-k)\,(1-uz)\,(r + \delta - \frac{\dot{q}}{q})\,(1-u)^{-1}$

A B

A = Investitionsgüterkosten
B = Vorteil aus den steuerlich möglichen Abschreibungen

Die Wirkung einer derartigen Investitions-Prämie ist in der Regel negativ auf die Höhe der Kapitalbereitstellungskosten, wenn auch in geringerem Maße als eine gleichhohe Investitions-Prämie ohne entsprechende Abschreibungsminderung:

$$(36) \quad \frac{\partial c}{\partial k} = q\ (uz - 1)\ (r + \delta - \frac{\dot{q}}{q})\ (1 - u)^{-1}$$

Die Differenz der Wirkung beider Arten Investitions-Prämie läßt sich aus einem Vergleich von (38) und (40) ablesen: Sie unterscheiden sich durch den Summanden

$$+ quz\ (r + \delta - \frac{\dot{q}}{q})\ (1 - u)^{-1}\ ,$$

der die Erhöhung der Kapitalbereitstellungskosten aufgrund der Minderung der Abschreibungssumme ausdrückt.

Da in aller Regel $uz < 1$, bleibt trotzdem auch bei dieser Art Investitions-Prämie ein Nettoeffekt, der c vermindert.

IV. Zusammenfassung

Im neoklassischen Modell setzten sich die Bruttoinvestitionen aus Nettoinvestitionen I_{Nt} und Ersatzinvestitionen I_{Rt} zusammen:

$$I_t = I_{Nt} + I_{Rt}$$

Die Ersatzinvestitionen bemessen sich als konstanter Bruchteil δ des Kapitalstocks zu Beginn der Periode

$$I_{Rt} = \delta K_t$$

Die Nettoinvestitionen richten sich nach der Differenz zwischen gewünschtem und tatsächlichem Kapitalstock

$$I_{Nt} = K_t^x - K_t$$

Damit betragen die Bruttoinvestitionen

$$I_t = K_t^x - (1 - \delta)\, K_t$$

Während sich die Höhe des Kapitalstocks K_t zu Beginn der Periode aus den Nettoinvestitionen aller früheren Perioden ergibt, wird der gewünschte Kapitalstock durch die Zielfunktion der Unternehmungen determiniert. In der neoklassischen Investitionstheorie haben alle Unternehmungen das Ziel Gewinnmaximierung bzw. Maximierung des Kapitalwertes der Unternehmung. Aus dieser Zielsetzung in Verbindung mit der Cobb-Douglas-Produktionsfunktion ergibt sich der gewünschte Kapitalstock zu jedem Zeitpunkt als

$$K_t^x = \alpha \frac{p\, Q_t}{c}$$

Die Variablen p und Q_t werden bei der Analyse des Einflusses fiskalpolitischer Parameter auf die Investitionsentscheidungen der Unternehmungen als konstant angenommen. Damit wird die Höhe des gewünschten Kapitalstocks und in Verbindung mit dem bestehenden Kapitalstock auch die Investitionstätigkeit gesteuert durch die Kapitalbereitstellungskosten c. Für c ergab sich aus der Zielfunktion "Gewinnmaximicrung":

$$c = q\,\left([1 - u]\, \varrho + \delta - \frac{\dot{q}}{q}\right)(1 - k - uz)\;(1 - u)^{-1}$$

bzw. bei konstantem Kalkulationszinsfuß

$$c = q\,\left(r + \delta - \frac{\dot{q}}{q}\right)\;(1 - k - uz)\;(1 - u)^{-1}$$

Die Kapitalbereitstellungskosten c wirken negativ auf K_t^x ein: Ihre Erhöhung senkt K_t^x, ihre Senkung erhöht K_t^x. Die Fiskalpolitik kann die Höhe der Kapitalbereitstellungskosten der Unternehmungen direkt variieren:

Die Wirkung von Steuersatzerhöhungen ist abhängig vom Einfluß des Steuersatzes auf den Kalkulationszinsfuß. Bleibt dieser unverändert, so wirkt die Steuersatzerhöhung steigernd auf die Kapitalbereitstellungskosten, es sei denn, es ist Sofortabschreibung erlaubt (bei k = 0 und sofortigem Verlustausgleich). In diesem Fall bleibt c unberührt. Ist z = 1, ergibt sich ein Steuerparadoxon, d.h. eine Steuersatzerhöhung senkt die Kapitalbereitstellungskosten c und senkt damit den gewünschten Kapitalstock.

Ist der Kalkulationszinsfuß abhängig von der Höhe des Steuersatzes, so wirkt eine Steuersatzerhöhung ebenfalls normalerweise steigernd auf c. Nur wenn die steuerlich erlaubten Abschreibungen (evtl. in Kombination mit der Wirkung einer Investitionsprämie) größer als die ökonomischen Abschreibungen (Ertragswertabschreibungen) sind, kann sich ein inverser Effekt (Steuerparadoxon) ergeben.

Genau symmetrisch ist die Wirkung von Steuersatzsenkungen.

Veränderungen der steuerlich möglichen Abschreibungen verändern direkt die Höhe der Kapitalbereitstellungskosten.

Das gleiche gilt für Steuerabzüge für Investitionen (investment tax credit) und Investitions-Prämien, allerdings in verringertem Maße, falls durch sie die Abschreibungssumme gemindert wird.

Die fiskalpolitischen Variablen verändern also direkt die Höhe der Kapitalbereitstellungskosten c. Veränderungen von c wirken direkt auf die Höhe des gewünschten Kapitalstocks K_t^x ein. Die Differenz zwischen gewünschtem und tatsächlichem Kapitalstock determiniert die Höhe der Nettoinvestitionen über einen noch darzustellenden Anpassungsprozeß.

Damit liefert die neoklassische Investitionstheorie eindeutige qualitative und - bei Vorliegen einer Theorie des Anpassungsprozesses - quantitative Aussagen über die Wirkung fiskalpolitischer Impulse auf die Investitionstätigkeit.

c. Die Bestandteile der neoklassischen Investitionstheorie und ihre Bedeutung für die wirtschaftspolitischen Schlußfolgerungen

Es ist nicht Aufgabe dieses Kapitels, die verfeinerten statistisch-ökonometrischen Diskussionen zu wiederholen und zu analysieren, die sich in der Vergangenheit um die empirische Überprüfung der neoklassischen Investitionstheorie gerankt haben. [1] Dies wäre die Aufgabe einer Arbeit, die sich mit Methodenproblemen ökonometrischer Schätzungen zu beschäftigen hätte. Vielmehr soll im folgenden herausgestellt werden, welcher Zusammenhang zwi-

---

1) Vgl. hierzu im einzelnen R. Eisner, M.I. Nadiri, Investment Behavior and Neo-Classical Theory, REStat, Vol. 50 (1968), S. 369 ff.; C.W. Bischoff, Hypothesis Testing and the Demand for Capital Goods, REStat, Vol. 51 (1969), S. 354 ff.; D.W. Jorgenson, J.A. Stephenson, Issues in the Development of the Neoclassical Theory of Investment Behavior, REStat, Vol. 51 (1969), S. 346 ff.; R.M. Coen, Tax Policy and Investment Behavior: Comment, AER, Vol. 59 (1969), S. 370 ff.; R. Eisner, Tax Policy and Investment Behavior: Comment, AER, Vol. 59 (1969), S. 379 ff.; R.E. Hall, D.W. Jorgenson, Tax Policy and Investment Behavior: Reply and Further Results, AER, Vol. 59 (1969), S. 388 ff.; R. Eisner, Tax Policy and Investment Behavior: Further Comment, AER, Vol. 60 (1970), S. 746 ff.; R. Eisner, M.I. Nadiri, Neoclassical Theory of Investment Behavior: A Comment, REStat, Vol. 52 (1970), S. 216 ff.; R. Eisner, Investment and the Frustrations of Econometricians, AERP, Vol. 59 (1969), S. 50 ff.; L.R. Klein, Issues in Econometric Studies of Investment Behavior, bes. S. 47 f.

schen den einschränkenden Annahmen, die in der neoklassischen Theorie enthalten sind, und den Schlußfolgerungen besteht, die aus ihren Ergebnissen besonders für die Fiskalpolitik gezogen werden. Dabei ist soweit möglich aufzuzeigen, welche andersgearteten Ergebnisse sich einstellen, wenn von anderen Annahmen ausgegangen wird.

Allerdings scheint Skepsis angebracht zu sein hinsichtlich der Möglichkeit, eine "optimale" Alternative zur neoklassischen Investitionstheorie zu finden, deren Annahmen realistischer sind und die zu ebensolchen eindeutigen Schlußfolgerungen führt. Denn es scheint bislang nicht möglich zu sein, ohne derartige einschränkende Annahmen eine Investitionstheorie aufzustellen: "There is very little chance that the real world will ever generate data which are orthogonal enough to estimate the partial effects of the different factors which influence investment without making assumptions about the character of the economy's production function and the cost of capital." [1)]

I. Der grundsätzliche Ansatz der neoklassischen Investitionstheorie

A) Das Optimierungsverhalten der Unternehmer

Jeder neoklassische Ansatz setzt in irgendeiner Weise maximierendes Verhalten der Unternehmungen voraus. Bei Jorgenson beinhaltet die Maximierungs-Hypothese, daß zu jedem Zeitpunkt $\frac{\partial Q}{\partial K} = \frac{c}{p}$ eingehalten wird. Nun setzt die Anwendung von Maximierungsregeln zweierlei voraus.

Zum einen müssen eindeutige Aussagen hinsichtlich des Ziels der Unternehmungen möglich sein. Nur unter dieser

---

1) L.C.Thurow, A Disequilibrium Neoclassical Investment Function, REStat, Vol. 51 (1969), S. 435.

Voraussetzung lassen sich die Bedingungen der maximalen Zielerreichung ermitteln. Dies bedeutet, daß ein Ziel im Vordergrund zu stehen hat, auf das hin die Aktivitäten der Unternehmungen zu maximieren sind. Zwar können auch weitere Ziele Bedeutung erlangen, aber immer nur als restringierende Nebenbedingungen (wobei nicht übersehen werden darf, daß sehr enge Formulierungen der Nebenbedingungen diese Bedingungen in die primären Ziele umzuwandeln in der Lage sind [1]). Die neoklassische Investitionstheorie beruht also auf einer monovariablen Zielfunktion in der Unternehmung, die unter technisch bedingten Nebenbedingungen zu maximieren (optimieren) ist.

Zum anderen bedingt die Verwendung von Optimierungsregeln, in denen die Größen q und p als Konstante vorkommen, daß auf den relevanten Märkten die Grenzkosten gleich den Durchschnittskosten sind und daß der Preis eine Konstante ist, es also keine geneigte Preis-Absatz-Funktion gibt. Genau dies sind aber die Kennzeichen eines vollkommenen Wettbewerbs, der folglich bereits im Grundansatz impliziert ist, ohne daß auch nur die Produktionsfunktion berücksichtigt werden müßte. Beim Übergang von Durchschnitts-Kosten und -Preisen zu marginalen Kosten und Preisen (der das Modell der Wirklichkeit annähern würde) könnte kaum noch zu eindeutigen Aussagen über die Veränderungen des gewünschten Kapitalstocks aufgrund fiskalpolitischer Maßnahmen gelangt werden, da dann neben den Veränderungen der fiskalpolitischen Aktionsparameter immer auch die Veränderungen der marginalen Kosten und Preise in den Unternehmungen zu beachten wären. [2]

---

1) Vgl. z.B. M. Bischoff, Multivariable Zielsysteme in der Unternehmung, Meisenheim/Glan 1973, S. 44 ff.

2) R. Eisner, M.I. Nadiri, Neoclassical Theory of Investment Behavior: A Comment, S. 217.

B) Das Gleichgewichtsmodell

Die neoklassische Investitionstheorie in der bisher analysierten Form gestattet Aussagen über angestrebte optimale Zustände. Die Investitionstätigkeit richtet sich aus an Veränderungen der Kapitalbereitstellungskosten c, die zu jeder Zeit gleich sind dem bewerteten Grenzprodukt einer zusätzlichen Kapitaleinheit. Solange keine Anpassungsprozesse und keine Angebotsbeschränkungen Berücksichtigung finden, ist dies eine Theorie der langfristigen Gleichgewichtsgröße des Faktors Kapital.

Eine solche komparativ-statische Analyse kann nur begrenzt Aussagen für konjunkturorientierte Fragestellungen liefern. Konjunkturelle Bewegungen sind definitorisch durch ungleichgewichtige Zustände in der Wirtschaft gekennzeichnet. Damit kann diese Theorie in der vorliegenden Form weder Aussagen über tatsächliche Investitionstätigkeit in einer Periode liefern (hierzu wäre die Angebotslage in die Betrachtung einzubeziehen [1]), noch kann sie auch nur Hinweise zur Investitionsnachfrage in einer begrenzten Periode liefern - hierzu sind Anpassungsprozesse in die Betrachtung einzubeziehen. [2] Das bisher vorliegende Modell kann also lediglich einen langfristig erwünschten Zustand abbilden.

Damit werden die bisherigen Ergebnisse jedoch nicht gänzlich unbedeutend. Denn je größer die Diskrepanz zwischen gewünschtem und tatsächlichem Zustand ist, desto stärker wird der Druck, der Incentive sein, diese Diskrepanz zu-

---

1) Eine solche Untersuchung wird vorgenommen von J.P. Gould, R.N. Waud, The Neoclassical Model of Investment Behavior: Another View, IER, Vol. 14 (1973), S. 33 ff.

2) Siehe unten Kapitel D.

mindest zu verringern. Investitionsorientierte Fiskalpolitik aber hat zum Ziel, diese Diskrepanz und damit diesen Druck zu erhöhen.

Umstritten ist dabei, ob Ausgangspunkt der Analyse die Differenz zwischen gewünschtem und tatsächlichem Kapitalstock sein soll (wobei zu jeder Zeit Gleichgewicht von Kapitalbereitstellungskosten und dem bewerteten Grenzprodukt einer zusätzlichen Kapitaleinheit besteht) oder ob es nicht eher das Ungleichgewicht zwischen diesen beiden letzten Größen ist, durch welches die Unternehmen zur Investitionstätigkeit angeregt werden.

Aufgrund dieser gegenüber Jorgenson veränderten Hypothese gelangt L.C. Thurow [1] zu einer Investitionsfunktion, bei der die Divergenz zwischen Kapitalbereitstellungskosten und Grenzprodukt des Kapitals direkt auf den Umfang der Investitionstätigkeit einwirkt ohne den "Umweg" über Veränderungen des gewünschten Kapitalstocks. Bei der ökonometrischen Überprüfung hat sich diese Funktion ebenso wie die von Jorgenson bewährt, obwohl sie zu erheblich geringeren Einflüssen von Steuersatzvariationen führt. [2] Es scheint jedoch, daß diese Unterschiedlichkeit der Ergebnisse weniger in der Spezifikation des theoretischen Ansatzes begründet ist - beides sind neoklassische Investitionshypothesen -, sondern mehr durch die differierende Berücksichtigung von Anpassungsprozessen hervorgerufen wird. Diese werden jedoch erst in Kapitel D. analysiert.

---

1) L.C. Thurow, A Disequilibrium Neoclassical Investment Function, S. 432.

2) L.C. Thurow, A Disequilibrium Neoclassical Investment Function, S. 434 f.

C) Der partialanalytische Ansatz

Bei Veränderungen der relativen Preise werden im Rahmen der neoklassischen Investitionstheorie lediglich Auswirkungen auf den optimalen Kapitalstock analysiert, während der mengenmäßige Ausstoß Q als extern gegeben einbezogen wird. Dies scheint der Verhaltensannahme zu widersprechen, daß die Unternehmungen Gewinnmaximierer sind. Denn bei extern vorgegebenen Preisen und vollkommener Konkurrenz müßten die Unternehmungen gemäß traditioneller Theorie eigentlich als Mengenanpasser agieren, Q wäre der entscheidende Aktionsparameter.

Nicht so bei Jorgenson: Hier ist auch die Menge Q extern vorgegeben, lediglich das Investitionsverhalten kann vom Unternehmer variiert werden. Wenn jedoch der mengenmäßige Ausstoß vorgegeben ist, dann führen die Entscheidungsregeln Jorgensons nicht - wie vorgegeben - zu einem Gewinnmaximum, sondern können höchstens bei vorgegebenem Produktionsumfang die Kosten minimieren. Damit widerspricht Jorgenson anscheinend seinen eigenen Prämissen. [1)]

Mit dieser Feststellung wird das Problem verdeutlicht, auf dessen Analyse sich derartige partialanalytische Untersuchungen beschränken müssen. Außer in einem umfassenden Modell der gesamten Volkswirtschaft ist es nicht möglich, alle direkten und indirekten Effekte der Veränderung einer exogenen Variablen - hier fiskalpolitischer Variablen - gleichzeitig und umfassend zu erfassen. Jede Partialanalyse des Investitionsverhaltens muß sich darauf beschränken, die direkten Incentive-Effekte der Fiskalpolitik zu erfassen, ohne solche Effekte einbeziehen zu können, die über Veränderungen anderer Variablen (z.B. des mengen-

1) So R.M. Coen, Tax Policy and Investment Behavior: Comment, S. 375 ff.

mäßigen Ausstoßes Q) indirekt wiederum auf die Investitionstätigkeit zurückwirken.[1] Eine derartige Beschränkung der Fragestellung ist jedoch nur unter einer bestimmten Prämisse über die Art der Staatstätigkeit für den hypothetischen Fall sinnvoll, daß keine fiskalpolitischen Variablen zur Investitionsbeeinflussung verändert wurden. Es wird nämlich für diesen Vergleichsfall angenommen, der Staat hätte in dieser hypothetischen Situation sämtliche anderen endogenen Variablen bis auf die Investitionstätigkeit auf das gleiche Niveau gebracht, das sie auch bei Einsatz der fiskalpolitischen Variablen erreichen. So begründen Hall-Jorgenson ihren Ansatz und damit die Außerachtlassung des Produktionsumfanges Q als endogene Variable,[2] das Argument gilt aber prinzipiell für jedes partialanalytische Modell. Der Unterschied zwischen beiden Situationen zeigt sich dann lediglich in einer anderen Höhe der Investitionstätigkeit.

Es wird also nicht eine Situation <u>mit</u> fiskalpolitischem Einsatz mit einer Situation <u>ohne</u> fiskalpolitischen Einsatz hinsichtlich <u>aller</u> direkten und indirekten Auswirkungen auf die Investitionstätigkeit verglichen, als Vergleichssituation dient vielmehr ein Zustand der Wirtschaft, der in allen Einzelheiten bereits der Situation <u>mit</u> fiskalpolitischem Einsatz ähnelt mit Ausnahme der privaten Investitionstätigkeit.

Diese Art der Fragestellung hat nun bedeutsame Konsequenzen für die Aussagekraft der empirischen Ergebnisse. Es werden nur die direkten Incentive-Effekte untersucht. Falls aber - und dies wird nicht analysiert - ein wesentlicher Teil der Effekte der Fiskalpolitik sich über Produktionsveränderungen und daraus resultierenden Investitionsveränderungen

---

1) R.E. Hall, D.W. Jorgenson, Tax Policy and Investment Behavior: Reply and Further Results, S. 394.

2) Ebenda, S. 394.

vollzieht, die Unternehmungen also den Produktionsumfang gleichzeitig mit dem Investitionsumfang bestimmen, müssen die empirischen Ergebnisse mit Hilfe des Jorgenson-Ansatzes den Effekt fiskalpolitischer Maßnahmen unterschätzen.

D) Die neoklassische Investitionsfunktion als umfassende Investitionsfunktion

Haupt-Resultat der Art der Zielsetzung bei Jorgenson ist die hervorragende Bedeutung der Kosten der Kapitalbereitstellung c, welche über das Zusammenwirken mit der partiellen Produktionselastizität des Kapitals α und dem bewerteten Umsatz pQ den gewünschten Kapitalstock determinieren. Hiervon muß α als - kurzfristig zumindest - konstant angenommen werden. Q wird, wie im vorhergehenden Abschnitt dargestellt, vom Erklärungsansatz her bei der Untersuchung fiskalpolitischer Variablen ebenfalls als invariant vorausgesetzt. Damit reduziert sich die Formel für den gewünschten Kapitalstock

$$(2) \qquad K^x = \alpha \frac{pQ}{c}$$

zu

$$(3) \qquad K^x = \frac{1}{c} \cdot B, \text{ wobei } B = \alpha \cdot p \cdot Q = \text{const.}$$

Die Erklärung von Investitionsschwankungen wird bei Hall-Jorgenson definitorisch zurückgeführt auf die Erklärung von Schwankungen von c.

Nun ist jedoch auch ein anderes Analyseziel möglich: Statt lediglich die Einwirkung fiskalpolitischer Variablen zu ermitteln, wird eine umfassende Investitionsfunktion gesucht. In diesem Fall muß Q als im Zeitablauf variabel angesehen werden. Statt (3) gilt dann:

$$(4) \qquad K_t^x = \frac{\alpha p}{c} \cdot Q_t \; .$$

Dies wäre der Fall des einfachen Akzelerators mit

$b = \frac{\alpha p}{c}$ = const., so daß gilt

$K_t^x = b \cdot Q_t$.

Bei konstanten Kapitalbereitstellungskosten und Preisen der produzierten Güter ergibt sich also aus der umfassenden neoklassischen Investitionstheorie das einfache Akzelerationsprinzip. 1)

Nimmt man dagegen an, daß gleichzeitig c/p und Q Variationen unterliegen, dann entfällt die durch b gegebene eindeutige Abhängigkeit des gewünschten Kapitalstocks und damit der Investitionen von der Produktion. Die Art der Abhängigkeit variiert vielmehr mit der Variation von c/p, das als "reale Kapitalbereitstellungskosten" 2) bezeichnet werden kann. Ergebnis ist eine flexible Akzeleratorbeziehung, wobei die fiskalpolitischen Parameter eine maßgebliche Determinante der Flexibilität des Akzelerators darstellen.

Je nach Konstanzannahmen kann die Investitionsfunktion

$$I_t = f\ (\Delta K_t^x) \text{ mit } \quad K_t^x = \alpha \frac{pQ}{c}$$

also interpretiert werden

- als $I = f\ (\Delta \frac{c}{p})$. Dies ist der Ansatz von Hall und Jorgenson mit Q konstant.
- als $I = f\ (\Delta Q)$. Dies ist der einfache Akzelerator.
- als $I = f\ (\Delta \frac{c}{p};\ \Delta Y)$. Dies ist der flexible Akzelerator, wobei die neoklassische Investitionstheorie eine Theorie der Variabilität des Akzelerators darstellt.

---

1) So auch L.C.Thurow, A Disequilibrium Neoclassical Investment Function, S. 432; W.H. Branson, Macroeconomic Theory and Policy, S. 211 f.
2) W.H. Branson, Macroeconomic Theory and Policy, S. 209.

Für die Prüfung des Einflusses fiskalpolitischer Variablen können nur der erste und der dritte Ansatz sinnvoll eingesetzt werden. In jedem Fall ist die Spezifizierung der Höhe der Kapitalbereitstellungskosten c von entscheidender Bedeutung.

II. Die Höhe der Kapitalbereitstellungskosten

A) Die Kapitalkosten

Die Kapitalkosten r sind direkter Bestandteil der Kapitalbereitstellungskosten c, haben aber über ihre Beeinflussung des Gegenwartswertes der steuerlichen Abschreibungen z auch indirekte Bedeutung für die Höhe von c. Die realistische Bestimmung von r ist zum einen notwendig, um Aussagen über die Intensität der Auswirkungen fiskalpolitischer Variablen auf die Kapitalbereitstellungskosten machen zu können. Denn je höher die Kapitalkosten r sind, desto weniger bedeutsam sind verstärkende oder kompensierende Auswirkungen der fiskalpolitischen Maßnahmen in der Zukunft.

Zum anderen aber ist die Höhe der Kapitalkosten bei Steuersatzvariationen unter gewissen Umständen die entscheidende Determinante der Richtung des Einflusses. Denn wenn für z gilt: $\frac{\delta}{\delta + r} < z < 1$, dann hängt es von der Wirkung von Steuersatzänderungen auf r ab, ob die Kapitalbereitstellungskosten im Anschluß an die Steuersatzänderung steigen oder fallen.

Bei der Ermittlung des "richtigen" Satzes für die Kapitalkosten sind zu berücksichtigen:

1) die Wahl zwischen Grenz- und Durchschnittssätzen,
2) der Einfluß der Finanzierungsart,
3) der Einfluß von Ertragsteuern sowie

4) die Möglichkeit einer Variabilität im Zeitablauf.

ad 1): Wenn die Vorteilhaftigkeit eines einzelnen Investitionsprojektes berechnet werden soll, so kommt es einzelwirtschaftlich nicht darauf an, zu welchen Zinssätzen die Unternehmung in der Vergangenheit Fremdmittel erhielt oder mit welcher Eigenkapitalverzinsung die Eigentümer der Unternehmung im Durchschnitt rechnen; bedeutsam ist vielmehr, zu welchen Kosten die Mittel für das spezifisch zu untersuchende Projekt zu erhalten sind. Diese können projektspezifisch höher oder niedriger als die Durchschnittskosten liegen und brauchen nicht notwendig mit dem Marktzins übereinzustimmen.

Eine solche Marginalbetrachtung würde, wenn sie notwendig wäre, allgemeingültige Aussagen über die Größe der Kapitalkosten r generell verbieten. Für jedes Projekt würde auf unvollkommenen Märkten ein unterschiedliches r gelten.

In der neoklassischen Investitionstheorie geht es aber um einen zukünftigen Strom von Investitionsprojekten, was zu einer Durchschnittsbetrachtung zwingt. Der für einzelne Projekte notwendige Ansatz von Grenz- oder Opportunitäts-Zinsen [1] muß also im Rahmen der neoklassischen Investitionstheorie durch einen Durchschnittssatz ersetzt werden, wenn überhaupt zu Aussagen gelangt werden soll. Damit wird gleichzeitig von einem im Zeitablauf konstanten Kapitalkostensatz ausgegangen - eine Prämisse, die besonders im Konjunkturverlauf als fragwürdig erscheint.

ad 2): Der Einfluß der Finanzierungsart (Eigen- oder Fremdfinanzierung) auf die Höhe der Kapitalkosten ist Gegenstand ausführlicher Kontroversen gewesen, die sich um die Aussage

1) Vgl. L. Haberstock, Zum Ansatz des Kalkulationszinsfußes vor und nach Steuern in investitionstheoretischen Partialmodellen, ZfbF, 22. Jg. (1970), S. 510 ff.

von Modigliani und Miller ranken, daß die Kapitalkosten der Unternehmungen unabhängig von ihrer Finanzierungsstruktur sind.

Die traditionelle Auffassung [1] ging davon aus, daß die Kapitalkosten einer Unternehmung bei steigendem Verschuldungsgrad zunächst aufgrund des Leverage-Effekts der Fremdfinanzierung sinken und von einem gewissen optimalen Verschuldungsgrad an, bei dem Risikoerwägungen der Eigen- und Fremdkapitalgeber die geforderte Verzinsung ihrer Mittel stärker steigen lassen, als der Leverage-Effekt - = Rentabilitätseffekt - zu kompensieren vermag, wieder steigen. Das heißt, bis zu einem gewissen Verschuldungsgrad bedeutet wachsende Fremdfinanzierung aufgrund der positiven Differenz zwischen benötigter Verzinsung des Eigen- und des Fremdkapitals ein Sinken der prozentualen Kapitalkosten. Von diesem optimalen Verschuldungsgrad an wird der positive Rentabilitätseffekt durch den negativen Risikoeffekt zunehmender Verschuldung überkompensiert. Der Kapitalkostenverlauf ist also nichtlinear.

Demgegenüber haben F. Modigliani und M.H. Miller [2] die These aufgestellt, der Leverage-Effekt zunehmender Fremdfinanzierung werde bereits vom kleinsten Fremdfinanzierungsbetrag an jeweils genau durch eine Erhöhung der Kosten des Eigenkapitals aufgrund des gestiegenen Risikos kompensiert. In diesem Fall sind also die Kapitalkosten unabhängig vom Verschuldungsgrad der Unternehmung, es existiert weder das Problem eines optimalen Verschuldungsgrades noch das

---

1) Vgl. die Darstellungen bei E. Gutenberg, Grundlagen der Betriebswirtschaftslehre, 3. Bd.: Die Finanzen, 3. Aufl., Berlin u.a. 1969, S. 208 ff. und bei D. Schneider, Investition und Finanzierung, S. 503 ff.

2) F.Modigliani,M.H.Miller,The Cost of Capital,Corporation Finance and the Theory of Investment,AER,Vol.48 (1958), S.261 ff.;M.H.Miller,F.Modigliani,Some Estimates of the Cost of Capital to the Electric Utility Industry,1954-57, AER,Vol.56(1966),S.333 ff.Zur umfangreichen Diskussion dieser These mit ausführlichen Literaturverweisen J.Drukaczyk,Bemerkungen zu den Theoremen von Modigliani-Miller, ZfbF,22.Jg.(1970),S.528 ff. und die Darstellungen bei E.Gutenberg,Die Finanzen,S.214 ff.,und D.Schneider,Investition und Finanzierung, S.506 ff.

einer Berücksichtigung der Finanzierungsstruktur bei der Bestimmung des "richtigen" Kalkulationszinsfußes.

Die Stellung zu diesen beiden kontroversen Standpunkten ist nun von großer Bedeutung im vorliegenden Zusammenhang. Denn bei nichtlinearem Kapitalkostenverlauf wirken Gewinnveränderungen (d.h. höhere Selbstfinanzierungsmöglichkeiten) aufgrund von Steuersatz-, Abschreibungs- oder sonstigen Veränderungen nicht nur über die Größen u und z auf die Kosten der Kapitalbereitstellung c ein, sondern senken gleichzeitig auch die Kapitalkosten r und damit nochmals c. Bei nichtlinearem Kapitalkostenverlauf treten also Incentive- und Liquiditätseffekte bei Veränderungen fiskalpolitischer Parameter auf. Der Modigliani-Miller-Fall läßt demgegenüber die Liquiditätseffekte unberücksichtigt, da sie auf einem vollkommenen Kapitalmarkt für die Höhe der Kapitalkosten aufgrund des dauernden Ausgleichs von Risiko- und Rentabilitätseffekten keine Rolle spielen.

Offensichtlich sind es die unterschiedlichen Hypothesen hinsichtlich des Grades der Vollkommenheit des Kapitalmarktes, die zu diesen divergierenden Ergebnissen führen. Während die empirische Überprüfung dieser Hypothesen bislang noch nicht zu eindeutigen Ergebnissen geführt hat, ist doch auf eine Unvollkommenheit der Kapitalmärkte hinzuweisen, die durch das Vorhandensein von Gewinnsteuern hervorgerufen wird. Denn wenn Fremdkapitalzinsen bei der Ermittlung der Bemessungsgrundlage dieser Steuern in Abzug gebracht werden können, Eigenkapitalzinsen aber nicht, dann wird schon allein durch diese Regelung ein sinkender Kapitalkostenverlauf bei steigendem Verschuldungsgrad hervorgerufen. [1] Dies gilt auch dann, wenn sich Risiko- und Rentabilitätseffekte kompensieren.

Allerdings ist es eine offene Frage, welche Bedeutung dieser Einfluß der Steuern bei unterschiedlichen Finanzie-

---

1) F. Modigliani, M.H. Miller, Corporate Income Taxes and the Cost of Capital: A Correction, AER, Vol. 53 (1963), S. 433 ff.

rungsformen auf die Höhe der Kapitalkosten in gesamtwirtschaftlicher Sicht hat. Zum einen kann von längerfristig konstantem Verschuldungsgrad der Unternehmungen als Gesamtheit ausgegangen werden. [1] Dann ist es sinnvoll, mit Jorgenson [2] den potentiellen Einfluß der Finanzierungsart auf die Höhe der Kapitalkosten zu ignorieren. Bei der Analyse der Auswirkung fiskalpolitischer Parameter kann dann von im Zeitablauf konstanten Kalkulationszinsfüßen ausgegangen werden. [3]

Zum anderen kann unabhängig von derartigen langfristigen Tendenzen eine kurzfristige Präferenz der Unternehmen für alternative Finanzierungsformen angenommen werden, wobei die jeweilige Liquiditätslage ein entscheidender Parameter der gewünschten Finanzierungsform ist. [4] Über die Beeinflussung der liquiden Mittel der Unternehmen haben dann die konjunkturelle Lage und die jeweilige Finanzpolitik einen Einfluß auf die Höhe der Kapitalkosten. Auf derartige Effekte wird unten im Zusammenhang mit der Liquiditätstheorie der Investition noch einzugehen sein. [5]

ad 3): Der Einfluß von Ertragsteuern auf den Kalkulationszinsfuß ist aber nicht lediglich von der Finanzierungsform abhängig. Dies zeigt eine nähere Analyse der Entwicklung der Kapitalkosten bei Steuersatzänderungen.

---

1) M.H. Miller, The Corporation Income Tax and Corporate Financial Policies, in: Commission on Money and Credit, Stabilization Policies, Englewood Cliffs 1963, S. 426.

2) Unter direktem Verweis auf Modigliani und Miller in: D.W. Jorgenson, C.D. Siebert, A Comparison of Alternative Theories of Corporate Investment Behavior, S. 685.

3) R.E. Hall, D.W. Jorgenson, Tax Policy and Investment Behavior, S. 399 f.; dieselben, Application of the Theory of Optimum Capital Accumulation, S. 30.

4) Siehe hierzu besonders J.S. Duesenberry, Business Cycles and Economic Growth, S. 87 ff.

5) Siehe unten Kapitel C.6.

Ohne Vorhandensein einer Ertragsteuer gelte der Kalkulationszinsfuß vor Steuern ϱ . Bei Fremdfinanzierung ist zu berücksichtigen, daß die Fremdkapitalzinsen steuerlich absetzbar sind. Die Kapitalkosten für Fremdkapital sinken von ϱ auf $(1 - u) \varrho = r$, wobei ϱ als konstant angenommen wird, so daß die Berücksichtigung der Steuern sich in einer Verminderung der Kapitalkosten auswirkt. [1]

Im Falle von Eigenfinanzierung ist das Problem der Überwälzbarkeit der Etragsbesteuerung entscheidend für die Wahl des "richtigen" Kalkulationszinsfußes. Gelingt die Überwälzung <u>nicht</u>, so bleibt ϱ konstant,und r wird gemindert auf $(1 - u) \varrho$. Denn bei Eigenfinanzierung gibt der Kalkulationszinsfuß die Opportunitätskosten des Faktors Kapital und damit die Höhe der alternativ erreichbaren Rendite an. Diese unterliegt jedoch im Regelfall ebenfalls der Ertragsbesteuerung, so daß für die Alternativrendite und damit für die Eigenkapitalkosten ebenfalls gilt $r = (1 - u) \varrho$. [2] Bei fehlender Überwälzbarkeit der Ertragsteuern sind also Fremd- und Eigenkapitalkosten identisch.

Gelingt hingegen die Überwälzung vollständig, so wird weder die Alternativrendite noch die erwartete Eigenkapitalverzinsung vermindert. In diesem Fall ist eine Änderung des Kapitalisierungszinsfußes nach Steuern (r) nicht sinnvoll, vielmehr wird der Zinssatz vor Steuern auf ϱ^x erhöht (aufgrund der Überwälzung), so daß gilt $\varrho = (1-u) \varrho^x$.

---

1) Vgl. z.B. R.M. Coen, The Effect of Cash Flow on the Speed of Adjustment, S. 141.

2) D. Schneider, Investition und Finanzierung, S. 304 f. mit Verweis auf: S.E. Johansson, Skatt - investering - värdering, S. 84; P. Swoboda, Der Einfluß der steuerlichen Abschreibungspolitik auf betriebliche Investitionsentscheidungen, ZfbF, Jg. 16 (1964), S. 414; R.E. Hall, D.W. Jorgenson, Application of the Theory of Optimum Capital Accumulation, S. 17 f.

Für r gilt nun r = const. = $(1 - u) \varrho^{x}$. Die Steuereinführung bzw. -erhöhung hat sich als Folge des Überwälzungsprozesses in einer Veränderung von ϱ auf ϱ^{x} ausgewirkt, so daß der Kalkulationszinsfuß nach Steuern r unverändert bleibt. [1)]

Das gleiche Ergebnis (unveränderter Kalkulationszinsfuß nach Steuern trotz Einführung oder Erhöhung von Ertragsteuern) wird von einer Vielzahl von Autoren zumeist ohne nähere Begründung, d.h. ohne Verdeutlichung der implizierten Hypothese verwendet, die Ertragsteuern seien vollständig überwälzbar. [2)]

Mit dieser Gegenüberstellung des Kalkulationszinsfußes mit und ohne Überwälzbarkeit der Ertragsteuern ist nun das Problem des Steuereinflusses auf die Kapitalkosten verändert worden zur Frage nach der Überwälzbarkeit der Ertragsteuern. Die Beantwortung dieser Frage aber ist bis heute nicht befriedigend gelungen: Es finden sich theoretische und empirische Argumente für und gegen die Überwälzbarkeit, so daß keine eindeutigen Aussagen möglich sind. [3)] Zu diesem offenen Ergebnis muß auch zusätzlich

1) R.E. Hall, D.W. Jorgenson, Application of the Theory of Optimum Capital Accumulation, S. 18.

2) E.C. Brown, Business-Income Taxation and Investment Incentives, bes.S.528 f.; R.A. Musgrave, The Theory of Public Finance, S.338 ff.; E.C. Brown, Tax Incentives for Investment, S.344 f.; P. Mertens, Ertragsteuerwirkungen auf die Investitionsfinanzierung - ihre Berücksichtigung in der Investitionsrechnung, ZfhF, Jg.14 (1962), S. 570 ff.; H. Schneider, Der Einfluß der Steuern auf die unternehmerischen Investitionsentscheidungen, S.63; J.F. Helliwell, Public Policies and Private Investment, bes.S.104; vgl. zum Problemkreis auch L.Haberstock, Zum Ansatz des Kalkulationszinsfußes vor und nach Steuern in investitionstheoretischen Partialmodellen, S.510 ff.

3) Vgl. die Zusammenfassung der Überwälzungsdiskussion bei H.G.Fabritius, Die Diskussion zur Überwälzung von Gewinnsteuern, StuW, N.F.Bd.2 (1972), S.249 ff.,die zu dem Ergebnis führt, daß "eine einigermaßen sichere Aussage, ob und in welchem Maß eine Überwälzung eintreten wird, als nicht möglich gelten" muß (S.257). Optimistischer äußert sich E.C.Brown,Recent Studies of the Incidence of the Corporate Income Tax,in:W.L.Smith,J.M.Culbertson (ed.),Public Finance and Stabilization Policy, Essays in Honor of R.A.Musgrave,Amsterdam,Oxford,New York 1974, S.93 ff.),der annimmt,daß der Überwälzungsgrad etwa 50% betragen wird (S. 107).

auf die Problematik hingewiesen werden, wenn Ergebnisse von Überwälzungstheorien bei Analysen von Steuerauswirkungen auf das Investitionsverhalten herangezogen werden. Diese Problematik entsteht aus dem engen Zusammenhang zwischen Investitionsverhalten und Ergebnis der Überwälzungsanalyse. So gelangt Föhl in seinem makroökonomischen Modell gerade deshalb zur Überwälzbarkeit der Gewinnsteuern, weil sie keine Auswirkungen auf das Investitionsverhalten der Unternehmungen hervorrufen. [1] Umgekehrt gelangt man in der neoklassischen Investitionstheorie gerade deshalb zu hohen Investitionswirkungen der Steuern, weil fehlende Überwälzbarkeit angenommen wird.

Es scheint also, als ob Überwälzungs- und Investitionstheorie sich kaum gegenseitige Hilfestellung mit ihren Ergebnissen leisten können, da bei Inzidenzhypothesen jeweils bestimmte Annahmen über das Investitionsverhalten und bei Investitionshypothesen jeweils bestimmte Annahmen über die Überwälzungsmöglichkeiten gemacht werden müssen. Nur simultane Erklärung <u>beider</u> Vorgänge wird wohl in der Zukunft zu brauchbaren Ergebnissen führen können. Damit bleibt das Problem des Steuereinflusses auf die Höhe der Kapitalkosten vorläufig ungelöst.

Dieses Ergebnis hat besondere Bedeutung für die Bewertung der Wirksamkeit von Steuersatzvariationen. Denn wie oben gezeigt wurde, kann bei steuersatzabhängigem Kalkulationszinsfuß (also bei fehlender Überwälzungsmöglichkeit) viel eher der Fall eintreten, daß Steuersatzerhöhungen geringe oder gar inverse Reaktionen der Investitionstätigkeit hervorrufen als bei konstantem, steuersatzunabhängigem Kalkulationszinsfuß (und damit bei Überwälzbarkeit der Ertragsteuern).

---

1) Zusammenfassend hierzu C. Föhl, Das Steuerparadoxon, Finanzarchiv, N.F., Bd. 17 (1956), S. 1 ff., hier S. 6 f.

ad 4): Ähnliche Unsicherheit wie hinsichtlich der steuerlichen Einflüsse auf die Kapitalkosten existiert hinsichtlich des absoluten Niveaus der Kapitalkosten vor Steuern. Am Markt sind zu jeder Zeit eine Vielzahl unterschiedlicher Zinssätze gültig, den Kostensatz für Eigen- oder Fremdkapital gibt es nicht.

Gegenüber dieser Unsicherheit, die zu willkürlichen Entscheidungen bei der Wahl von ϱ verleitet, resümiert Coen Unwissenheit [1] und verwendet bei ökonometrischen Schätzungen drei alternative, völlig unterschiedliche Zinsfüße. Wesentlich ist das hierbei erzielte Ergebnis: Coen stellt fest, daß die Entscheidung zwischen den verschiedenen "plausiblen" Zinsfüßen keinen starken Einfluß auf die quantitativen Ergebnisse seiner Untersuchung hatte, [2] die sich mit den Auswirkungen bestimmter steuerlicher Maßnahmen in den USA in den sechziger Jahren befaßte. Diese Aussage wird indirekt auch dadurch bestärkt, daß Hall und Jorgenson in ihrer ersten Untersuchung steuerlicher Investitions-Beeinflussung einen Zinssatz von 14 % verwandten, [3] später aber mit einem Zinssatz von 20 % zu kaum anderen Ergebnissen gelangten. [4]

Bischoff schließlich verwendet einen gewogenen Durchschnitt verschiedener Markt-Zinssätze, obwohl er die Meinung vertritt, daß der Kapitalisierungszinsfuß, der implizit in Investitionsentscheidungen verwendet wird, in einer Welt mit Risiko kaum stark mit irgendeinem beobachtbaren Markt-Zins korreliert. [5]

---

1) R.M. Coen, The Effect of Cash Flow on the Speed of Adjustment, S. 141.

2) Ebenda, S. 195 f.

3) R.E. Hall, D.W. Jorgenson, Tax Policy and Investment Behavior, S. 399 f.

4) Dieselben, Application of the Theory of Optimum Capital Accumulation, S. 30.

5) C.W. Bischoff, The Effect of Alternative Lag Distributions, S. 83.

Das Problem der "richtigen" Bestimmung der Kapitalkosten bleibt damit zunächst ungelöst. Dies ist jedoch dann kein entscheidendes Argument gegen die Verwendung des neoklassischen Ansatzes, wenn - wie Coen gezeigt hat - die Sensitivität der Ergebnisse gegenüber der Verwendung alternativer Zinssätze vor Steuern gering ist.

Grundsätzlich erscheint es im Gegensatz zu Hall und Jorgenson jedoch sinnvoll zu sein, von einem im Zeitablauf variablen Zinssatz auszugehen statt von starren 14 oder 20 %. Die Kapitalkosten (vor Steuern) mögen zwar im längerfristigen Durchschnitt derartige Werte annehmen. Wenn aber kurzfristige Einflüsse untersucht werden sollen, muß der in der kurzen Frist gültige Zinssatz herangezogen werden - und dieser kann nicht als konstant angenommen werden, sondern hängt ab von der konjunkturellen Lage. Damit wird einerseits wieder auf die Bedeutung der Liquiditätseffekte hingewiesen. Andererseits scheint im Rahmen konjunkturorientierter Fragestellungen aber auch ein enger Zusammenhang zwischen Kapitalkosten und Preisänderungsrate zu bestehen.

B) Die Preisänderungserwartungen

Geht man von der simplen Annahme aus, daß die erwartete Preissteigerungsrate im Konjunkturverlauf variiert, dann zeigen die Gleichungen (31)ff., daß die Wirksamkeit des Einsatzes fiskalpolitischer Parameter in der Folge unterschiedlichen absoluten Umfang hinsichtlich der Veränderungen der Kapitalbereitstellungskosten erlangt, je nachdem, welche Preissteigerungsrate erwartet wird, d.h. vereinfacht, welcher Punkt im Konjunkturverlauf erreicht ist.

Auf einzelne konjunkturelle Situationen bezogen heißt das, daß in der Hochkonjunktur bei hohen erwarteten Preissteigerungen die Wirksamkeit des Einsatzes fiskalpolitischer Parameter relativ geringer sein wird als in der Rezession, wenn mit niedrigeren Preissteigerungen gerechnet wird. Dies würde heißen, die fiskalpolitischen Instrumente haben im Konjunkturverlauf eine asymmetrische Wirksamkeit.

Eine derartige Aussage gilt allerdings nur ceteris paribus, es wird also nur eine Auswirkung der konjunkturellen Lage auf die Entwicklung der Kapitalgüterpreise $\frac{\dot{q}}{q}$ angenommen, während insbesondere r und δ konstant gehalten werden. Beides erscheint wenig realistisch.

Konstanz der Kapitalkosten r bei steigenden Preisen würde nämlich bedeuten, daß allgemein Geldillusion vorherrscht. Bei absolut geringen Preissteigerungsraten mag diese Annahme sinnvoll sein; wenn aber in der Hochkonjunktur die inflationäre Entwicklung sich verstärkt, werden die Kapitalkosten entsprechend steigen. Durch diese Steigerung von r aber werden die Veränderungen von $\frac{\dot{q}}{q}$ dann kompensiert. Es ist dann angemessener, statt getrennt nominale Kapitalkosten und Preissteigerungsrate für Kapitalgüter die realen Kapitalkosten $(r - \frac{\dot{q}}{q})$ bei Analysen der Wirksamkeit fiskalpolitischer Parameter zu verwenden. Bei fehlender Geldillusion verliert die Preissteigerungsrate in diesem Falle offensichtlich ihre Wirksamkeit hinsichtlich Veränderungen der Kapitalbereitstellungskosten c.

C) Die Abschreibungen

Bei den bisherigen Analysen der Kapitalbereitstellungskosten wurde auch die Höhe der ökonomischen Abschreibungen δ stets als im Zeitablauf konstant angenommen. Dies ist auch die Annahme, die sämtlichen Untersuchungen von Jorgenson zugrunde liegt.

In konjunkturorientierter Betrachtung ist es stattdessen realistisch von der Hypothese auszugehen, daß die Unternehmungen ihre Anlagen in der Hochkonjunktur in stärkerem Maße nutzen als in der Rezession. Größere Nutzungsintensität bedingt dann aber auch höheren Verschleiß der Anlagen und damit die ökonomische Notwendigkeit, höhere Abschreibungen vorzunehmen.

Die Zulassung derartigen Anpassungsverhaltens der Unternehmungen verändert jedoch den eindimensionalen Charakter der neoklassischen Investitionstheorie; [1] nunmehr wird nicht mehr lediglich das Investitionsverhalten erklärt, sondern es wird auch notwendig, andere Reaktionen auf Änderungen der Kapitalbereitstellungskosten (die selbst ebenfalls wieder c verändern) in die Analyse einzubeziehen. Bei Zulassung solcher Effekte wird es ungleich schwieriger, zu eindeutigen Aussagen über die Auswirkungen fiskalpolitischer Parameter zu gelangen. Bei einer reinen Analyse des Investitionsverhaltens muß man zu dem Ergebnis kommen, daß derartige Verhaltensweisen die Wirkungsverzögerungen der fiskalpolitischen Maßnahmen verlängern. [2]

---

1) Siehe besonders M.I. Nadiri, An Alternative Model of Business Investment Spending, BPEA, Vol. 3 (1972), S. 547 ff., bes. S. 549 ff.; S. Rosen, M.I. Nadiri, A Disequilibrium Model of Demand for Factors of Production, AERP, Vol. 64 (1974), S. 264 ff.

2) Siehe hierzu Kapitel D.

III. Die Produktionsfunktion

A) Das Problem: Der Grad der Substituierbarkeit der Produktionsfaktoren

Mit dem neoklassischen Modell sind Aussagen nur möglich, wenn explizite Annahmen über die Art der zugrunde liegenden Produktionsfunktion F(Q, K, L) = O gemacht werden. Je nach Art der funktionalen Beziehungen zwischen output und input variiert die Bedeutung der relativen Preise und damit der Einfluß der in der neoklassischen Investitionstheorie bedeutsamen Kapitalbereitstellungskosten, in die wiederum die fiskalpolitischen Parameter als exogene Größen eingehen.

Entscheidend ist offensichtlich der Grad der gegenseitigen Substituierbarkeit der beiden Produktionsfaktoren. Denn falls das Verhältnis des Einsatzes der Produktionsfaktoren exogen ("natürlich") vorgegeben ist (Leontief-Produktionsfunktion), kann eine Steigerung des Einsatzes <u>eines</u> Produktionsfaktors immer nur bei gleichzeitiger Steigerung des Einsatzes des Komplementär-Faktors vollzogen werden; eine derartige Skalenvariation kann nur bei gesamtwirtschaftlichen Produktions-Ausweitungen vollzogen werden. Da sich logischerweise partielle Grenzproduktivitäten nicht ermitteln lassen, haben auch Veränderungen der relativen Preise der Produktionsfaktoren keine Bedeutung für den Umfang des Einsatzes der Produktionsfaktoren. Ein Vertrauen auf die Wirksamkeit der Fiskalpolitik über Beeinflussung der relativen Preise bedeutet also implizit, daß in bestimmtem Umfang eine Substituierbarkeit der beiden Produktionsfaktoren angenommen wird.

Diese Zurückweisung einer makroökonomisch gültigen Leontief-Produktionsfunktion erscheint zwar einsichtig - es kann angenommen werden, daß die mögliche Limitationalität einzelner Produktionsverfahren gesamtwirtschaftlich kompensiert wird - [1], trotzdem läßt sich eine Vielzahl von empirischen Investitionsfunktionen aufzählen, in denen die relativen Preise keine Rolle spielen und die damit implizit eine fehlende Substituierbarkeit annehmen. [2]

Diese unterschiedliche Vorgehensweise beruht weniger auf Uneinigkeit über Substituierbarkeit überhaupt, sondern auf der Fristigkeit der Betrachtung. Wer der Überzeugung ist, daß in den relativ kurzen Perioden, in denen Investitionsfunktionen insbesondere für politische Entscheidungen lediglich bedeutsam sind, die Substituierbarkeit nur eine geringe Rolle spielt, wird in Investitionsfunktionen auf Verwendung von Variablen verzichten, die die relativen Preise als Einflußfaktoren berücksichtigen, dies um so eher, je geringer er die Substituierbarkeit sowieso erachtet.

Wer umgekehrt die Substituierbarkeit als tendenziell groß annimmt und dies nicht nur in der langen Periode, der wird in neoklassischer Vorgehensweise das Schwergewicht seiner Investitionsfunktion auf die Bedeutung der relativen Preise legen.

Damit ist die Bedeutung herausgestellt, welche die Höhe und die zeitliche Relevanz der Substituierbarkeit der Produktionsfaktoren für die Wirksamkeit einer investitionsorientierten Fiskalpolitik besitzen.

---

1) B. Gahlen, Einführung in die Wachstumstheorie, Bd. 1: Makroökonomische Produktionstheorie, Tübingen 1973, S. 69.

2) Vgl. insbesondere die Investitionsfunktionen von R. Eisner, und zwar u.a. R. Eisner, Investment: Fact and Fancy, AERP, Vol. 53 (1963), S. 237 ff.; ders., A Permanent Income Theory for Investment, AER, Vol. 57 (1967), S. 363 ff.; ders., Investment and the Frustrations of Econometricians, S. 50 ff.

B) Die Substitutionselastizität

In der neoklassischen Investitionstheorie wird von dauernder Anwendung der Minimalkostenkombination bei vollständiger Konkurrenz ausgegangen, bei der gemäß dem Ziel der Gewinnmaximierung die partiellen Grenzproduktivitäten der Produktionsfaktoren den Faktorpreisen proportional sind.[1] Wenn also die Substitutionselastizität σ einer Produktionsfunktion angibt, wie das Faktoreinsatzverhältnis auf eine Veränderung der Grenzproduktivitäten reagiert,[2] so wird durch σ gleichzeitig der Einfluß der Faktorpreisrelation $\frac{l}{c}$ angegeben.

K = Einsatzmenge des Faktors Kapital
L = Einsatzmenge des Faktors Arbeit
c = Kapitalbereitstellungskosten
l = Lohnsatz
Q = Produktionsumfang

In mathematischer Form:

$$\sigma = \frac{d\left(\frac{K}{L}\right)}{\frac{K}{L}} : \frac{d\left(\frac{\partial Q}{\partial L} \Big/ \frac{\partial Q}{\partial K}\right)}{\frac{\partial Q}{\partial L} \Big/ \frac{\partial Q}{\partial K}} \quad \text{und}$$

wegen $\frac{\partial Q}{\partial L} \Big/ \frac{\partial Q}{\partial K} = \frac{l}{c}$ (Minimalkostenkombination)

also[3]

$$\sigma = \frac{d\left(\frac{K}{L}\right)}{\frac{K}{L}} : \frac{d\left(\frac{l}{c}\right)}{\frac{l}{c}}$$

---

1) Vgl. R.G.D. Allen, Makroökonomische Theorie, S. 53; E. Schneider, Einführung in die Wirtschaftstheorie, Bd. II, 8. Aufl., Tübingen 1963, S. 187.

2) B. Gahlen, Einführung in die Wachstumstheorie, Bd. I, S. 42.

3) Vgl. auch R.G.D. Allen, Makroökonomische Theorie, S. 53.

Je größer also die Substitutionselastizität ist, desto stärker ist der Einfluß der relativen Preise auf das Einsatzverhältnis der Produktionsfaktoren, desto stärker wird der gewünschte Kapitalstock vom Preis für die Kapitalbereitstellung betroffen, desto abhängiger ist die Investitionstätigkeit als Veränderungsaktivität hinsichtlich des Kapitalstocks von den in c eingehenden Einflußfaktoren. Die Feststellung, wo σ im relevanten Bereich zwischen 0 und ∞ liegt, impliziert gleichzeitig - abgesehen vom Einfluß des Faktors Zeit - Aussagen über die Bedeutung des Zinses, der Kapitalgüterpreise und der Ausgestaltungen des Ertragsteuersystems auf den gesamtwirtschaftlichen Produktionsprozeß und damit auf die Investitionstätigkeit.

C) Die Cobb-Douglas-Produktionsfunktion

Jorgenson verwendet wie dargestellt eine Cobb-Douglas-Produktionsfunktion mit konstanten Skalenerträgen

$$Q = K^{\alpha} \; L^{1-\alpha} \qquad\qquad 0 < \alpha < 1.$$

Wie leicht gezeigt werden kann, hat diese linear-homogene [1] Produktionsfunktion eine Substitutionselastizität von 1 [2]; d.h. eine Veränderung des Faktorpreisver-

---

1) Welche Veränderungen sich ergeben und welche zusätzlichen Einflußfaktoren sich ergeben, wenn die Existenz einer unterlinear-homogenen Cobb-Douglas-Produktionsfunktion angenommen wird, hat R.M. Coen, Tax Policy and Investment Behavior: Comment, S. 375 ff. gezeigt. Vgl. hierzu auch J. Tobin, Diskussionsbeitrag, in: R. Ferber (ed.), Determinants of Investment Behavior, New York 1967, S. 156 sowie R.E. Hall, D.W. Jorgenson, Tax Policy and Investment Behavior. Reply and Further Results, S. 393 f.

2) Siehe den Beweis bei K. Rose, Grundlagen der Wachstumstheorie, S. 76 ff.

hältnisses führt zu einer proportionalen Veränderung des Einsatzverhältnisses der Produktionsfaktoren.

Durch die Annahme - nicht die emprische Überprüfung - einer Substitutionselastizität von 1 steckt die hohe Effizienz des Einsatzes fiskalpolitischer Variabler bereits im Ansatz der Jorgensonschen Theorie. Es erscheint aber nun sinnvoll, die Substitutionselastizität nicht von vornherein vorzugeben, sondern aus den Daten bei empirischen Schätzungen zu ermitteln. In diesem Fall ist der Übergang zu einer allgemeineren Produktionsfunktion notwendig. Eine solche allgemeinere Produktionsfunktion ist die CES-Produktionsfunktion, deren Substitutionselastizität zwar ebenfalls konstant, aber ungleich 1 ist. [1)]

In Q ausgedrückt hat sie die Form

$$Q = (aK^{-\beta} + bL^{-\beta})^{-\frac{1}{\beta}}$$

wobei $\beta = \frac{1-\sigma}{\sigma}$ und $\sigma = \frac{1}{1+\beta}$

β = Substitutionsparameter
a und b = Distributionsparameter
γ = Effizienzparameter

Da $\beta \neq 0$, kann σ alle positiven Werte außer 1 erreichen. Für $\sigma = 1$ gilt der Spezialfall der Cobb-Douglas-Produktionsfunktion.

---

1) Die CES-Funktion - Constant-Elasticity-of-Substitution-Funktion - wird nach ihren Begründern auch ACMS-Funktion genannt: K.J. Arrow, H.B. Chenery, B.S. Minhas, R.M. Solow, Capital-Labor Substitution and Economic Efficiency, REStat, Vol. 43 (1961), S. 225 ff. Vgl. auch K. Rose, Grundlagen der Wachstumstheorie, S. 104 ff.; R.G.D. Allen, Makroökonomische Theorie, S. 57 ff.

Das partielle Grenzprodukt des Faktors Kapital lautet: [1]

$$\frac{\partial Q}{\partial K} = a \left(\frac{Q}{K} \right)^{\frac{1}{\sigma}}$$

In der neoklassischen Investitionstheorie gilt

$$\frac{\partial Q}{\partial K} = \frac{p}{c} \; .$$

Setzen wir diese beiden Gleichungen gleich, so gilt:

$$\frac{p}{c} = a \left(\frac{Q}{K} \right)^{\frac{1}{\sigma}}$$

Aufgelöst nach K ergibt sich für den gewünschten Kapitalstock:

$$K^{x} = a^{\sigma} \frac{p^{\sigma} Q}{c^{\sigma}}$$

Bei Verwendung einer CES-Produktionsfunktion wird der Einfluß der Substitutionselastizität auf die Höhe des gewünschten Kapitalstocks explizit gemacht. Es zeigt sich, daß für $\sigma \rightarrow 0$ eine reine Output-Abhängigkeit des Kapitalstocks, also eine Akzelerationsbeziehung gegeben ist. Je größer σ, desto mehr steigt die Bedeutung der relativen Input- und Output-Preise.

Bischoff hat eine CES-Produktionsfunktion ohne vorherige Festlegung des Wertes für σ bei der ökonometrischen Schätzung des Einflusses fiskalpolitischer Parameter verwandt. Er erhielt die statistisch besten Ergebnisse für σ - Werte zwischen 0,74 und 0,90. [2] Damit wird der Ansatz Jorgensons ($\sigma = 1$) zwar nicht voll bestätigt, die Ergebnisse weichen aber nicht grundsätzlich voneinander ab.

---

1) R.G.D. Allen, Makroökonomische Theorie, S. 59.

2) C.W. Bischoff, The Effect of Alternative Lag Distributions, S. 94.

D) Schlußfolgerungen aus den empirischen Ergebnissen der Schätzung von CES-Funktionen

Die Bedeutung, welche die Höhe der Substitutionselastizität für die Art der Aussagen über die Wirksamkeit fiskalpolitischer Aktivitäten hinsichtlich der privaten Investitionstätigkeit besitzt, legt es nahe zu prüfen, welche empirischen Ergebnisse zur Höhe der Substitutionselastizität vorliegen. Besonders in den USA fand hierzu eine größere Zahl von Untersuchungen statt. [1] Die Ergebnisse sind jedoch sehr uneinheitlich und lassen keine eindeutigen Aussagen zu.

Die wesentliche Differenz der empirischen Ergebnisse liegt zwischen Verwendern von Querschnitt- und von Zeitreihenanalysen. Die Ergebnisse von Querschnittanalysen zeigen regelmäßig ein σ nahe bei 1, während sich in Zeitreihenanalysen bedeutsam niedrigere σ - Werte ergeben. [2]

Die Ursachen für diese sich aus einer Vielzahl von Untersuchungen ergebenden Differenzen wurden von Nerlove, [3]

---

1) Es wird nicht verkannt, daß die Ergebnisse für die USA nicht notwendig mit den Ergebnissen in anderen Ländern übereinzustimmen brauchen. Es wird jedoch von der Hypothese ausgegangen, daß die Ermittlung von σ in allen Ländern ähnlichen Schwierigkeiten wie in den USA unterworfen ist.

2) Vgl. die Zusammenstellung der empirischen Ergebnisse bei M. Nerlove, Recent Empirical Studies of the CES and Related Production Functions, in: M. Brown (ed.), The Theory and Empirical Analysis of Production, New York, London 1967, S. 55 ff. Weitere empirische Ergebnisse finden sich bei Z. Griliches, Production Functions in Manufacturing: Some Preliminary Results, in: ebenda, S. 275 ff.; R.E. Lucas jr., Labor-Capital Substitution in U.S. Manufacturing, in:A.C. Harberger, M.J.Bailey (ed.), The Taxation of Income from Capital, Washington 1969, S. 223 ff.; P. Zarembka, On the Empirical Relevance of the CES Production Function, REStat, Vol.52 (1970),S.47 ff.;P.Zarembka,H.B.Chernicoff, Further Results on the Empirical Relevance of the CES Production Function, REStat, Vol.53 (1971), S.106 ff.

3) M.Nerlove, Recent Empirical Studies of the CES and Related Production Functions, S. 100 ff.

Lucas [1] sowie Mayor [2] untersucht. Die Ergebnisse lassen sich wie folgt zusammenfassen:

(1) Bei Querschnittsanalysen werden gewisse Einflußfaktoren der Produktionsfunktion regelmäßig als konstant angenommen, die jedoch als Variable explizit Berücksichtigung finden müßten. Dies sind vor allem der Effizienzparameter der CES-Funktion, der Output-Preis p sowie die Annahme einer einheitlichen Qualität des Faktors Arbeit. [3] Lucas hat gezeigt, daß σ dadurch tendenziell überschätzt wird. [4]

(2) Gegen die Ergebnisse von Zeitreihenanalysen wird eingewandt, das Problem der richtigen Lag-Struktur bei der Reaktion des Faktoreinsatzverhältnisses auf Veränderungen der relativen Preise sei bislang kaum lösbar. [5]

(3) In Zeitreihenanalysen wäre es notwendig, gleichzeitig den Einfluß von Substitutionsvorgängen aufgrund von Veränderungen der relativen Preise und aufgrund des technischen Fortschritts zu ermitteln. Bei der Ermittlung von σ wird - da gleichzeitige empirische Ermittlung nicht möglich ist - jeweils eine bestimmte Art technischer Fortschritt angenommen. [6] Damit er-

---

1) R.E. Lucas jr., Labor-Capital Substitution in U.S. Manufacturing, passim.

2) T. Mayor, Some Theoretical Difficulties in the Estimation of the Elasticity of Substitution from Cross-Section Data, in: Western Economic Journal, Vol. 7 (1967), S. 153 ff.

3) R.E. Lucas jr. , Labor-Capital Substitution in U.S. Manufacturing, S. 237.

4) Ebenda, S. 238.

5) Ebenda, S. 252 f., 259 sowie Tab. S. 265.

6) In der Regel wird Hicks- oder Harrod-neutraler Fortschritt angenommen. Vgl. die Tabelle in M. Nerlove, Recent Empirical Studies of the CES and Related Production Functions, S. 93 f.

weist sich der Nachweis der Substitutionselastizität ohne Restriktion hinsichtlich des technischen Fortschritts als unmöglich. [1)]

Die Ergebnisse empirischer Schätzungen von σ sagen dann mehr aus über den logischen Zusammenhang zwischen einer bestimmten Art technischer Fortschritt und einem bestimmten σ als über den technischen Fortschritt und das σ in der realen Welt.

Aus diesen und anderen Problemen der empirischen Schätzung von σ sowie aus dem bisher ungelösten Widerspruch zwischen Querschnitts- und Zeitreihenanalysen lassen sich folglich keine klaren Schlußfolgerung ziehen, welches nun die richtige Produktionsfunktion ist. Das Resümee von Lucas: "The problem of substitution between factors in manufacturing remains, therefore, unsolved." [2)] Das Ergebnis vin Nerlove: "The major finding of this survey is the diversity of results: Even slight variations in the period or concepts tend to produce drastically different estimates of the elasticity." [3)]

Damit steht derjenige, der Aussagen über die Größe der Substitutionselastizität σ zur Feststellung der Wirkung von Änderungen der relativen Preise benötigt, vor der Alternative, beliebig $\sigma < 1$ (also eine CES-Funktion) oder $\sigma = 1$ (also eine Cobb-Douglas-Funktion) zu wählen.

---

1) "Impossibility-Theorem" von P.Diamond, D.McFadden, Identification of the Elasticity of Substitution and the Bias of Technical Change. An Impossibility Theorem. Working Paper No. 62, Institute of Business and Economic Research, University of California, Berkeley 1965, zitiert nach B. Gahlen, Einführung in die Wachstumstheorie, Bd. 1, S. 142 f.; siehe hierzu auch ausführlich M. Nerlove, Recent Empirical Studies of the CES and Related Production Functions, S. 92 ff.

2) R.E. Lucas jr., Labor-Capital Substitution in U.S. Manufacturing, S. 267.

3) M. Nerlove, Recent Empirical Studies of the CES and Related Production Functions, S. 58.

Je nach Wahl der Größe für σ zeigen sich unterschiedliche Ergebnisse hinsichtlich der Effizienz fiskalpolitischer Parameter.

(1) Eisner [1] vertritt die Auffassung, die Ergebnisse von Querschnittsanalysen dürften nur für langfristige Gleichgewichtsanalysen verwendet werden. Wenn aber Aussagen über kurzfristige Änderungen der privaten Investitionstätigkeit gemacht werden sollen, könnten diese langfristigen Ergebnisse, die sich nur in Gleichgewichtslagen einstellen werden, nicht herangezogen werden. Für Aussagen über Abläufe in der Zeit müßten die Ergebnisse von Zeitreihenanalysen beachtet werden, und diese ergäben ja ein σ deutlich kleiner 1. [2] Eisner und Nadiri gehen sogar von einem σ aus, das gegen O tendiert, und kommen so zu äußerst negativen Aussagen hinsichtlich der Wirkung der relativen Preise. [3]

(2) Bischoff [4] und Rowley [5] gehen zwar wie Jorgenson von neoklassischen Ansätzen aus, verwenden aber ein σ, das deutlich kleiner als 1 ist, und erhalten so eine stärkere Wirkung der relativen Preise als Eisner, die aber erheblich geringer als bei Jorgenson ist.

---

1) R. Eisner, Tax Policy and Investment Behavior: Further Comment, S. 747.

2) So auch R.E. Lucas jr., Labor-Capital Substitution in U.S. Manufacturing, S. 267. Vgl. zur Verwendung von Daten aus Querschnittsanalysen bei Zeitreihenanalysen auch: E. Kuh, The Validity of Cross-Sectionally Estimated Behavior Equations in Time Series Applications, Econometrica, Vol. 27 (1959), S. 197 ff.

3) R. Eisner, M.I. Nadiri, Investment Behavior and Neo-Classical Theory, S. 374; dieselben, Neoclassical Theory of Investment Behavior: A Comment, S. 217 ff.

4) C.W. Bischoff, The Effect of Alternative Lag Distributions, S. 94.

5) J.C.R. Rowley, Investment Functions: Which Production Function ?, AER, Vol. 60 (1970), S. 1008 ff.

(3) Hall und Jorgenson schließlich bleiben trotz vielfältiger Kritik bei der Verwendung einer Cobb-Douglas-Produktionsfunktion (also bei $\sigma = 1$) mit großem Einfluß der relativen Preise und also auch der fiskalpolitischen Parameter. [1]

Der Verweis auf ökonometrische Ergebnisse brachte also im vorliegenden Fall keine Klärung, eine gemeinsam akzeptierte Produktionsfunktion wurde nicht gefunden. Diese Feststellung stimmt überein mit dem allgemeineren Ergebnis bei B. Gahlen, der grundsätzlich die Möglichkeit verneint, auf neoklassischer Basis zu einer überprüfbaren makroökonomischen Produktionsfunktion zu gelangen. [2] Zwar nicht derart grundsätzlich ablehnend, aber dennoch resignativ ist die Einstellung Eisners zu den ökonometrischen Schätzungen der Bedeutung der relativen Preise: "My answer is to suggest that we remain agnostic." [3]

---

1) R.E. Hall, D.W. Jorgenson, Tax Policy and Investment Behavior: Reply and Further Results, S. 388 ff.

2) B. Gahlen, Einführung in die Wachstumstheorie, Bd. 1, S. 150 ff.

3) R. Eisner, Investment and the Frustrations of Econometricians, S. 59.

IV. Ergebnis

Es wurden bislang keinerlei Hypothesen über die Anpassungsvorgänge aufgestellt, die aus einer Divergenz zwischen tatsächlichem und gewünschtem Kapitalstock resultieren. Die hier dargestellte Theorie ist daher mehr eine Theorie der längerfristig durchzuführenden Investitionen als eine Investitionstheorie, die für konjunkturpolitische Zwecke Verwendung finden könnte. Ebenso wie in der Kapazitätsanpassungstheorie noch Hypothesen über den Reaktionskoeffizienten fehlten, um periodenbezogene Investitionsaussagen machen zu können, so sind auch hier noch Aussagen über die Länge der Zeitverzögerungen notwendig, um in konjunkturpolitischer Sicht zu Effizienzaussagen hinsichtlich einzelner konkreter Instrumente gelangen zu können. Damit ist es im Anschluß an die bisherigen Ausführungen lediglich möglich, die Incentive-Effekte fiskalpolitischer Maßnahmen zu würdigen, ohne damit die Instrumente schon umfassend zu qualifizieren.

Eher schon sind negative Schlußfolgerungen möglich: Wenn das Wissen um die Kapitalkosten und die richtigen Abschreibungen derart vage ist, wie es oben dargestellt wurde, dann fällt es schwer, bei manchen Instrumente-Analysen zu eindeutigen Incentive-Aussagen zu gelangen. Besonders Variationen des Gewinnsteuersatzes verlieren unter diesem Aspekt viel von ihrer Anziehungskraft für konjunkturpolitische Zwecke. Dies gilt vornehmlich dann, wenn sich der realistische Kalkulationszinsfuß bei Steuersatzvariationen gleichzeitig verändert. Denn unter dieser Bedingung ist es durchaus möglich, daß Steuersatzvariationen zu einem inversen Einfluß auf die Kapitalbereitstellungskosten führen. Dies gilt um so mehr, falls die konjunkturorientierte Steuersatzvariation in einem Land durchgeführt wird, in dem "permanente" Investitionsanreize wie beschleunigte

Abschreibungen, Sonderabschreibungen, Investitionsfreibeträge etc. gegeben sind. [1)]

Derartige Effekte können zwar mangels eindeutiger Kenntnisse der richtigen r und δ weder ex ante noch ex post klar diagnostiziert werden, aus Vorsichtsgründen empfiehlt es sich jedoch, solche Maßnahmen zur Investitionsbeeinflussung zu wählen, die weniger von entsprechenden Unsicherheitsfaktoren abhängig sind. Solche Maßnahmen sind im Rahmen der neoklassischen Investitionstheorie sämtliche Abschreibungsvariationen sowie die Variationen der Investitionskosten. Diese haben damit gegenüber Steuersatzvariationen den klaren Vorteil, daß ihre Auswirkungen auf die Höhe der Kapitalbereitstellungskosten eindeutiger ex ante feststellbar sind,als dies bei ersteren der Fall ist.

Was die Wahl zwischen diesen beiden Instrumente-Gruppen anbelangt, so liefert hierfür die neoklassische Theorie allein keine Anhaltspunkte, im Gegenteil: bei entsprechender quantitativer Ausgestaltung rufen diese Maßnahmen identische Effekte auf die Kapitalbereitstellungskosten und damit auf den gewünschten Kapitalstock hervor. Die Entscheidung zwischen diesen Instrumenten muß offensichtlich anhand von Kriterien gefällt werden, die in der neoklassischen Theorie ohne Bedeutung sind.

Bei einem Vergleich fällt die Ähnlichkeit der Ergebnisse mit denjenigen Charakteristika auf, die im Rahmen der Kapitalwertmethode für die einzelnen Instrumente ange-

---

1) Siehe zur Bedeutung derartiger Überlegungen für die Beurteilung einzelner konjunkturpolitischer Maßnahmen R. Eisner, What Went Wrong ?, JoPE, Vol. 79 (1971), S. 629 ff., bes. S. 633, sowie die Untersuchung von M.T. Sumner, Investment and Corporate Taxation, S. 982 ff., in der gezeigt wird, daß zeitweise für Teile der britischen Industrie die Bedingungen für inverse Reaktionen auf Steuersatzvariationen erfüllt waren (s. S. 987 ff.).

geben wurden; so gelangt man hinsichtlich der Beurteilung von Steuersatzvariationen auf beiden Wegen zu den gleichen Schlußfolgerungen. Es stellt sich also die Frage, wo denn nun die Weiterentwicklung der neoklassischen Investitionstheorie gegenüber der "einfachen" Kapitalwertmethode liegt. Sie liegt sicherlich nicht darin, daß neue oder andere Einflußgrößen der Investitionstätigkeit entdeckt oder einbezogen wurden. Im Gegenteil, beide Ansätze bauen auf den gleichen grundsätzlichen Determinanten der Investitionstätigkeit auf. In der Form (1) $I = f(A, B, C, D \ldots)$ führen sie also zu demselben Ergebnis. Durch die Verbindung der neoklassischen Investitionstheorie mit produktionstheoretischen Hypothesen gelingt es jedoch darüber hinaus, diese in (1) ausgedrückten Abhängigkeiten in ein geschlossenes System zu bringen. Es werden also nicht nur verschiedene Determinanten des Investitionsverhaltens hergeleitet, sondern es wird auch der innere Zusammenhang und die gegenseitige Abhängigkeit der Determinanten voneinander in einfacher Form zum Ausdruck gebracht.

Durch diese Geschlossenheit des Ansatzes ist die neoklassische Investitionstheorie dann auch aussagekräftiger als die Kapitalwertmethode: Auf mikroökonomischer Ebene führt sie nicht nur zu qualitativen Aussagen, sondern ermöglicht auch quantitative Prognosen. Damit bietet sie die Grundlage für ökonometrische Überprüfungen. Auf makroökonomischer Ebene gilt Ähnliches. In Verbindung mit einer realistischen makroökonomischen Produktionsfunktion lassen sich mit Hilfe der neoklassischen Hypothese klare quantitative Aussagen hinsichtlich der Bedeutung der einzelnen Determinanten des gewünschten Kapitalstocks machen; die Kapitalwertmethode führt hier nur zu Tendenzaussagen, die produktionstheoretisch nicht fundiert sind.

Erkauft wird diese größere Präzision mit zusätzlichen einschränkenden Annahmen, und zwar insbesondere hinsichtlich:

- der Art der Produktionsfunktion und damit der gesamtwirtschaftlich gültigen Substitutionselastizität, bei der keine Unterscheidung zwischen kurzer und langer Frist vorgenommen wird,
- der Art und des Zusammenwirkens der Bestandteile der Kapitalbereitstellungskosten, wobei sämtliche fiskal- (und geld-)politischen Parameter ausschließlich über Veränderungen der "magischen" Größe c Bedeutung erlangen, sowie
- der Konstanz sämtlicher Parameter im Konjunkturverlauf, was insbesondere hinsichtlich der erwarteten Realverzinsung $(r - \frac{\dot{q}}{q})$ eine stark vereinfachende Annahme bedeutet.

d. Die neoklassische Investitionstheorie als Grundlage für weiteren Ausbau ? - oder die Grenzen des Paradigmas

Das Ergebnis der Diskussion der neoklassischen Investitionstheorie ist durchaus zwiespältig: Einerseits ist sie in hervorragender Weise geeignet, zu eindeutigen Aussagen über die Determinanten des gewünschten Kapitalstocks unter alternativen Umständen zu kommen, und zwar sowohl auf einzel- wie auf gesamtwirtschaftlicher Ebene. Der Einfluß von Veränderungen fiskalpolitischer Parameter ist logisch klar deduzierbar, in ihrer ausgebauten Form können aus dieser Theorie klare Handlungsanweisungen für den Konjunkturpolitiker hergeleitet werden.

Andererseits aber bietet die neoklassische Investitionstheorie auch Ansatzpunkte zur Kritik, die zum einen als Anlaß zur Verbesserung und zum Ausbau der Theorie dienen, die zum anderen aber die Grundlagen der neoklassischen Theorie selbst in Frage stellen. Je nach Art der Kritik sind die Schlußfolgerungen gänzlich unterschiedlich.

Was den Ausbau anbelangt, so kann hier zunächst auf den zwar prinzipiell gelungenen, aber dennoch nicht vollständigen Einbau der fiskalpolitischen Parameter hingewiesen werden. Mit derart einfachen Formeln können die komplizierten Zusammenhänge der deutschen wie sonstiger Ertragsteuern nicht abgebildet werden. Allerdings scheint hier die Notwendigkeit zum Ausbau mehr auf mikro- als auf makroökonomischer Ebene zu bestehen. Außerdem ist darauf hinzuweisen, daß die Formel für die Kapitalbereitstellungskosten prinzipiell offen für die Berücksichtigung verfeinerter fiskalpolitischer Parameter zu sein scheint.

Hauptansatzpunkt der Kritik und damit für weiteren Ausbau ist die Art der Produktionsfunktion in der neoklassischen Investitionstheorie. Die problemlose gegenseitige Substituierbarkeit der Produktionsfaktoren und damit die starke Reaktion der Höhe des gewünschten Kapitalstocks auf Änderungen der relativen Preise sind Annahmen, an deren Stelle ebensogut entgegengesetzte Annahmen gemacht werden könnten.

Die erste Alternative ist der Übergang zu einer CES-Produktionsfunktion - was für $\sigma < 1$ impliziert, daß den fiskalpolitischen Parametern eine klar verminderte Bedeutung zugeschrieben wird. Wie dargelegt, konnte bislang auf ökonometrischem Wege keine klare Beweisführung für oder gegen eine der beiden Produktionsfunktionen geführt werden. Allerdings scheint auf kurze Sicht (die ja hier besonders interessiert) die Starrheit größer und damit die Substituierbarkeit der Produktionsfaktoren geringer als auf längere Sicht zu sein.

Diese Starrheit auf kurze Sicht kann explizit zum Ausdruck gebracht werden, wenn die technische Restriktion Beachtung findet, die jeglicher Wirkung auf den Kapitalstock (und damit auf die Investitionen) entgegensteht, nämlich daß einmal installierte Anlagen nur im Maße ihres technischen Verschleißes ersetzt werden. Somit kann die Produktionsstruktur, d.h. der relative Einsatz von Kapital und Arbeit, nicht in dem Umfang auf Veränderungen der relativen Preise reagieren, wie dies im einfachen neoklassischen Modell zum Ausdruck kommt. Vielmehr bedeutet der Verweis auf die mögliche Existenz einer solchen Putty-Clay-Produktionsfunktion [1], daß der Wirksamkeit der fiskalpolitischen Parameter zumindest auf kurze Sicht weitere Hemmnisse entgegenstehen können. [2]

Gleichzeitige Gültigkeit einer CES-Produktionsfunktion (mit $\sigma < 1$) und einer derartigen Putty-Clay-Restriktion stellt also nicht nur den Umfang der Reaktion der Investitionstätigkeit auf fiskalpolitische Parameteränderungen in Frage, sondern gleichzeitig auch den von Jorgenson et al. ehedem behaupteten kurzfristigen Bezug, der die Fiskalpolitik erst als Instrument effizient erscheinen ließ. Im Ergebnis wird bei solcher Vorgehensweise zwar der neoklassische Ansatz beibehalten, es ergeben sich aber gänzlich entgegengesetzte Schlußfolgerungen.

Mit diesem Ausbau des Ansatzes von Jorgenson werden jedoch schon Probleme der Zeit und damit Wirkungsverzögerungen angesprochen, die erst in Kapitel D. Berück-

---

1) Gemäß einer Putty-Clay-Produktionsfunktion "kann zwar vor der Errichtung von Produktionsanlagen über die Kapitalintensität entschieden werden, es existiert also Substituierbarkeit ex ante, nicht aber nach der Installation, weil das Verhältnis von Kapital- und Arbeitseinsatz dann technisch fixiert ist, also Limitationalität ex post besteht." (K. Rose, Grundlagen der Wachstumstheorie, S. 185). Eine solche Produktionsfunktion wird erstmals verwendet von L. Johansen, Substitution versus Fixed Production Coefficients in the Theory of Economic Growth: A Synthesis, Econometrica, Vol. 27 (1959), S. 157 ff.

2) Siehe C.W. Bischoff, The Effect of Alternative Lag Distributions, S. 63 und 68 ff.

sichtigung finden sollen. Denn zwar werden auch in der neoklassischen Investitionstheorie Wirkungsverzögerungen verschiedener Art einbezogen, z.B. explizit der Zeitraum zur Aufstellung der Investitionspläne, der Zeitraum der Bereitstellung von Finanzmitteln sowie der Zeitraum bis zur Auftragsvergabe. [1] Aber dies sind alles rein technisch bedingte Zeiträume, was dem neoklassischen Ansatz entspricht, der ja technische Restriktionen, insbesondere die Produktionsfunktion, von vornherein in die Analyse einbezieht.

Nun können aber die Wirkungsverzögerungen auch anders interpretiert werden, nämlich zumindest zum Teil als der Zeitraum, der von der Veränderung z.B. fiskalpolitischer Parameter bis zur Veränderung der Erwartungen der relevanten Wirtschaftssubjekte (hier: der Unternehmungen) und dann wiederum für die Entscheidungsfindung verstreicht. Eine solche Sichtweise verläßt dann den neoklassischen Ansatz; denn dort treten Menschen mit psychischen Eigenarten (Zeitraum der Erwartungsbildung) nicht auf, vielmehr wirken veränderte exogene Variable direkt auf das Handeln der Entscheidungsträger ein, Erwartungsbildungs- und Entscheidungsprozesse sind irrelevant.

Die Annahme der Möglichkeit solcher psychischen Vorgänge ist dann <u>eine</u> Art, das neoklassische Paradigma zu erweitern und Erkenntnisse aus anderen, vornehmlich verhaltenswissenschaftlichen Bereichen mit einzubeziehen, um die kurzfristigen Reaktionen der Unternehmungen auf fiskalpolitische Aktivitäten zu erklären.

Zusätzlich können die grundlegenden Annahmen des neoklassischen Paradigmas problematisiert werden, und zwar ins-

---

1) D.W. Jorgenson, Capital Theory and Investment Behavior, S. 250; D.W. Jorgenson, J.A. Stephenson, Investment Behavior in U.S. Manufacturing, 1947-1960, S. 171.

besondere die monovariable Zielfunktion und die Informationsprämisse, die besagt, daß Informationsprobleme im unternehmerischen Entscheidungsprozeß als nicht existent angenommen werden. Den prinzipiellen Überlegungen, die einem derartigen Paradigma-Wechsel zugrunde liegen können, wird im nachfolgenden Exkurs nachgegangen, bevor eine Anwendung auf eine veränderte allgemeine Zielsetzung, auf das Ersatzinvestitionsverhalten sowie auf das Problem einer Variabilität des Investitionsverhaltens versucht wird. Auch Kapitel D., das sich mit den Wirkungsverzögerungen befaßt, kann in weiter Interpretation diesem Paradigma-Wechsel zugerechnet werden.

Allerdings soll mit derartigen Überlegungen die Aussagekraft des neoklassischen Ansatzes nicht gänzlich in Frage gestellt werden. Hier wurden stets nur die kurzfristigen Aspekte in den Vordergrund gestellt. Ob der neoklassische Ansatz in langfristiger Perspektive Gültigkeit besitzt, hängt wesentlich von der Möglichkeit der Ermittlung einer langfristig gültigen makroökonomischen Produktionsfunktion ab. Dies wurde hier jedoch nicht untersucht.

Schließlich muß der didaktische Wert der neoklassischen Investitionstheorie hervorgehoben werden: Keine andere makroökonomische Investitionstheorie war bislang in der Lage, in so verfeinerter und ausgearbeiteter Form das Zusammenwirken einer Vielzahl von Einflußfaktoren der Investitionstätigkeit zu verdeutlichen. Besonders zur Beantwortung der Frage, welche Informationen notwendig sind, damit eindeutige Aussagen zur Wirksamkeit dieser Parameter gemacht werden können, ist sie hervorragend geeignet. Allerdings wird ihre Verwendung dann problematisch, wenn davon ausgegangen wird, diese Informationen seien sämtlich eindeutig vorhanden, obwohl ihre Beschaffung gerade das Problem ist. Ansonsten degeneriert die neoklassische Investitionstheorie von einem heuristischen Ansatz zur Vorschrift für einen mathematischen Ablauf, oder mehr noch: von einer deskriptiven Theorie zu einem entscheidungslogischen Ansatz.

Die folgenden Ausführungen stellen unter Berücksichtigung dieser Vorteile der neoklassischen Theorie also weniger eine völlige Abkehr vom bisherigen Paradigma dar, sondern sollen vielmehr aufzeigen, welche zusätzlichen Aspekte neben den Einflußfaktoren der neoklassischen Theorie Bedeutung gewinnen können, wobei die alternativen Voraussetzungen zu beachten sind.

5. Exkurs: Ansätze zu einem Wandel des Paradigmas

Der Vorteil neoklassischer Analysen, zu klaren, ja quantifizierbaren Ergebnissen zu führen, wird zuweilen als einer der Gründe angeführt, weshalb an solchen Modellen festgehalten wird, [1] wenn auch die zugrunde liegenden Prämissen die Wirklichkeit nur in sehr unvollkommener Weise abbilden. Wird diese Diskrepanz der Prämissen zur Wirklichkeit zu offensichtlich, so kann versucht werden, derartige Verfeinerungen des Modells vorzunehmen, daß der Grundansatz zwar bestehen bleibt, zusätzliche Effekte aber Platz greifen können. Einige derartige Erweiterungen und mögliche Verfeinerungen wurden im vorhergehenden Kapitel bereits kurz dargestellt. Je umfangreicher jedoch diese Erweiterungen geraten, desto mehr stellt sich die Frage, wo die Erweiterung des Ansatzes, sprich Ausbau des Paradigmas, aufhört und wo der Übergang zu einem neuen Paradigma beginnt.

---

1) Vgl. H. Ulrich, Die Unternehmung als produktives soziales System, S. 190.

Analog der "psycho-logischen" [1] Theorie der kognitiven Dissonanz [2] wird im allgemeinen der Ausbau des bisherigen Paradigmas dem Übergang zu einem neuen Paradigma vorgezogen werden, denn ersteres vermittelt Sicherheit, letzteres bedeutet zumindest zunächst zusätzliche Unsicherheit bei der Ermöglichung wissenschaftlicher Aussagen. Und die neoklassische Investitionstheorie ist hervorragend geeignet, Sicherheit zu vermitteln: Bei jeder Datenkonstellation lassen sich die zu erwartenden Ergebnisse wirtschaftspolitischer Aktivitäten ablesen, Wissenschaftler wie Politiker erlangen die Gewißheit, daß Abschreibungsvergünstigungen, investment-tax-credit und Steuersenkungen hervorragende Stimuli zur Investitionsankurbelung sind, während die umgekehrten Maßnahmen ebenso zur Investitionsminderung beizutragen in der Lage sind.

Ein vollständiger Paradigma-Wechsel entzieht im Gegensatz dazu der Analyse die feste Grundlage; als Ergebnis können die Kosten fehlender Aussagemöglichkeiten größer sein als der Nutzen durch Vermeidung falscher, weil überpointierter Aussagen. Damit erscheint es sinnvoll zu sein, nicht <u>das</u> alternative Paradigma zu suchen, sondern der neoklassischen Theorie mögliche andere Ansätze gegenüberzustellen, die jeweils Wege zur Annäherung an die Wirklichkeit aufzeigen. Es kann dabei kaum die Hoffnung bestehen und also auch nicht das Ziel sein, einen ebenso einfachen wie umfassenden Ansatz wie das neoklassische Paradigma zur Erklärung ökonomischer Fragestellungen zu finden, der einen ebenso weitgreifenden Erklärungsanspruch besitzt. Statt dessen kann die Hypothese aufgestellt werden, daß jeder alternative Ansatz sich immer nur auf Aus-

---

1) R.P. Abelson und M.J. Rosenberg, Symbolic Psycho-Logic: A Model of Attitudinal Cognition, Behavioral Science (1958), S. 1 ff.

2) L. Festinger, A Theory of Cognitive Dissonance, Evanston/Ill. 1957.

schnitte der Gesamt-Menge ökonomischer Fragestellungen beziehen kann.

Mit anderen Worten: Die Ansätze werden eklektischer, damit aber realitätsnäher. Bei dem Versuch, derartige Alternativen zum bisherigen Paradigma hinsichtlich ihrer Verwendbarkeit zur Lösung der vorliegenden Problemstellungen zu prüfen, stehen zunächst weniger vollständige Alternativen als vielmehr schrittweise Abwendungen vom neoklassischen Paradigma im Vordergrund.

Im wesentlichen scheinen es drei Problemkreise zu sein, die dann in veränderter Sichtweise Berücksichtigung finden müssen:

a. das grundlegende Problem der Rationalität des Unternehmensverhaltens, ungeachtet der Zielsetzung,

b. die Bedeutung der Informationsprämisse sowie

c. die Zielsetzung von Unternehmern und Unternehmungen.

a. Zur Rationalität des Verhaltens von Unternehmungen

Ein Verhalten kann immer nur dann mit dem Begriff rational [1] ausgestattet werden, wenn es die Erreichung gegebener Ziele im Rahmen vorgegebener Beschränkungen anstrebt. Notwendig ist die Vorgabe von Zielen und eine Wahlmöglichkeit zwischen verschiedenen Alternativen - denn ohne Alternativen kann eine Wahl nicht stattfinden, und ohne

---

1) Siehe hierzu E. Heinen, Das Zielsystem der Unternehmung, Wiesbaden 1966, S. 36 ff.; G. Hartfiel , Wirtschaftliche und soziale Rationalität, Stuttgart 1968, S. 49 ff.; W. Kirsch, Entscheidungsprozesse, Bd. 1, S. 62 ff.; G. Gäfgen, Theorie der wirtschaftlichen Entscheidung, S. 18 ff.

Wahlmöglichkeit kann die "ratio" keine Bedeutung gewinnen. Rationalem Handeln steht also das "rein adaptive" Verhalten gegenüber, [1] das durch die Umweltsituation determiniert wird und für den wählenden Menschen keinen Raum läßt. Von rationalem Handeln kann erst dann gesprochen werden, wenn das Handeln zu einem befriedigenden oder optimalen Zustand im Vergleich zu anderen, durch andere Verhaltensweisen erreichbaren Zuständen führt. [2]

Nun wird das neoklassische Unternehmermodell gekennzeichnet durch den rationalen, gewinnmaximierenden Unternehmer. Sämtliche Unternehmer verhalten sich nach dieser gleichen Maxime, sie wählen aus den jeweiligen Handlungsmöglichkeiten bewußt diejenigen aus, die den höchsten Gewinn versprechen.

Gleichzeitig bewirkt aber im Modell die innere Logik des Systems, daß auch nur eben diese Verhaltensweise erfolgreich sein kann. Im permanenten Kampf um den Markt kann nur derjenige bestehen, der sich stets rational verhält, die übrigen scheiden aus dem Markt aus. So sorgt die "invisible hand" für die Durchsetzung des Rationalprinzips, indem das Im-Markt-Bleiben als Belohnung für seine Befolgung in Aussicht gestellt wird. Wenn die Unternehmungen überwiegend nach dem Rationalprinzip handeln, wird folglich jeder einzelne zur Befolgung des Prinzips gezwungen.

Bei dieser Betrachtungsweise stellt sich dann die Frage, ob "rational" noch die richtige Kennzeichnung dieses Verhaltens ist. Denn wenn exakt vorgeschriebene Richtlinien

---

1) G. Gäfgen, Theorie der wirtschaftlichen Entscheidung, S. 23.

2) G. Hartfiel, Wirtschaftliche und soziale Rationalität, S. 50; G. Gäfgen, Theorie der wirtschaftlichen Entscheidung, S. 23.

für das Verhalten der Unternehmer aus den Interaktionen am Markt resultieren, bei deren Nichteinhaltung sie aus dem Markt gedrängt werden, so kann kaum noch von einer 'Alternative' gesprochen werden. Diese Alternative würde ja Untergang bedeuten. Die Wahl zwischen Erhaltung und Untergang aber als rationales Handeln zu bezeichnen, hieße den Begriff sehr weit ausdehnen.

Der einzelne klassische Unternehmer der reinen Theorie benötigt in dieser Sicht nicht die Prämisse rationalen, optimierenden Verhaltens, er wird durch die Umwelt zu einem derartigen Verhalten gezwungen. [1)] "The firm currently presented in textbooks could be abolished and replaced by a computer. It has nothing to decide; there is only information of a specific kind to be gathered and the rest, finding a maximum, is automatically settled." [2)]

Erst wenn der Modell-Zustand des vollkommenen Marktes verlassen wird und die Verhaltensweisen auf einem unvollkommenen Markt mit beschränktem Marktzugang, gegenseitiger Beeinflussung der Marktaktoren, begrenzten Informationen und möglicher Gewinnerzielung untersucht werden, gewinnt der Begriff des rationalen Verhaltens einen Sinn. Jeder Unternehmer hat hier einen gewissen Verhaltensspielraum, innerhalb dessen er frei agieren kann, der nicht bereits durch die Umwelt determiniert und eingeengt ist. Das Vorhandensein eines solchen monopolistischen Bereichs [3)] ist notwendig, um von der <u>Möglichkeit</u> rationalen Verhaltens sprechen zu können.

---

1) So auch B.J. Loasby, Hypothesis and Paradigm in the Theory of the Firm, The Economic Journal, Vol. 81 (1971), S. 884.

2) O. Morgenstern, Thirteen Critical Points in Contemporary Economic Theory: An Interpretation, JEL, Vol.10 (1972), S. 1184.

3) E. Gutenberg, Grundlagen der Betriebswirtschaftslehre, 2. Bd.: Der Absatz, 11. Aufl., Berlin u.a. 1968, S. 238 ff.

Umgekehrt ist nun in einem solchen Fall auch die Annahme rationalen Verhaltens notwendig, um über die Marktergebnisse etwas aussagen zu können: Es ist diese Annahme, die erst das Verhalten der Unternehmer rechenbar, vorausschaubar, kalkulierbar macht. Erst aufgrund dieser Annahme kann wie im Falle des vollkommenen Wettbewerbs von einer Determination des Marktergebnisses gesprochen werden. [1)]

Beide Fälle, der adaptive, notwendig "rational" handelnde Unternehmer, und der aktive, zielgerichtet rational handelnde Unternehmer führen zu dem gleichen Ergebnis hinsichtlich der Aussagemöglichkeiten über die Wirkungen fiskalpolitischer Parameter: In beiden Fällen werden die Marktvorgänge, also auch die Entscheidungsvorgänge bezüglich des Investitionsverhaltens, eindeutig gesteuert. Das Problem der Ermittlung der Wirkung fiskalpolitischer Parameter reduziert sich auf den logischen Nachvollzug ihrer Einwirkung auf den Erreichungsgrad der gegebenen Zielsetzung.

Es sind nun drei Problemkreise, die diesen Ansatz in isolierter Anwendung fragwürdig erscheinen lassen:

- Erstens sind die Informationsprämissen des rationalen Verhaltens zu überprüfen (b.).
- Zweitens bedeutet bei Verlassen des vollkommenen Marktes "rational" nicht mehr notwendig gleichzeitig "gewinnmaximal". Es tritt die Frage auf, ob gewinnmaximierendes Verhalten vorausgesetzt werden kann und muß oder ob nicht ein anderes Ziel oder mehrere andere Ziele (mit)zu berücksichtigen sind (die jedoch weiterhin zu optimieren wären)(c.I.).
- Schließlich kann neben der eindeutigen Zielformulierung das optimierende Verhalten selbst in Frage gestellt werden (c.II.).

---

1) B.J. Loasby, Hypothesis and Paradigm in the Theory of the Firm, S. 884.

b. Das Informationsproblem

Objektiv, d.h. überprüfbar rationale Entscheidungen (im Gegensatz zu rein subjektiver Rationalität [1]) sind nur möglich, wenn das jeweils handelnde Wirtschaftssubjekt in jeder Hinsicht vollständig informiert ist, und zwar insbesondere

- über die möglichen Alternativen,
- über die in jeder Periode gegebenen Umweltsituationen sowie
- über die jeweils resultierenden Ergebnisse.

Eine Ungewißheit über Zustände in Gegenwart und Zukunft liegt dann nicht vor.

Diese Voraussetzungen mögen für entscheidungslogische Kalküle sinnvoll und notwendig sein, für deskriptive Aussagen über das Verhalten nicht bestimmter, sondern einer Vielzahl von Wirtschaftssubjekten lassen sich so keine Anhaltspunkte finden. Dies gilt auch bei Einbeziehung der in der Entscheidungstheorie gebräuchlichen Verfahren zur Berücksichtigung der Unsicherheit: [2] Hier werden jeweils die Umweltsituationen als unsicher angenommen. Dafür benötigt man nun Annahmen über die Risikofreudigkeit der Entscheidenden - die Unwissenheit wird für eine deskriptive Theorie lediglich auf eine andere Ebene verlagert.

Das Unsicherheits- bzw. Informationsproblem wird durch folgende Tatbestände verursacht: [3]

---

1) Siehe hierzu W. Eucken, Die Grundlagen der Nationalökonomie, 5. Aufl., Godesberg 1947, S. 332 ff.; G. Gäfgen, Theorie der wirtschaftlichen Entscheidung, S. 32 ff.

2) Z.B. G. Menges, Grundmodelle wirtschaftlicher Entscheidungen, 2. Aufl., Düsseldorf 1974, S. 163 ff. und 201 ff.

3) Hierzu ausführlich B. Jansen, Die Bedeutung der Information in der Preis- und Wettbewerbstheorie, Berlin 1970, S. 47 ff., 57 ff.

I. Informationen über die Zukunft können niemals auf Wissen, sondern immer nur auf Erwartungen beruhen. Erwartungen sind aber immer mit einem mehr oder minder starken Grade an Ungewißheit verbunden. Hier liegt eine objektive Grenze für jede mögliche Sicherheit. Sie bezieht sich sowohl auf die in der Zukunft möglichen Umweltzustände wie auch auf die in der Zukunft zu erwartenden Ergebnisse der Alternativen, welche dem Entscheidenden zur Wahl stehen. Theorien über die Art der Berücksichtigung zukünftiger Zustände sind auch Theorien über die Erwartungsbildung der Wirtschaftssubjekte.

Neben dieser objektiven Unsicherheit hinsichtlich zukünftiger Zustände steht die subjektive Uninformiertheit hinsichtlich der Gegenwart. Zum einen fehlt die Information über die Notwendigkeit der Informationsbeschaffung. Wenn gewisse Alternativen nicht in den Gesichtskreis des Entscheidenden getreten sind, fehlt ihm das Bewußtsein von der Notwendigkeit, derartige Informationen einzuholen.

Zum anderen kann zwar das Wissen um eine Informationsnotwendigkeit bestehen, die Informationskosten übersteigen aber den zu erwartenden Ertrag aus der Information, weshalb die Informierung nicht stattfindet. Ein solches Verhalten bewirkt zwar ein Abweichen vom Optimum bei der Entscheidung, kann aber hier als unbedeutend angesehen werden: Wenn der zu erwartende Ertrag einer Information geringer ist als die Informationskosten, kann nicht mit einem wesentlichen Einfluß auf das Entscheidungsergebnis gerechnet werden. Allerdings ist die Möglichkeit eines Irrtums mit einzuschließen.

II. Schließlich ist die Tatsache zu beachten, daß die Informationsverarbeitungskapazität eines jeden Entscheidungsträgers begrenzt ist. Dieser von H.A. Simon [1] in

---

1) H.A. Simon, Models of Man, New York, London 1957, S. 198.

die Diskussion gebrachte Gesichtspunkt war der zentrale Ansatzpunkt neuer entscheidungstheoretischer Überlegungen: Er leitete den Übergang vom neobehavioristischen und kognitivistischen Ansatz zum Informations-Verarbeitungs-Ansatz (IV-Ansatz) des Entscheidungsverhaltens ein. [1] Der Hinweis auf die Unvollkommenheit menschlicher Möglichkeiten war Anlaß, die Vollkommenheit traditioneller Modellansätze bei deskriptiven Untersuchungen einer Revision zu unterziehen.

Als vorläufiges Ergebnis ist festzuhalten: Es kann bei Analysen des Investitionsverhaltens nicht von objektiv gegebenen Informationen ausgegangen werden, die z.B. ein Beobachter ermitteln könnte, sondern die Informationen sind objektiv und subjektiv beschränkt wegen

- objektiver Unmöglichkeit von Informationen über die Zukunft,
- subjektiver Unkenntnis der Informationsnotwendigkeiten,
- der Informationskosten, die höher sein können als der Ertrag durch die Information sowie
- beschränkter Informationsverarbeitungskapazität jedes Entscheidenden.

Eine Schlußfolgerung für die Analyse der Wirkung fiskalpolitischer Parameter ist zunächst nicht eindeutig zu ziehen. Denn auch wenn die Bedeutung der Informationsprämisse im Prinzip für die mangelnde Aussagefähigkeit neoklassischer Modelle hinsichtlich des Zustandekommens der Preise und Mengen am Markt anerkannt wird, kann sie dennoch für Aussagen hinsichtlich marginaler Änderungen von Marktparametern geleugnet werden.

---

1) Hierzu ausführlich: W. Kirsch, Entscheidungsprozesse, Bd. II, passim.

Folgende Begründung wird hierfür gegeben: Bei gegebener mangelnder Information hat sich das Marktgeschehen auf diesen unvollkommenen Zustand eingespielt. Wenn nun z.B. eine Steuersatzänderung eintritt, spielen das Nichtwissen um die Zukunft und um mögliche Alternativen sowie die mangelnde Informationsverarbeitungskapazität keine Rolle:

"If we want to inquire into the effects of a change in wage rates or tax rates or something of this sort, we must of course take it for granted that the decision-makers who supposedly react to the change have taken notice of it. But whether their 'previous' store of information - from which they started when the change occured - was accurate or not will only in exceptional instances make a qualitative difference to the reactions."[1)]

Machlup wirft denjenigen, die den Informationsmangel gegen Marginal-Theorien als Argument verwenden, vor, sie verwechselten die Ermittlung der Lage einer Kurve mit der Ermittlung ihrer Verschiebung bei marginalen Umweltänderungen. [2)] Für die Ermittlung der Lage und Neigung einer Kurve sei vollständige Information notwendig. Wer aber wissen wolle, welche Verschiebungen sich bei marginalen Umweltänderungen ergeben, der brauche weder Kenntnis über alle sonstigen Umstände [3)] noch sei es notwendig, Überlegungen über die Art der Zielsetzung der Unternehmer anzustellen: Denn bei marginalen Änderungen der Umwelt spiele es keine Rolle, ob die Unternehmung maximiere oder "satisfiziere": "if we assume, that firms prefer a larger profit to a smaller one" [4)], können wir immer zu Aussagen gelangen; bei anspruchsanpassenden Unternehmern sind demgegenüber keine Aussagen möglich. [5)]

---

1) F. Machlup, Theories of the Firm: Marginalist, Behavioral, Managerial, AER, Vol. 57 (1967), S. 24.

2) F. Machlup, ebenda, S. 24 f.

3) Und: "what can be 'imperfect' about the information on ... a tax increase ?" F. Machlup, ebenda, S. 25.

4) Ebenda, S. 23.

5) Ebenda, S. 26.

Dieser letzte Hinweis von Machlup könnte den Anschein erwecken, als ginge es ihm nicht um Aussagen über die Wirklichkeit, sondern darum, überhaupt zu Aussagen zu gelangen: Dies wäre jedoch eine Überinterpretation. Vielmehr vertritt Machlup [1] die These, daß ungeachtet der Art der Zielsetzung im Entscheidungsfall die Unternehmung immer den größeren dem kleineren Gewinn vorziehen wird. Es fragt sich jedoch, ob die Alternativen bei der Veränderung fiskalpolitischer Parameter stets so simpel sind, daß - wie Machlup meint - genau festzustellen ist, welche Alternative den größeren und welche den kleineren Gewinn mit sich bringt. Nur die Einfügung einer hier kaum gerechtfertigten Ceteris-paribus-Klausel wird eindeutige Ergebnisse ermöglichen.

Das Beispiel der Wahl zwischen Investieren und Nichtinvestieren (jeweils in Realaktiva), die ja hier im Vordergrund des Interesses steht, möge diese Aussage verdeutlichen. In der Rezession sei diese Wahl zugunsten des Nichtinvestierens ausgefallen. Der Einsatz finanzpolitischer Instrumente (z.B. Einführung einer Investitionsprämie) würde in marginalistischer (neoklassischer) Sicht auf jeden Fall zusätzliche Investitionen profitabel erscheinen lassen. Wird aber stattdessen berücksichtigt, daß Unsicherheit hinsichtlich der zukünftigen Entwicklung der Wirtschaft besteht, kann durchaus den finanzpolitischen Parametern ein vergleichsweise untergeordnetes Gewicht zukommen. Ja, es wird dann möglich, daß sogar weniger Investitionen profitabel werden, nämlich dann, wenn der Einsatz der Finanzpolitik die Schärfe der Rezession erst richtig merklich gemacht hat, die potentiellen Investoren aber skeptisch hinsichtlich eines Erfolges der konjunkturpolitischen Bemühungen sind. Derartige Unsicherheits-Tatbestände in den Datenkranz zu schieben erleichtert zwar die Aussagemöglichkeiten, verführt aber dadurch gleichzeitig zu eindeutigen Ergebnissen, wo mehrdeutige Ergebnisse angebracht sind.

---

1) F. Machlup, Theories of the Firm ..., S. 26.

c. Die Zielsetzung der Unternehmung

I. Bei neoklassischen Analysen wird immer vorausgesetzt, die Unternehmungen strebten zu jeder Zeit ihr Gewinnmaximum an, mit allen Konsequenzen hinsichtlich der Investitionstätigkeit. Diese Hypothese einer eindeutigen Zielsetzung ermöglicht es, zu klaren Aussagen über die Wirksamkeit fiskalpolitischer Parameter zu gelangen.

Nun ist die kritische Auseinandersetzung mit der Verwendung dieses Prinzips bei der Erklärung ökonomischer Zusammenhänge nichts Neues. [1] Es wird hier also nicht nochmals notwendig sein, das Prinzip der Gewinnmaximierung auf seine Implikationen, seine Realisierbarkeit, seine praktische Relevanz sowie die Rationalität seiner Befolgung hin zu untersuchen. [2] Statt dessen steht hier im Vordergrund des Interesses die Frage, welche andersgearteten Ergebnisse sich für die Wirksamkeit fiskalpolitischer Parameter ergeben, wenn die Unternehmungen - zumindest kurzfristig - ihre Entscheidungen an anderen Maximen als der Gewinnmaximierung ausrichten.

---

1) Siehe hierzu bereits: R.L. Hall, C.J. Hitch, Price Theory and Business Behavior, Oxford Economic Papers, May 1939, S. 12 ff. Wiederabgedruckt in: T. Wilson (ed.), Oxford Studies in the Price Mechanism, Oxford 1951, S. 107 ff.; B. Higgins, Elements of Indeterminacy in the Theory of Nonperfect Competition, AER, Vol. 29 (1939), S. 468 ff.; T. Scitovsky, A Note on Profit Maximisation and its Implications, REStud, Vol. 11 (1943), S. 57 ff., wiederabgedruckt in: G.J. Stigler, K. Boulding (ed.), Readings in Price Theory, Homewood/Ill. 1953, S. 352 ff.

2) Eine derartige Analyse findet sich bei F.X. Bea, Kritische Untersuchungen über den Geltungsbereich des Prinzips der Gewinnmaximierung, Berlin 1968. Siehe auch W. Kirsch, Entscheidungsprozesse, Bd. I, S. 64 ff.

Zusätzliche oder gar andere Ziele als das der Gewinnmaximierung können wie dargelegt nur dann für die einzelne Unternehmung oder für die Gesamtheit der Unternehmungen bedeutsam sein oder werden, wenn die Gegebenheiten des Marktes es gestatten, wenn "autonome Bereiche" gegeben sind. Die Zulassung zusätzlicher Zielsetzungen impliziert also gleichzeitig die Feststellung von Unvollkommenheiten des Marktes.

Die Quellen derartiger anderer oder zusätzlicher Zielsetzungen können auf verschiedene Weisen geordnet werden; in dem folgenden kursorischen Überblick werden unterschieden:

- Ziele, die durch Veränderung des Zeitbezugs bedeutsam werden,
- Ziele, die in der Persönlichkeitsstruktur des Zielträgers ihren Ursprung haben, sowie
- Ziele, die erst durch das Zusammenwirken in einer Organisation entstehen.

Die Fristigkeit der Zielerreichung [1] ist in der Forderung nach Gewinnmaximierung nicht enthalten. Dadurch können Konflikte entstehen, wie z.B. in dem Fall kurzfristig möglicher großer Gewinne, die langfristig zu einem Verlust an Marktanteilen und zukünftigen Gewinnen führen. Das Verfahren der Abdiskontierung aller zukünftigen Gewinne und Verluste auf den gegenwärtigen Zeitpunkt löst das Problem zwar formal, berücksichtigt aber materiell nicht die Unsicherheit über die zukünftigen Entwicklungen. Auf diese Weise tritt dann ein Ziel wie "Sicherung einer langfristigen Gewinnerzielung auf Normalniveau" auf, das eine Maximierung des langfristigen Gesamtgewinns ausschließt, aber dem langfristigen Sicherheitsbedürfnis des Zielträgers Rechnung trägt. Diee Zielsetzung kann auch mit "Über-

1) Siehe hierzu F.X. Bea, Kritische Untersuchungen über den Geltungsbereich des Prinzips der Gewinnmaximierung, S. 88 ff.

lebens-Sicherung" umschrieben werden und umfaßt dann auch das Ziel einer permanenten Liquiditätserhaltung der Unternehmung - ein Ziel, das in gewissen Situationen die Oberhand über alle anderen Ziele erlangen kann.

Die Fristigkeit der Betrachtung wird durch die jeweilige Situation des Wirtschaftsablaufs, also durch die jeweilige konjunkturelle Lage mitbestimmt werden; aber auch persönliche Faktoren wie die Risikoneigung der Zielträger werden einen Einfluß haben. Derartige persönliche Faktoren können darüber hinaus aber auch direkt bei der Bestimmung der Bedeutung einzelner Ziele wirksam werden. Eine Aufzählung derartiger personenbezogener Ziele wäre immer beliebig, eine beispielhafte Nennung von 'Freizeit', 'Altruismus' [1], 'Macht' [2] und 'Prestige' [3] mag hier genügen. [4] Die Feststellung, daß es der durch den Markt gewährte autonome Spielraum ist, der diese Vielfalt von Zielsetzungen ermöglicht, beinhaltet aber gleichzeitig, daß diese zusätzlichen Zielsetzungen nur bei Einhaltung bestimmter Nebenbedingungen aufrechterhalten werden können, wobei primär an einen Mindestgewinn (Normalgewinn) zu denken ist, der gleichzeitig das Sicherheitsstreben befriedigt und die Wachstums- (Investitions-)Möglichkeiten bereitstellt.

Schließlich sind die bisher genannten unipersonalen Zielsetzungen zu erweitern, sobald nicht eine Person allein alle Entscheidungen in einer Unternehmung trifft. Diese

---

1) F.X. Bea, Kritische Untersuchungen über den Geltungsbereich des Prinzips der Gewinnmaximierung, S. 80 ff. und S. 56 ff.

2) H. Wächter, Unternehmungs- und Unternehmerziele im sozio-ökonomischen Feld, Göttingen 1969, S. 117 f.

3) H. Kreikebaum, Das Prestigeelement im Investitionsverhalten, bes. S. 31 ff.

4) Siehe auch E. Heinen, Das Zielsystem der Unternehmung, S. 128 f., wo versucht wird, derartige Ziele aus einem obersten Unternehmensziel beispielhaft deduktiv abzuleiten.

Erweiterung zu einer multipersonalen Zielfindungs-Analyse ist nicht beschränkt auf das bekannte Beispiel der industriellen Großunternehmung, in der die Ziele der Eigentümer und der Manager auseinanderfallen können, [1] sondern sie ist auch notwendig bei jeder kleineren Unternehmung, bei der nur irgendwelche Entscheidungen an andere Entscheidungsträger delegiert sind. Das Interagieren von Menschen in einer Organisation bewirkt gewollt oder ungewollt eine Einflußnahme auf die Zielsetzung der Unternehmung. Charakteristikum dieser Zielsetzung der Unternehmung ist es nun, daß sie zumeist nicht eindeutig ermittelt werden kann, da sie kaum irgendwo explizit formuliert wird, sondern daß sie mehr in dieser Interaktion der Organisationsteilnehmer "entsteht" und sich nur in den schließlich geäußerten Entscheidungen manifestiert.

Eine Auflistung von möglichen Zielen [2] kann immer nur unvollständig und subjektiv sein. Die Vielfalt der möglichen Ziele ist gegeben durch die Vielfalt möglicher Motivationen der Entscheidungsträger in den Unternehmungen.[3]

Die Bedeutung des Vorhandenseins anderer zusätzlicher oder auch gleichzeitiger Zielsetzungen neben der Gewinnerzielung liegt zunächst offensichtlich darin, daß nun die fiskalpolitischen Parameter keinen gleichartigen Zugriff mehr auf die Erreichung des Unternehmungszieles haben:

Das Umsatzziel beispielsweise wird von allen hier behandelten fiskalpolitischen Parametern nicht tangiert, manche

---

1) H. Wächter, Unternehmungs- und Unternehmerziele im sozio-ökonomischen Feld, S. 82 ff.

2) Ausführlich hierzu E. Heinen, Das Zielsystem der Unternehmung, S. 59 ff.

3) G. Hederer, Die Motivation von Investitionsentscheidungen in der Unternehmung, Meisenheim 1971, bes. S. 34 ff.

Ziele (Unabhängigkeit, Prestige, Macht, Sicherung des Unternehmenspotentials) scheinen ebenfalls nicht betroffen zu sein, müßten aber zunächst operationalisiert werden, um Aussagen ermöglichen zu können.

Manche Ziele (Wirtschaftlichkeitsstreben, Liquiditätserhaltung) können zuweilen parallel mit dem Gewinnziel tangiert werden, jedoch ist der Grad der Beeinflussung in der Regel unterschiedlich. Die Höhe der Gewinnerzielung ist um die Höhe der Abschreibungen geringer als die Höhe der Liquiditätszuflüsse (cash flow) in einer Periode, so daß jede Maßnahme, die den Gewinn tangiert, den cash flow in relativ geringerem Umfang verändert.

Prinzipiell ergeben sich aus möglichen anderen Zielsetzungen nur zwei Schlußfolgerungen:

Entweder sind die relevanten Zielgrößen mit dem bisherigen Instrumentarium nicht zu erreichen (Beispiel: Umsatzziel). Dann ist eine Änderung bzw. Schwerpunktverlagerung des Instrumentariums notwendig, dann ist der Schwerpunkt der konjunkturorientierten Finanzpolitik auf die Ausgabenpolitik zu legen.

Oder aber die Zielgröße ist mit dem bisherigen Instrumentarium zwar zu treffen, aber nicht in adäquater Weise (Beispiel: Liquiditätssicherung). Dann ist das Instrumentarium eindeutiger als bisher an diesem anderen Ziel auszurichten. Das nachfolgende Kapitel 6. wird mehr beispielhaft das Liquiditätsziel als Alternative darstellen und hinsichtlich seiner Aussagekraft für wirtschaftspolitische Zwecke überprüfen.

II. Neben der Art des jeweiligen Ziels kann der Umfang der angestrebten Zielsetzung für den Wirkungsgrad fiskalpolitischer Instrumente bedeutsam werden. In traditionellen Modellen wird stets von maximierendem Verhalten der Unternehmungen hinsichtlich ihres jeweils gesetzten Ziels ausgegangen, d.h. von einem Streben nach einem unter gegebenen Umständen höchstmöglichen Grad an Zielerreichung. In solchen Modellen sind nun zur Maximierung die ganzen Informationen notwendig, die oben als nicht beschaffbar und nicht verarbeitbar bezeichnet wurden. Ein alternativer Ansatz verläßt diese Maximierungshypothese; ausgehend von der Feststellung, daß nur begrenzte Rationalität [1] des Verhaltens möglich ist, erscheint es sinnvoll, als grundlegendes Paradigma nicht mehr den gewinnmaximierenden Unternehmer anzunehmen, sondern einen Unternehmer, der mit einem bestimmten Grad der Zielerfüllung zufrieden ist. [2] Ein solchermaßen verändertes Paradigma verwendet nun nicht - wie es zunächst den Anschein haben könnte - ein völlig verändertes Menschenbild. Vielmehr wird nur in realitätsnaher Weise berücksichtigt, daß ein objektives, überprüfbar maximierendes Verhalten gar nicht möglich ist; werden die Wirtschaftssubjekte sich dieser notwendigen Beschränkung ihrer Rationalität bewußt, so bedeutet das, daß sie nicht unbegrenzt lange auf der Suche nach einem Optimum bleiben, sondern sich nach Erreichen eines selbstgesetzten Anspruchsniveaus zufriedengeben.

Die Verwendung eines derartig veränderten Paradigmas bedeutet im Rahmen der vorliegenden Fragestellung, daß Aussagen über die Wirkungen finanzpolitischer Maßnahmen

---

1) Siehe u.a. J.G. March, H.A. Simon, Organizations, New York 1958, S. 136 ff.

2) In der Psychologie findet sich diese Theorie schon bei K. Lewin, T. Dembo, L. Festinger, P.S. Sears, Level of Aspiration, in: J.M. Hunt (ed.), Personality and the Behavior Disorders, Vol. 1, New York 1944, S. 333 ff.; ausführlich hierzu: J.G. March, H.A. Simon, Organizations, S. 140 f.; R.M. Cyert, J.G. March, A Behavioral Theory of the Firm, Englewood Cliffs 1963; H. Sauermann, R. Selten, Anspruchsanpassungstheorie der Unternehmung, ZfgSt, 118 Bd. (1962), S. 577 ff.

erheblich schwieriger zu finden sind. Denn neben den Wirkungen auf den Zielerfüllungsgrad sind nun auch Auswirkungen auf die Höhe des Anspruchsniveaus zu untersuchen.

Die Grundzüge einer derartigen Wirkungsanalyse müßten wie folgt verlaufen:

Zunächst ist es sinnvoll, von einem unveränderten Anspruchsniveau auszugehen. Werden dann beispielsweise restriktive finanzpolitische Maßnahmen durchgeführt (Erhöhung der Gewinnbesteuerung), so hängt die Wirkung davon ab, ob die Zielniveauerreichung weiterhin möglich bleibt. Ist dies der Fall, so braucht sich im privaten Sektor nichts zu ändern (ein Fall, der bei anderen Verhaltensweisen der Unternehmungen theoretisch nicht denkbar ist). Aber auch bei dem hier verwandten Ansatz ist ein solches Ergebnis nicht allzu wahrscheinlich, muß doch davon ausgegangen werden, daß die Unternehmungen vor Inkrafttreten der staatlichen Maßnahmen ihre geplanten Aktivitäten auf einen befriedigenden Zustand hin ausgerichtet hatten. Dieser befriedigende Zustand kann nun mit denselben Aktivitäten nicht mehr erreicht werden. Bleibt das Anspruchsniveau unverändert, so sind andere oder zusätzliche Aktivitäten zu ergreifen, die weiterhin ein Erreichen des bisher für befriedigend erachteten Zielniveaus ermöglichen. Ergebnis einer solchen Verhaltensweise wäre eine aktivitätsstimulierende Wirkung von restriktiven Maßnahmen; es handelt sich um den Fall der "Steuereinholung", [1] der auf das Investitionsverhalten bezogen bedeutet, daß unter bestimmten Voraussetzungen restriktive finanzpolitische Maßnahmen die Investitionstätigkeit ankurbeln können.

Eine Umkehrung des Effekts bei expansiven Maßnahmen (theoretische Folge: Investitionsminderungen) erscheint jedoch wenig plausibel: Dies würde ja bedeuten, daß das Anspruchs-

---

1) G. Schmölders, Allgemeine Steuerlehre, 4. Aufl., Berlin 1965, S. 184.

niveau konstant bliebe und deshalb die Aktivitäten geändert werden müßten, obwohl offensichtlich ist, daß mit gleichbleibenden geplanten Aktivitäten ein höheres Anspruchsniveau erreichbar wäre. Dieser Effekt würde aber den Gründen für den Übergang zur Anspruchsniveautheorie widersprechen, da es gerade informatorische Gründe waren, die das "Zufriedengeben" mit submaximalen Ergebnissen bewirkten. Hier aber läge die Information über ein höher erreichbares Zielniveau eindeutig vor; somit erscheint es sinnvoll, bei expansiven Maßnahmen nicht mit Konstanz des Anspruchsniveaus zu rechnen, sondern hier in jedem Fall Variationen zuzulassen. In diesem Fall ist je nach Umfang der Anspruchsniveauverschiebung mit Konstanz oder gar mit einer Zunahme der Aktivitäten (und damit auch der Investitionstätigkeit) zu rechnen.

Lassen wir eine solche Anspruchsniveauvariation auch in der Folge restriktiver finanzpolitischer Maßnahmen zu, so verschwindet auch hier der "paradoxe" Effekt der "Steuereinholung". Allerdings ist es hier ebenfalls ein Ergebnis des jeweiligen Umfangs der Anspruchsniveauverschiebung, ob die Aktivitäten der Unternehmungen konstant bleiben oder verändert (hier: gemindert) werden.

Um also mit Hilfe dieses Ansatzes zu Aussagen gelangen zu können, bedarf es einer Theorie der Anspruchsniveaubildung und -veränderung. Ohne diese handelt es sich um ein offenes Erklärungsraster, das jeder Überprüfbarkeit entbehrt und lediglich plausible Hypothesen anbietet, mit deren Hilfe bislang unerklärbare Vorgänge erklärbar zu werden scheinen. Prognostischen Wert erhalten sie erst durch Einbau einer Theorie des Anspruchsniveaus. [1] Dies dürfte jedoch keine

1) Diesem Problem wird weiter unten im Zusammenhang mit der Variabilität der Unternehmungsziele und damit der Investitionsbeziehung im Zeitablauf weiter nachgegangen werden.

lediglich mikroökonomisch fundierte Theorie sein, sondern sie müßte auch anwendbar sein auf die Verhaltensweise von Aggregaten, hier: der Unternehmerschaft als Ganzes.

d. Ergebnis

Die Abwendung von dem neoklassischen Ansatz des gewinnmaximierenden Unternehmers zur Berücksichtigung anderer und zusätzlicher Verhaltensweisen bedeutet gleichzeitig eine Abwendung von der Möglichkeit des Auffindens sicherer Aussagen. Dies zeigt eine Gegenüberstellung mit den Aussagen traditioneller Theorie.

Traditionelle investitionstheoretische Ansätze sind gekennzeichnet durch eine strenge Determinierung des Handelns der Unternehmungen. Der gesamte organisatorische und personenbezogene Bereich der Unternehmungen wird als "black-box" angesehen, von Bedeutung sind nur die Reiz-Reaktions-Mechanismen, die aus der Struktur der black-box resultieren. Es wird nicht analysiert, wie der Inhalt dieser black-box beschaffen ist, man bildet sich höchstens ein Modell-Konstrukt, welches zu analogen Ergebnissen wie der Reiz-Reaktions-Mechanismus in den Unternehmungen kommen soll.

Ein solches Konstrukt ist dann das rationale, gewinnmaximierende Verhalten der Unternehmungen: Mit Hilfe dieses Modell-Konstrukts, für das zu keiner Zeit eine empirische Grundlage gefunden werden konnte, [1] sollte der Output der black-box

---

1) Ja, nicht einmal nötig war, gefunden zu werden, vgl. F. Machlup, Theories of the Firm: Marginalist, Behavioral, Managerial, S. 27. Anders jedoch H.A. Simon, New Developments in the Theory of the Firm, AERP, Vol. 52 (1962), S. 1 ff., hier S. 8: "As empirical scientists, we can only hope that in time the case will be different, that we will have the facts to test competing theories."

aufgrund von Input-Variationen eindeutig bestimmbar sein. Die Unternehmung wurde angesehen als eine imaginäre, auf Stimuli der Umwelt festgelegt reagierende Institution. Machlup [1] bezeichnet die Unternehmung in dieser Sichtweise mit Begriffen wie "Roboter" oder "Marionette" und will damit ausdrücken, daß sie im klassischen Modell keinen eigenen Willen, keine eigenen Ziele haben kann, Wille und Ziele werden ihr von der Umwelt aufgezwängt.

Eine solche determinierte Handlungsweise ist aber nicht nur dem klassischen gewinnmaximierenden "Unternehmer" eigen. Auch der gemäß dem Akzelerationsprinzip handelnde Unternehmer ist durch Umweltänderungen vorgeprägt: "Like the quantity theory of money, the acceleration principle has little or no motivational content - a circumstance which must, particularly at the individual firm level, be counted as a substantial weakness. That is, the accelerator function simply implies that the typical entrepreneur behaves somewhat like a thermostat, noting when capacity is technically overtaxed and then initiating steps to remedy this deficiency." [2]

Derartige streng deterministische Ansätze lassen nur ganz bestimmte unternehmerische Verhaltensweisen zu, die als allgemeingültig angenommen werden bzw. von denen angenommen wird, daß sie sich im Durchschnitt ausgleichen werden. Diese Modelle sind in hervorragender Weise geeignet, präzise Aussagen über Art und Umfang der Einwirkung von Umweltveränderungen auf das Investitionsverhalten zu machen. "Die Präzision, die sie aufweisen, und sei es in vielen Fällen auch nur eine Scheinpräzision, sollte eine Herausforderung bleiben sie zumindest auf den Gebieten zu erreichen, wo

---

1) F. Machlup, Theories of the Firm, S. 27.

2) J.R. Meyer, E. Kuh, The Investment Decision, S. 14.

sie möglich und sinnvoll ist." [1)]

Demgegenüber stehen die unpräzisen, eine Vielzahl von Verhaltensmöglichkeiten offenlassenden Aussagen der verhaltenswissenschaftlichen Ansätze. Hier werden nicht lediglich Aussagen über input und output des schwarzen Kastens gemacht, sondern es wird versucht, ein realistisches Abbild des schwarzen Kastens selbst zu geben. Sobald aber dabei die Ziel- und Handlungsmöglichkeiten der Unternehmungen deutlich werden, können zunächst nur unbestimmte Aussagen gemacht werden. Die Erkenntnis der Unsicherheit der Unternehmungen hinsichtlich Gegenwart und Zukunft wirkt sich zunächst als Unsicherheit hinsichtlich des Ergebnisses ihrer Entscheidungsprozesse aus.

Die Erkenntnis einer Vielzahl von möglichen Zielen scheint zu einer Resignation hinsichtlich der Möglichkeit führen zu müssen, Aussagen über das Investitionsverhalten der Unternehmungen insbesondere bei sich wandelnder Umwelt, also im Konjunkturverlauf, machen zu können.

Hier einen Mittelweg zwischen der Skylla einer vorgespiegelten Sicherheit (in der neoklassischen Theorie) und der Charybdis einer agnostizistischen Resignation zu suchen, scheint die einzige Möglichkeit zu sein, um auch weiterhin Aussagen über das Investitionsverhalten und damit über die Wirksamkeit entsprechender finanzpolitischer Maßnahmen machen zu können, die weder rein modelltheoretisch und damit empirisch leer noch lediglich Ad-hoc-Hypothesen und damit ebenfalls empirisch leer sind. Dies kann auf unterschiedliche Weisen versucht werden:

---

1) K.W. Rothschild, Macht: Die Lücke in der Preistheorie, in: H.K. Schneider u. Ch. Watrin (Hg.), Macht und ökonomisches Gesetz, Schriften des Vereins für Socialpolitik, N.F., Bd. 74/II, Berlin 1973, S. 1110.

Erstens kann prinzipiell das neoklassische Paradigma zugrunde gelegt werden, das dann durch einige Erweiterungen zur Berücksichtigung zusätzlicher Einflußfaktoren instand gesetzt wird. (Dies geschah bereits oben in Kapitel 4.)

Zweitens kann die Unvollkommenheit der Finanzmärkte, ihre Veränderung durch Beachtung von Risiko und Unsicherheit in den Vordergrund gestellt werden. Dann ist es das Liquiditätsziel, das für die Aktivitäten, insbesondere die Investitionsfähigkeit maßgeblich ist. Das Verhalten der Unternehmungen kann zwar weiterhin als gewinnmaximierend interpretiert werden, es sind nun aber die Beschränkungen auf dem Markt, die der Liquiditätslage der Unternehmungen eine besondere Rolle verleihen. Damit erhält die Wirkungsanalyse der finanzpolitischen Aktivitäten eine zusätzliche Dimension. (Kapitel 6.)

Drittens ist der mechanistische Ansatz der Ersatzinvestitionen in der neoklassischen Investitionstheorie in Frage zu stellen. Alternative Ansätze berücksichtigen zum einen die Liquiditätslage, zum anderen die Wechselwirkung zwischen Netto- und Ersatzinvestitionen. Erst dann erscheint es möglich, auch und gerade die Ersatzinvestitionstätigkeit zu beeinflussen. (Kapitel 7.)

Viertens kann gezeigt werden, wie ein Verhalten der Unternehmungen gemäß der Anspruchsanpassungstheorie zu einer variablen Investitionsbeziehung im Konjunkturverlauf führen kann. Diesen Veränderungen müßte sich die Finanzpolitik anpassen, um erfolgreich zu sein. (Kapitel 8.)

Schließlich ist der bislang vernachlässigte zeitliche Vollzug der Investitionstätigkeit als maßgeblicher Einflußfaktor der Wirksamkeit finanzpolitischer Maßnahmen mit einzubeziehen. Die Berücksichtigung von Wirkungsverzögerungen paßt zwar von ihrem Ansatz her kaum in das neoklassische Paradigma, obwohl sie dort bei empirischen Schätzungen stets verwendet werden. In erweiterter Interpretation aber läßt sich erst die Verhaltensabhängigkeit dieser Wirkungsverzögerungen zeigen, lassen sich erst Ansatzpunkte finden, um sie zu verkürzen und in das Kalkül des Wirtschaftspolitikers bei der Ausgestaltung und dem zeitlichen Einsatz seiner Instrumente einbeziehen zu können. (Kapitel D.)

6. Liquiditätswirkungen der Fiskalpolitik und ihre Bedeutung für die Investitionsentscheidungen

a. Die Liquiditätstheorie der Investition

I. Gewinn- versus Liquiditätstheorie

Weder in der Akzelerator-Theorie noch in der neoklassischen Investitionstheorie spielen Finanzierungsprobleme eine Rolle. Die Finanzmärkte werden in beiden Ansätzen als derart vollkommen angenommen, daß der Kapitalfonds jederzeit ausreicht, um den Kapitalbedarf [1] der Investoren zu decken. Zwar wird zumindest in der neoklassischen Theorie der Zins nicht als unbedeutend angesehen - im Gegenteil, er ist hier sogar eine wichtige Determinante der Höhe der Kapitalbereitstellungskosten; aber seine Wirkung erstreckt sich lediglich darauf, ein Kostenbestandteil zu sein sowie als Hilfsmittel zu dem Zwecke zu dienen, daß sämtliche zukünftigen Zahlungen in zeitlicher Hinsicht miteinander vergleichbar gemacht werden können. Die Tatsache, daß neben ihren Einflüssen auf die Zinshöhe der Umfang an potentiellen Finanzierungsmitteln an sich ein Problem sein kann, bleibt stets unberücksichtigt.

---

1) Die Begriffe "Kapitalfonds" und "Kapitalbedarf" wurden im Sinne der Gegenüberstellung von Gutenberg gewählt. Siehe E. Gutenberg, Grundlagen der Betriebswirtschaftslehre, 3. Bd.: Die Finanzen, S. 2 f.

Verläßt man diese einschränkende Prämisse, so gelangt man zu zusätzlichen Determinanten der Investitionsentscheidungen, die auf einer anderen Ebene liegen als die Determinanten, die mit Hilfe der neoklassischen Hypothese gefunden werden können. Diese andere Ebene wird allerdings dann nicht deutlich, wenn von einer Gewinn-Theorie der Investition gesprochen wird. Denn eine direkte oder indirekte Gewinnabhängigkeit ist in den meisten Investitionstheorien gegeben: Die "autonomen" Investitionen bei Schumpeter werden in Erwartung von Gewinnmöglichkeiten getätigt, die Akzelerator-Theorie ist dann eine Gewinn-Theorie, wenn die Gewinne mit den Umsätzen korreliert sind, und in der neoklassischen Theorie sind es die längerfristigen Gewinne, die von den Unternehmungen maximiert werden. Offensichtlich aber ist es jeweils ein anderer Aspekt der Größe "Gewinn", der für maßgeblich gehalten wird.

In der neoklassischen Theorie wird der Incentive-Effekt der Gewinne in den Vordergrund gestellt. Dann können es aber immer nur die zukünftigen Gewinne sein, deren Erwartung eine Wirkung in den Unternehmungen entfaltet. Gegenwärtige oder vergangene Gewinne spielen höchstens eine Rolle bei der Erwartungsbildung hinsichtlich der zukünftigen Gewinne, nur durch Extrapolation in die Zukunft können sie die Investitions<u>neigung</u> verändern.

Eine andere Bedeutung kommt den vergangenen und gegenwärtigen Gewinnen jedoch dann zu, wenn die Finanzmärkte nicht vollkommen sind und sich von daher oder aus anderen Gründen in den Unternehmungen Präferenzen für die Finanzierung von Investitionen aus Gewinnen ergeben. Diese Präferenzen kommen dann zur Auswirkung, wenn zwar aus irgendwelchen Gründen Investitionen "gewünscht" werden, diese aber mangels hinreichender Gewinnhöhe in jüngster Vergangenheit und Gegenwart nicht finanzierbar sind. Die gegebene Investitionsneigung kommt dann mangels ausreichender Investitions<u>fähigkeit</u> der Unternehmungen nicht zum Zuge.

Zwar werden Investitionsneigung und Investitionsfähigkeit jeweils durch "die Gewinne" beeinflußt, aber eine zeitliche Spezifikation des Gewinnbegriffs zeigt, daß hier in Wirklichkeit zwei klar zu trennende Gewinn-Theorien vorliegen: [1] Im einen Fall sind die langfristigen, andauernden Gewinne maßgeblich, im anderen Fall hat die kurzfristige, aktuelle Gewinnlage eine Bedeutung. Entsprechend unterschiedlich müssen die konjunkturpolitischen Vorgehensweisen je nach Gültigkeit der alternativen Theorien ausgestaltet sein.

Während der erste Fall durch die Diskussion der Akzelerator- und neoklassischen Investitionstheorie hinreichend erörtert ist, gilt es nun, die zweite Gewinn-Theorie und ihre Implikationen für fiskalpolitische Vorgehensweisen zu analysieren. Dabei soll durch Verwendung des Begriffs "Liquiditäts-Theorie" statt "Gewinn-Theorie" deutlich gemacht werden, daß es der kurzfristige Liquiditätsaspekt [2] der Gewinne ist, der hier als Determinante der Investitionsnachfrage im Vordergrund steht. Außerdem wird durch diese Begriffsbildung auch verdeutlicht, daß als Mittel der Innenfinanzierung nicht allein die Gewinne, sondern auch die verdienten Abschreibungen der jeweiligen Periode zur Verfügung stehen. Da jedoch im Gegensatz zu den Periodengewinnen die Höhe der jeweils verdienten Abschreibungen kaum direkt mit fiskalpolitischen Mitteln beeinflußbar ist, wird der Höhe der Gewinne naturgemäß das größere Interesse gewidmet.

---

1) So auch D.W. Jorgenson, Econometric Studies of Investment Behavior: A Survey, S. 1111 f.

2) Da die Liquidität weniger zur Aufrechterhaltung der Zahlungsfähigkeit, sondern mehr als Finanzierungsgrundlage von Investitionen bedeutsam ist, könnte man auch von "Finanzierbarkeits-Theorie" sprechen. Dies ist aber weder eine glückliche Begriffsbildung noch verhilft dieser Begriff zu zusätzlichen Einsichten, denn für Finanzierungsvorgänge müssen zunächst einmal liquide Mittel vorhanden sein.

Grundlage dieser Liquiditätstheorie der Investition ist die große Bedeutung, welche die Innenfinanzierungsmöglichkeiten einer Unternehmung für die unternehmerischen Entscheidungen haben. Neben ihrem Einfluß auf das finanzielle Gleichgewicht der Unternehmung, das aber auch trotz Gewinnerzielung gefährdet sein kann, [1] ergeben sich in den Unternehmungen hauptsächlich deshalb Präferenzen für eine Innenfinanzierung von Investitionen, da so die Unabhängigkeit der Unternehmungen leichter zu bewahren ist,sowie wegen der geringeren Kosten gegenüber anderen Finanzierungsformen. [2]

Während das zweite Argument ökonomischen Analysen zugänglich ist, muß für eine Wertung des ersten Arguments auf empirische Zielforschungen zurückgegriffen werden. Diese haben ergeben, daß die Unternehmungen in hohem Maße daran interessiert sind, ihre Entscheidungen soweit möglich unabhängig von Einflußnahmen Außenstehender fällen zu können. [3] Diese Unabhängigkeit kann aber nur gewahrt bleiben, wenn in möglichst geringem Umfang auf externe Finanzierung zurückgegriffen wird. Wenn also zusätzliche Investitionen "an sich" erstrebt werden, eine Finanzierung mangels hinreichender Gewinne aber nur über umfangreiche Außenfinanzierung möglich ist, wird bei starkem Unabhängigkeitsstreben das gewünschte Investitionsvolumen in geringerem Umfang realisiert, als wenn die Finanzierung voll über Gewinne und Abschreibungen vorgenommen werden könnte.

Die traditionelle, ökonomische Argumentation aber begründet die Präferenz für Innenfinanzierung von den Kosten her.

---

1) Siehe E. Gutenberg, Grundlagen der Betriebswirtschaftslehre, Bd. 3: Die Finanzen, S. 272 ff.

2) Eine ausführlichere Diskussion verschiedener Argumente hinsichtlich der Präferenz für Innenfinanzierung findet sich bei J.R. Meyer, E. Kuh, The Investment Decision, S. 17 ff.

3) E. Heinen, Das Zielsystem der Unternehmung, S. 77.

II. Die Finanzierungsquellen von Investitionen und ihre Kosten

Als Finanzierungsquellen von Investitionen können unterschieden werden [1])

- die Innenfinanzierung, im wesentlichen umfassend die Finanzierung aus einbehaltenen Gewinnen und aus verdienten Abschreibungen,
- die Fremdfinanzierung bei Kreditinstituten oder am Kapitalmarkt sowie
- die Eigenfinanzierung durch Emission von Eigenkapitalanteilen.

Die beiden letzteren Finanzierungsformen können als Außenfinanzierung zusammengefaßt werden. Diese Begriffsbildung verdeutlicht noch einmal, daß bei der ersteren Form Marktvorgänge direkt ohne Einfluß sind, während die beiden ananderen Formen an Marktgegebenheiten (und damit an unternehmungsexterne Entscheidungsprozesse) gebunden sind.

Zur Ermittlung der Kosten dieser Finanzierungsformen [2]) kann zunächst von dem Modell eines vollkommenen Marktes für Finanzierungsmittel ausgegangen werden, auf dem jederzeit zum Markt-Zinssatz in unbegrenzter Menge Geld in mit bestimmtem Risiko behafteten Anlagen angelegt werden kann; umgekehrt kann von Finanzmittel-Nachfragern mit Anlagen dieses bestimmten Risikos jederzeit in unbegrenzter Menge Geld zu eben diesem Markt-Zinssatz aufgenommen werden.

---

1) Die Begriffsbildung folgt R. Wittgen, Art. Finanzierungsformen und -arten, in: E. Grochla, W. Wittmann (Hg.), Handwörterbuch der Betriebswirtschaft, Stuttgart 1974, Sp. 1436 ff.

2) Eine ausführliche Darstellung dieser Zusammenhänge findet sich bei J.S. Duesenberry, Business Cycles and Economic Growth, S. 87 ff. Es mag hier genügen, die Ergebnisse abrißartig zusammenzufassen.

Die Kosten von Fremd- und Eigenfinanzierung (durch Emission von Eigenkapitalanteilen) müssen offensichtlich - soweit nicht zusätzliche Umstände zu berücksichtigen sind - gleich sein, da ansonsten Substitutionsvorgänge stattfinden. Und die Kosten der Innenfinanzierung - die immer nur kalkulatorische Kosten sein können - werden in der Kalkulation der Unternehmungen nicht von diesem Marktzinssatz abweichen, der die Opportunitätskosten der Eigenverwendung dieser Finanzierungsmittel darstellt. Unter diesen Umständen ist die Wahl der Finanzierungsart willkürlich.

Bei Verlassen der Annahme eines vollkommenen Marktes für Finanzierungsmittel sind im wesentlichen zwei Aspekte zu beachten, die zu einer Kostendifferenz zwischen den verschiedenen Finanzierungsarten führen, nämlich das unterschiedliche Risiko, das diesen Finanzierungsarten anhaftet, sowie die unterschiedliche steuerliche Behandlung, die die verschiedenen Finanzierungsformen erfahren.

Grundsätzlich entstehen bei Innenfinanzierung Kosten in Höhe der Erträge der besten alternativen Verwendung. Die alternative Verwendung [1] ist Ausleihe dieser Mittel zum Marktzins auf dem Markt für Fremdkapital, und zwar unter Berücksichtigung der steuerlichen Gegebenheiten.

Bei Fremdfinanzierung steigt gegenüber Innenfinanzierung das Risiko der Unternehmung; denn bei in der Zukunft mög-

---

1) Die Dividendenentscheidungen werden zur Vereinfachung nicht mit in die Analyse einbezogen, d.h. es wird von der Hypothese ausgegangen, daß die Unternehmungen im Zeitablauf eine Konstanz des Dividendensatzes anstreben. Siehe hierzu J. Lintner, Distribution of Incomes of Corporations among Dividends, Retained Earnings and Taxes, AER, Vol. 46 (1956), S. 97 ff. Die Interdependenz der unternehmerischen Entscheidungen hinsichtlich Dividendenhöhe, Investitionsumfang sowie Fremdfinanzierungshöhe wird ausführlich untersucht von P.J. Dhrymes, M. Kurz, Investment, Dividend, and External Finance Behavior of Firms, in: R. Ferber (ed.), Determinants of Investment Behavior, S. 427 ff.

licher rückläufiger Entwicklung des Fonds an Finanzierungsmitteln sind die Kosten der Fremdfinanzierung als fix und unausweichlich anzusehen und können somit (vereinfacht ausgedrückt) den Bestand der Unternehmung gefährden, während die Verzinsung der intern aufgebrachten Mittel in solchen Zeiten durchaus ohne derart schwerwiegende Folgen unterlassen werden kann. Zu dem Marktzins für Fremdfinanzierungsmittel ist also - ohne daß dies explizit zum Ausdruck kommt - ein Risikoanteil hinzuzufügen, der bei den kalkulatorischen Kosten der Innenfinanzierung nicht zu berücksichtigen ist. Dies bedeutet, daß grundsätzlich diese kalkulatorischen Kosten als geringer als die Fremdkapitalkosten angesehen werden; außerdem kann aus dieser Überlegung geschlossen werden, daß bei steigendem Verschuldungsgrad der Unternehmung die Kosten der Fremdfinanzierung ansteigen werden.

Die Finanzierung über Emission zusätzlicher Eigenkapitalanteile ist insbesondere aufgrund der unterschiedlichen steuerlichen Behandlung der Erträge beider Finanzierungsarten teurer als die Fremdfinanzierung. Die steuerliche Absetzbarkeit der Fremdfinanzierungskosten bewirkt, daß allein von daher die Fremdfinanzierung nur etwa halb so teuer ist wie die Eigenfinanzierung. Es muß also ein sehr hoher Verschuldungsgrad mit entsprechend gestiegenem Risiko oder eine prinzipiell große Risiko-Aversion vorliegen, bis Fremdfinanzierung teurer als Eigenfinanzierung über Emission von zusätzlichen Eigenkapitalanteilen wird.

Aus diesen beiden - hier kurzgefaßten - Vergleichen läßt sich die Kostenrangfolge der drei Finanzierungsformen ableiten: [1] Innenfinanzierng ist die billigste Finanzierung. Sobald ihre Möglichkeiten ausgeschöpft sind, ist es

---

1) J.S. Duesenberry, Business Cycles and Economic Growth, S. 96.

für die Unternehmungen vorteilhaft, zu Fremdfinanzierung überzugehen, die bei wachsendem Verschuldungsgrad immer teurer wird, bis sich schließlich die Finanzierung über Emission zusätzlicher Eigenkapitalanteile angesichts des steigenden Risikos aus der Verschuldung als weniger teuer erweist. Damit ist die Präferenz der Unternehmungen für Innenfinanzierung auch von den Finanzierungskosten her begründet.

Zu beachten ist, daß gegenüber der neoklassischen Investitionstheorie die Voraussetzungen geändert worden sind: die Kapitalkosten sind nicht mehr (wie auf einem vollkommenen Markt) unabhängig vom Umfang der Kapitalnachfrage, sondern steigen mit dieser Nachfrage an.

b. Der Einfluß fiskalpolitischer Parameter auf die Liquidität der Unternehmungen

I. Die allgemeine fiskalpolitische Vorgehensweise

A) Die Beeinflussung des Potentials für Innenfinanzierung

Wie auch immer im einzelnen vorgegangen wird, es ist grundsätzliches Kennzeichen der Finanzpolitik, daß sie mit ihren konjunkturpolitischen Maßnahmen auf eine Veränderung des Umfangs der Innenfinanzierungsmöglichkeiten der Unternehmungen hinwirkt; [1] demgegenüber versucht die Geldpolitik, den Umfang der Fremdfinanzierungsmöglichkeiten sowie deren Kosten zu verändern. Bildet man nun aus der oben angegebenen Kostenrangfolge eine Kapital-

1) Auf die Sonderstellung von staatlichen Bürgschaften, Krediten sowie Zinssubventionen wird in anderem Zusammenhang noch eingegangen werden.

angebotskurve, die vollkommen elastisch ist, solange eine Innenfinanzierung möglich ist, und anschließend steigende Kapitalkosten aufweist, so läßt sich leicht nachweisen, daß die Wirkung der Geldpolitik durch die jeweilige Finanzpolitik beeinflußt wird und daß die Wirksamkeit der Finanzpolitik von dem Ausgangszustand der Wirtschaft entscheidend abhängt.

Finanzpolitische Maßnahmen schlagen sich nieder als Verlängerung (Verkürzung) des vollkommen elastischen Teils der Kapitalangebotskurve. Damit wird gleichzeitig der Beginn sowie die sonstige Lage des weniger elastischen Teils dieser Kurve, der zumindest teilweise durch den Einfluß der Geldpolitik auf die Kapitalkosten determiniert wird, verschoben. Die Finanzpolitik verkleinert (vergrößert) also den Bereich der geldpolitischen Wirksamkeit.

Unter Einbeziehung einer Kurve der Grenzleistungsfähigkeit des Kapitals [1] läßt sich weiterhin sagen, daß bei Konstanz dieser Kurve [2] die finanzpolitischen Instrumente nur dann erfolgreich eingesetzt werden können, wenn der Schnittpunkt von Kapitalangebotskurve und Kurve der Grenzleistungsfähigkeit des Kapitals nicht vor und nach Ersatz der Instrumente im vollkommen elastischen Teil der Kapitalangebotskurve liegt. Hieraus läßt sich ein allgemeines Charakteristikum solcher Maßnahmen ableiten, die auf die Liquidität der Unternehmungen zielen: Schneiden sich beide Kurven vor Maßnahmeneinsatz im vollkommen elastischen Teil der Kapitalangebotskurve, so können zwar restriktive Maßnahmen den Schnittpunkt durch Verkürzung des vollkommen elastischen Bereichs der Kapitalangebotskurve in den Bereich steigender Kapitalkosten verschieben. Expansive Maßnahmen bleiben je-

1) J.S. Duesenberry, Business Cycles and Economic Growth, S. 49 ff.

2) Diese (unrealistische) Annahme ist notwendig, um die Liquiditätseffekte isoliert untersuchen zu können. Zur Problematik gleichzeitiger Veränderungen beider Kurven siehe M.K. Evans, Macroeconomic Activity, S. 91 ff.

doch - da sie sich nur in einer Ausweitung dieses Bereichs auswirken, die ohne Bedeutung für den Schnittpunkt bleibt - ohne Einfluß auf die Investitionshöhe, soweit die Grenzleistungsfähigkeit des Kapitals von diesen Maßnahmen nicht tangiert wird. Bei kontraktiver Politik braucht folglich die Maßnahme nur hinreichend stark ausgestaltet zu werden (wobei hier Nebenwirkungen unbeachtet bleiben), bei expansiver Politik ist die Ausgangslage entscheidend.

Betrachten wir nun die wahrscheinliche Ausgangslage, so wird der pessimistische Ansatz der reinen Liquiditätstheorie der Investition für expansive Liquiditätspolitik deutlich. Denn in Zeiten abgeflauter Wirtschaftstätigkeit ist die Investitionsneigung gering, so daß der Schnittpunkt beider Kurven im Bereich des elastischen Teils der Kapitalangebotskurve liegt. Reine Liquiditätseffekte sind dann wirkungslos. Anders bei restriktiver Politik: In Zeiten eines Booms ist die Investitionsneigung hoch, der Schnittpunkt beider Kurven liegt im weniger elastischen Teil der Kapitalangebotskurve. Reine Liquiditäts-Maßnahmen verschieben die Lage dieses weniger elastischen Teils der Kapitalangebotskurve nach links und rufen somit stark kontraktive Wirkungen hervor. Ist die Beschreibung der Ausgangslagen realistisch, so zeigt sich die asymmetrische Wirkung finanzpolitischer Maßnahmen im Konjunkturverlauf, soweit die reinen Liquiditätseffekte angesprochen sind. [1)]

1) An dieser Möglichkeit knüpfen z.T. die Hypothesen zur Variabilität der Investitionsbeziehung in Kapitel C.8. an.

B) Die Bedeutung von fiskalischen Transaktionen mit der Notenbank

Bisher wurden die Liquiditätseffekte lediglich auf einzelwirtschaftlicher Ebene problematisiert. Bei einer solchen Betrachtungsweise bleibt scheinbar unberücksichtigt, daß bei materiell ausgeglichenem öffentlichen Haushalt den Liquiditätsentzugswirkungen restriktiver fiskalpolitischer Maßnahmen auf der anderen Seite Liquiditätsausweitungen im Wege der Wiederverausgabung der finanziellen Mittel (z.B. durch erhöhte Staatsausgaben) gegenüberstehen (Entsprechendes folgt bei steuerfinanzierten Liquiditätsausweitungen). Aus einer solchen Argumentation folgt dann die Forderung, antizyklische finanzpolitische Maßnahmen sollten stets mit entsprechenden Transaktionen bei der Notenbank verbunden sein, wo die erhöhten Staatseinnahmen stillzulegen wären oder aber mit deren Hilfe zusätzliche Staatsausgaben (z.B. Investitionsprämien) zu finanzieren wären. [1]

So unbestritten es ist, daß Notenbank-Transaktionen die Wirkung von antizyklischen Maßnahmen des Staates verstärken können, so kann doch nicht davon ausgegangen werden, daß die fiskalpolitischen Maßnahmen ohne gleichzeitige Veränderungen der Geldbasis unwirksam wären. Letzteres wäre nur dann der Fall, wenn Liquiditätsentzug und -wiederzuführung bei identischen Wirtschaftssubjekten oder zumindest in gleichen Wirtschaftssektoren vollzogen würden. Da dies insbesondere dann nicht der Fall ist, wenn die fiskalpolitischen Maßnahmen nur an einzelnen wirtschaftlichen Tatbeständen ansetzten (also hier: an der Investitionstätigkeit), muß auch Veränderungen von Budgetumfang und/ oder -struktur bei ausgeglichenem Haushalt eine (Dis-) Incentive-Wirkung im betroffenen Wirtschaftsbereich zugeschrieben werden. Dies gilt vor allem auf kurze Sicht

1) So u.a. F. Neumark, Fiskalpolitik und Wachstumsschwankungen, S. 82.

- längerfristig entscheidet der volkswirtschaftliche Kreislauf darüber, ob die gesamtwirtschaftliche Liquidität anders oder gleich gegenüber dem ursprünglichen Zustand verteilt wird. Eine entsprechende mittelfristige Analyse müßte gleichzeitig Einnahme- und Ausgabewirkungen einbeziehen. [1]

Lediglich aus analytischen Vereinfachungsgründen könnte es sich empfehlen, stets von parallelem Einsatz von Transaktionen mit der Notenbank bei der Diskussion antizyklischer Maßnahmen auszugehen. Das würde jedoch bedeuten, daß stets neben den reinen Incentive-Effekten auch Geldmengeneffekte zu berücksichtigen wären, womit indirekt eine Wirkungsanalyse geldpolitischer Maßnahmen verbunden wäre.

Dieser Ansatz scheint für die vorliegenden Fragestellungen zu umfassend zu sein. Statt dessen kann in einem kurzfristigen, partialanalytischen Ansatz auch von der Alternativhypothese ausgegangen werden, die fiskalpolitischen Maßnahmen führten im Investitionssektor zunächst in vollem Umfang zu einer Liquiditätsausweitung (-einengung), während in anderen Sektoren gegenläufige Liquiditätseffekte eintreten. [2]

Damit wird nicht bestritten, daß in der Regel eine Unterstützung der investitionsorientierten fiskalpolitischen Maßnahmen durch Notenbanktransaktionen die Wirksamkeit der Maßnahmen verstärken wird - jedoch enthält diese letzte Aussage nicht mehr an Informationsgehalt als die Feststellung, daß gleichgerichtete Fiskal- und Geldpolitik effizienter sind als der Einsatz einer der beiden Vorgehens-

---

1) Dies wäre die "Inzidenz des ausgeglichenen Budgets" nach R.A. Musgrave, Finanztheorie, S. 162.

2) Diese Effekte dürfen kurzfristig weder direkt noch indirekt einen Einfluß auf die Investitionshöhe haben.

weisen isoliert. Bei der Analyse fiskalpolitischer Maßnahmen empfiehlt es sich zur Verdeutlichung ihrer Eigenarten, keine gleichzeitigen Geldmengeneffekte zuzulassen.

II. Die Liquiditätswirkungen im einzelnen

Bei der Prüfung, in welchem Maße die einzelnen fiskalpolitischen Maßnahmen geeignet sind, Liquiditätseffekte zu bewirken, nehmen die staatlichen Kredite, Bürgschaften und Zinssubventionen eine Sonderstellung ein. Diese Maßnahmen sind direkt darauf ausgerichtet, die Kosten der Fremdfinanzierung zu senken und damit die Kapitalangebotskurve in ihrem weniger elastischen Bereich nach unten zu verschieben. Auf die Äquivalenz der einzelwirtschaftlichen Wirkungen zu denen der Geldpolitik, die sich bei allgemeiner Anwendung dieser Maßnahmen ergibt, wurde bereits hingewiesen.[1] Wirksam kann eine solche Vorgehensweise nur sein, wenn die Kurve der Grenzleistungsfähigkeit des Kapitals die Kapitalangebotskurve in deren weniger elastischem Bereich schneidet, da nur die Fremdkapitalkosten für die Unternehmungen vermindert werden. Falls also in der Rezession, in der ja ein Einsatz solcher Maßnahmen lediglich sinnvoll ist, die Investitionsneigung derart gering ist, daß dieser Schnittpunkt sich im elastischen Teil der Kapitalangebotskurve befindet, können diese fiskalpolitischen Maßnahmen analog zur Geldpolitik wirkungslos bleiben.

Es ist ein Kennzeichen der übrigen fiskalpolitischen Instrumente, daß sie sämtlich den Umfang an liquiden Mitteln verändern, der für Innenfinanzierung von Investitionen zur Verfügung steht. Damit liegt aber nicht bereits fest, daß die liquiden Mittel auch für diesen Zweck verwandt werden. Möglich sind einerseits auch Veränderungen der allgemeinen Liquiditätsplanungen oder aber besonders Einflüsse auf die

---

1) S. 58 f.

Ausschüttungspolitik der Unternehmungen. Von derartigen Effekten wird hier unter der Hypothese abgesehen, daß Dividendenpolitik erstens unter einem längerfristigen Aspekt betrieben wird und zweitens es als Ziel der Unternehmungen bezeichnet werden kann, Dividendenzahlungen jeweils in weitgehend konstanter Höhe vorzunehmen. [1]

Bei einer Beurteilung der einzelnen Liquiditätseffekte ist die Frage nach der Höhe der Liquiditätswirkungen von der Frage nach ihrem zeitlichen Anfall zu trennen. Denn eine stark liquiditätsverändernde Maßnahme ist bei Gültigkeit der Liquiditätstheorie der Investition dann wenig wirksam, wenn die Liquiditätseffekte etwa erst nach einem Zeitraum von über einem Jahr eintreten.

A) Die Höhe der Liquiditätswirkungen

Hinsichtlich der Höhe der Auswirkungen der einzelnen Maßnahmen auf die Liquidität der Unternehmungen können kaum sinnvolle Angaben zu Vergleichszwecken gemacht werden, ohne daß weitere Annahmen eingeführt werden. Denn es erscheint willkürlich, eine 10%ige Investitionsprämie mit einem 10%igen Abzug von der Steuerschuld oder einer 10%igen Sonderabschreibung zu vergleichen. [2] Bei einer solchen Gegenüberstellung würde Unvergleichbares miteinander verglichen, da Investitionsprämie und Sonderabschreibung qualitativ unterschiedliche Instrumente darstellen.

Statt dessen gilt die grundsätzliche Feststellung, daß ein quantitativ gleicher Liquiditätseffekt prinzipiell mit

---

1) Siehe S. 188, Fußnote 1.

2) Ein derartiger Vergleich wird vorgenommen von D. Schneider, Investition und Finanzierung, S. 328 f.

sämtlichen Instrumenten erreicht werden kann. Soll also eine bestimmte Liquiditätsveränderung im Unternehmenssektor durchgesetzt werden, kann bei entsprechender Ausgestaltung auf jedes der in Kapitel B.2. [1] dargestellten Instrumente zurückgegriffen werden.

Die Auswahl zwischen diesen Instrumenten hängt dann ab von der Wertung der alternativen Bedingungen, unter denen bei diesen Instrumenten die Liquiditätseffekte eintreten. Mit dieser Problembeschreibung gewinnen die jeweiligen Charakteristika dieser Instrumente an Bedeutung, die in Kapitel B.2. bereits dargestellt wurden.

Dies gilt jedoch nicht uneingeschränkt. Vielmehr ist eine klare Trennung zu ziehen zwischen den Maßnahmen, die unabhängig von der Investitionstätigkeit der Unternehmen zur Auswirkung kommen (B.2.a.), und solchen Maßnahmen, die nur in investierenden Unternehmungen Auswirkungen hervorrufen (B.2.b.). Während nämlich die Liquiditätswirkungen der ersten Maßnahmen von der jeweiligen Gewinnhöhe und damit von einer Vielzahl von Einflußfaktoren abhängen, die zwar nicht im einzelnen, aber doch in ihrer Gesamtheit, also als Gewinn, relativ gut ex ante bestimmbar sind, tritt der Liquiditätseffekt der unter B.2.b. aufgezählten Maßnahmen in Abhängigkeit vom Erfolg der jeweiligen Maßnahme auf. Denn je höher der Erfolg einer Investitionsprämie ist, desto höher ist die Liquiditätswirkung in den Unternehmungen, und je höher der Erfolg einer Investitionsteuer, desto geringer die Liquiditätseinengung.

Es zeigt sich also, daß bei den unter B.2.b. genannten Maßnahmen (Abschreibungsvariationen und Variationen der Investitionskosten) der Liquiditätseffekt direkt an den Erfolg des Maßnahmeeinsatzes geknüpft ist, während er bei den anderen Maßnahmen unabhängig vom Maßnahmeerfolg ein-

---

1) Hier und im folgenden werden die Besonderheiten von Zinssubventionen, staatlichen Bürgschaften und Krediten nicht gesondert erwähnt.

tritt. Damit ist die Höhe des Liquiditätseffekts bei den ersteren Maßnahmen ex ante weitgehend unbestimmbar, bei Gewinnsteuervariationen hängt sie von der Möglichkeit der Gewinnvorausschätzungen ab.

Die Tatsache, daß aktuelle Liquiditätseffekte bei Maßnahmen, die an der Gewinnsteuerpflicht anknüpfen, nur dann auftreten, wenn die Unternehmungen in der relevanten Periode Gewinne aufweisen, braucht bei der Bekämpfung eines Booms nicht allzu schwer gewertet zu werden, ist aber in der Rezession als Effizienzhindernis anzusehen. Möglicherweise sprechen allokationspolitische Gründe für eine derartige Vorgehensweise, unter rein konjunkturpolitischen Gesichtspunkten ist sie solchen Instrumenten unterlegen, die unabhängig von der Gewinnsituation zur Auswirkung gelangen wie Investitionsprämie und -steuer.

B) Die zeitliche Verteilung der Liquiditätswirkungen

Entscheidend im Sinne liquiditätstheoretischer Ansätze des Investitionsverhaltens ist zusätzlich eine Differenzierung der Maßnahmen danach, wann die Liquiditätseffekte im einzelnen auftreten. Denn diesem Ansatz gemäß kann nur die jeweils aktuelle Liquiditätsausstattung Wirksamkeit hinsichtlich der Finanzierbarkeit der Investitionen entfalten; Liquiditätswirkungen in der Zukunft können nur bei längerfristigen Liquiditätsplanungen bedeutsam werden, nicht aber in der Gegenwart die Finanzierung von Investitionen erleichtern oder erschweren.

Bei der Prüfung der zeitlichen Verteilung der Liquiditätseffekte ist zu unterscheiden, ob sie ein ursprüngliches Charakteristikum des einzelnen Instruments ist oder ob sie lediglich aufgrund bestimmter steuer- oder ausgabenrechtlicher Ausgestaltungsweisen zustande kommt. Im ersten Falle würde eine negative zeitliche Verteilung das Instrument für konjunkturpolitische Zwecke disqualifizieren, im zweiten Falle brauchte lediglich die steuer- oder ausgabentechnische Ausgestaltung an die konjunkturpolitischen Notwendigkeiten adjustiert zu werden.

Für die Liquiditätseffekte der gewinnsteuerlichen Maßnahmen ist entscheidend, wie die Anpassungsmöglichkeiten der Vorauszahlungen ausgestaltet und mit welcher Zeitverzögerung die Steuerbescheide und damit die Abschlußzahlungen dem eigentlichen Wirtschaftsjahr folgen. Eine ideale Ausgestaltung läge vor, wenn die Vorauszahlungen sowohl jederzeit Gewinnveränderungen der Unternehmungen nachvollziehen würden als auch jeweils direkt im Anschluß an den Einsatz konjunkturpolitischer Maßnahmen den veränderten Gegebenheiten angepaßt werden könnten.

Während das zweite Erfordernis theoretisch leicht zu erfüllen ist und lediglich verwaltungstechnische Probleme aufwirft, zeigt sich, daß die Erfüllung des ersten Erfordernisses asymmetrisch über expansive und kontraktive Phasen verteilt ist. Denn zur Anpassung der Vorauszahlungen an Änderungen in den Gewinn-Verhältnissen sind Informationen über ebendiese Veränderungen notwendig, die nur in den Unternehmungen selbst vorhanden sind. Die Unternehmungen aber werden diese Informationen nur weitergeben, wenn das zu erwartende Ergebnis für sie günstig ist, sich also Senkungen der Vorauszahlungen ergeben.

Im anderen Falle werden die Unternehmungen bestrebt sein, die Erhöhung der Steuerpflicht sich erst in den Abschlußzahlungen auswirken zu lassen. Die beschleunigte Anpassung der Steuervorauszahlungen - oben als eigenständiges konjunkturpolitisches Instrument qualifiziert - ist also eigentlich ein Hilfsmittel zur Förderung der positiven zeitlichen Verteilung der Liquiditätswirkung der übrigen steuerlichen Instrumente. Solange jedoch nicht nach dem Prinzip der Selbstveranlagung vorgegangen wird, kann es kaum gelingen, in allen konjunkturellen Phasen zu realistischen Anpassungen der Vorauszahlungen zu gelangen. Damit können gewinnsteuerliche Maßnahmen prinzipiell leichter in rezessiven Phasen rechtzeitig die richtigen Liquiditätseffekte hervorrufen als in Boomphasen. [1] Für restriktive Politik empfehlen sich in dieser Sicht eher Maßnahmen, die unabhängig von den gewinnsteuerlichen Gegebenheiten eingesetzt werden.

Während Investitions-Freibetrag (-Zuschlag) sowie Steuerabzug (-zuschlag) für Investitionen an die Gewinnbesteuerung geknüpft sind, so daß für diese Instrumente die Diskussion der steuertechnischen Ausgestaltungsweisen Gültigkeit besitzt, können Investitions-Prämie und -Steuer unabhängig von der Gewinnbesteuerung ausgezahlt bzw. erhoben werden. Ein zeitnaher Liquiditätseffekt läßt sich leicht durch Anknüpfung an die Umsatzbesteuerung erreichen, in deren Rahmen monatliche Vorauszahlungen bzw. -erstattungen vorgesehen sind. [2] Demgegenüber scheint ein eigenständiges Antrags- bzw. Erklärungsverfahren [3] - abgesehen von den zusätzlichen Verwaltungsaufwendungen - zeitraubender zu sein, so daß der Liquiditätseffekt erst mit Verzögerung auftreten kann. Dies gilt vor allem dann, wenn die Antragstellung erst nach Ablauf des jeweiligen Jahres erfolgen kann. In einem solchen Falle wird dann mehr auf den Incentive- als auf den Liquiditätseffekt der Maßnahme vertraut. Aber auch ersterer ist dann nicht stark wirksam, wenn Prämie bzw. Steuer den Marktzinssatz

---

1) Diese Asymmetrie wird auch hervorgehoben von F. Neumark, Zur Problematik einer Steigerung der Effizienz fiskalpolitischer Instrumente des Stabilitätsgesetzes, Finanzarchiv, N.F., Bd. 28 (1969), S. 104 f.

2) Eine solche Anknüpfung wurde bei der deutschen Investitionsteuer gewählt.

3) Vgl. die deutsche Investitionsprämie der Jahre 1974/75.

nicht wesentlich überschreitet. Dies ist vor allem bedeutsam bei Entscheidungen, die zu Beginn eines Kalenderjahres getroffen werden müssen.

Zur Prüfung der Eigenart der einzelnen Instrumente hinsichtlich der zeitlichen Verteilung ihrer Liquiditätseffekte wird nunmehr davon ausgegangen, daß in den Unternehmungen Gewinne in dem Umfang vorhanden sind, der die Instrumente voll zur Auswirkung gelangen läßt, und daß die Besteuerung bzw. Mittelverausgabung vollkommen zeitnah ausgestaltet ist. Unter diesen Umständen gilt für sämtliche fiskalpolitischen Maßnahmen, daß sie in der ersten Periode, für die sie Gültigkeit besitzen, Liquiditätseffekte hervorrufen. Der Unterschied zwischen den Instrumenten liegt dann [1] lediglich noch darin, ob die Liquiditätseffekte auf die erste Periode (bzw. auf die Periode des Maßnahme - Einsatzes) beschränkt bleiben oder ob auch in den nachfolgenden Perioden entsprechende, eventuell gegenläufige Effekte eintreten.

Es zeigt sich, daß lediglich die Liquiditätseffekte von Abschreibungsvariationen sich auf mehrere Perioden verteilen und damit dem eigentlichen Zweck - nämlich ausschließlich in der angestrebten Periode Liquiditätseffekte hervorzurufen - nicht gerecht werden.

Entsprechendes gilt für Instrumente-Kombinationen: Falls darin Variationen der Abschreibungsdauer sowie der Abschreibungssumme bei gleichbleibendem Abschreibungsverfahren vorgesehen sind, sind die erstrebten Effekte in der Gegenwart begleitet von parallelen Effekten in der Zukunft. Falls dabei das Abschreibungsverfahren bei gleichbleibender Abschreibungsdauer sowie gleichbleibender Abschreibungs-

1) Abgesehen wird von ihren sonstigen, hier nicht relevanten Charakteristika sowie von der absoluten Höhe der Liquiditätseffekte, die von der Intensität des jeweiligen Maßnahmeneinsatzes abhängen.

summe verändert wird, treten neben den erstrebten Liquiditätswirkungen in der Gegenwart gegenläufige Effekte in den Folgeperioden auf.

Derartige Kompensationen können zwar auch bei sonstigen Maßnahmenkombinationen auftreten, z.B. bei einem rückzahlbaren Konjunkturzuschlag. Jedoch ist es hierbei nicht notwendig (aber möglich), daß ex ante der Zeitpunkt für den gegenläufigen Liquiditätseffekt festgelegt wird. Damit können diese Maßnahmenbündel besser den konjunkturpolitischen Notwendigkeiten angepaßt werden.

Das Instrument "Investitionsrücklage" scheint zumindest teilweise im Anschluß an liquiditätstheoretische Überlegungen konzipiert worden zu sein: Wenn die Unternehmungen im Boom steuerfreie Rücklagen bilden, wird durch die Minderung der Steuerzahlungen dieser Periode zwar zunächst die Liquidität erhöht - ein unerwünschter Effekt. Es besteht jedoch die Möglichkeit, die Unternehmen zu verpflichten, diese zusätzliche Liquidität zinslos bei der Notenbank stillzulegen. Es ergibt sich folglich im Boom noch kein Liquiditätseffekt. In der Rezession hingegen stehen diese stillgelegten Mittel zur Finanzierung von Investitionen zur Verfügung, die Innenfinanzierungsmöglichkeiten werden erhöht. Wenn dann noch - wie in Schweden [1] - in der Rezession zusätzlich ein Investitionsfreibetrag gewährt wird, zeigt dies, daß dem Liquiditätseffekt der freigegebenen Rücklage nicht hinreichend vertraut wird, so daß ein zusätzlicher Anreiz notwendig erscheint.

Die Instrumenten-Kombination der Investitionsrücklage ruft also in der Rezession den erwünschten Liquiditäts-

---

1) A. Lindbeck, Theories and Problems in Swedish Economic Policy in the Post-War Period, S. 39 ff.

effekt hervor, während im Boom den Unternehmungen keine zusätzliche Liquidität entzogen wird. Der erwünschte Liquiditätseffekt in der Rezession kommt quasi durch Sofortabschreibung zustande, findet also seine Ergänzung in minderen Abschreibungsmöglichkeiten (und damit restriktiven Liquiditätseffekten) in den nachfolgenden Perioden. Der Vorteil der Investitionsrücklage gegenüber einfacher Sofortabschreibung liegt lediglich darin, daß die "modifizierte Sofortabschreibung der Investitions-Rücklage" von solchen Unternehmungen beansprucht werden kann, die in einem vorhergegangenen Boom Gewinne gemacht haben, während normale Sofortabschreibung in der Rezession lediglich denjenigen Unternehmungen zugute kommt, die sogar in der Rezession noch Gewinne machen.

C) Zusammenfassung

1) Ein in einer bestimmten Höhe gewünschter Liquiditätseffekt kann prinzipiell durch jedes der in Kapitel b.2. aufgezählten Instrumente erreicht werden.

2) Entscheidend ist, bei wem und wann diese Liquiditätseffekte eintreten. Die Untersuchung der ersten Frage geschah bereits bei der Darstellung der Instrumente in Kapitel B.2. Hinsichtlich der zweiten Frage war zu unterscheiden zwischen steuer- und ausgabentechnischen Regelungen einerseits und den Charakteristika der einzelnen Instrumente andererseits.

3) Im Rahmen der steuer- und ausgabentechnischen Regelungen war das wesentliche Ergebnis, daß eine zeitnahe Anpassung der Zahlungsvorgänge conditio sine qua non für die Wirksamkeit von liquiditätsverändernden Maßnahmen ist. Es zeigte sich eine mögliche Asymmetrie der Anpassung zwischen Boom und Rezession, soweit

die Steuervorauszahlungen betroffen sind, während Maßnahmen, die nicht an die Gewinnbesteuerung anknüpfen, besser geeignet sind, zeitnahe Liquiditätseffekte hervorzurufen.

4) Während isolierte Abschreibungsvariationen stets in mehreren Perioden Liquiditätseffekte hervorrufen, lassen sich Gewinnsteuersatzänderungen sowie Änderungen der Investitionskosten auf den gewünschten Zeitraum begrenzen. Dies gelingt aber auch durch eine Kombination von verschiedenen Maßnahmen einschließlich Abschreibungsvariationen. Die Investitionsrücklage kann zwar bei ihrer Auflösung in der Rezession positive Liquiditätseffekte bewirken, ihre Bildung im Boom ist aber nicht mit entsprechenden gegenläufigen Effekten verbunden.

7. Die umstrittene Sonderstellung der Ersatzinvestitionen

a. Die Ersatzinvestitionen als gesonderter Ansatzpunkt der investitionsorientierten Fiskalpolitik

In der Regel stehen die Nettoinvestitionen im Vordergrund des Interesses der volkswirtschaftlichen Investitionstheorie, die Ersatzinvestitionen werden vielfach gar nicht problematisiert, sondern als technisch determiniert angenommen. Diese Schwerpunktsetzung ist verständlich, wenn der wachstumspolitische Aspekt dominiert. Denn unter Wachstumsgesichtspunkten spielen die Ersatzinvestitionen keine bzw. nur eine untergeordnete Rolle; letzteres dann, wenn die Ersatzinvestitionen gleichzeitig Träger des technischen Fortschritts sind und in ihnen also neue Technologien verkörpert werden. Allerdings ist in solchen Fällen in Frage zu stellen, ob sie richtig als reine "Ersatz"-Investitionen angesehen werden können oder ob ihnen nicht vielmehr bereits in Teilen der Charakter von Netto-Investitionen zuzuschreiben ist.

In konjunkturpolitischer Sicht nun kommt den Ersatzinvestitionen eine mindestens ebenbürtige Bedeutung wie den Nettoinvestitionen zu: Die Investitionsgüternachfrage, die am Markt auftritt, braucht nicht für die Beurteilung ihrer konjunkturellen Wirkung in Erweiterungs- und Ersatzinvestitionen unterteilt zu werden, solange die induzierten Veränderungen des Produktionspotentials unbeachtet bleiben. Kurzfristig gesehen ist es also beim Einsatz des konjunkturpolitischen Instrumentariums unbeachtlich, welche Investitionsart hiervon beeinflußt wird. Dies bedeutet aber gleichzeitig auch, daß zur Erzielung einer größtmöglichen Wirksamkeit das Instrumentarium derartig auszugestalten ist, daß sowohl Netto- als auch Ersatzinvestitionen getroffen werden. Auch bei dieser indifferenten Haltung gegenüber der zu verändernden Investitionsart muß also geprüft werden, ob die Ersatzinvestitionen den gleichen Einflußgrößen wie die Erweiterungsinvestitionen unterliegen oder ob hier spezielle Faktoren zu berücksichtigen sind.

Diese Notwendigkeit ergibt sich verstärkt, wenn der Betrachtungshorizont auf die mittelfristigen Auswirkungen auf das Produktionspotential erweitert wird:

In der Rezession ist es zwar das allgemeine Ziel, die Bruttoinvestitionen zu verstärken. Wenn es dabei aber gelingt, die Ersatzinvestitionen verstärkt zu forcieren und die Betonung weniger auf die Nettoinvestitionen zu legen, so wird sich die Bruttoinvestitionssteigerung kurzfristig genauso auswirken und ruft nicht mittelfristig zunächst weniger erwünschte Potentialausweitungen hervor.

Ebenso ist es im Boom zwar das primäre Ziel, die nachfragewirksame allgemeine Bruttoinvestitionstätigkeit zu vermindern. Wenn es dann dabei möglich ist, mehr die Ersatz- als die Erweiterungsinvestitionen zu treffen, so wird diese Vorgehensweise nicht mittelfristig negativ zu bewertende Auswirkungen in Form eines verminderten Wachstums des Angebotspotentials zeitigen.

Eine solche Schwerpunktverlagerung verändert nun völlig die Problemstellung. Sind es in wachstumspolitischer Sicht die Nettoinvestitionen, die zu verändern versucht wird, so stehen bei einer Konjunkturpolitik, die auch die mittelfristigen Effekte berücksichtigt, die Ersatzinvestitionen als möglichst isoliert zu beeinflussende Aktivität im Vordergrund. Je nach Konjunkturlage sind sie allein zu fördern oder zu hemmen, während der Strom der Nettoinvestitionen weitgehend unberührt zu bleiben hat.

In dieser Vorgehensweise steckt jedoch eine nicht zu unterschätzende Problematik. Zu ihrer Verdeutlichung ist von der über längere Sicht trivialen Feststellung auszugehen, daß jedes im Produktionsprozeß eingesetzte Kapitalgut irgendwann ersetzt werden muß. Eine Orientierung der investitionsbeeinflussenden Konjunkturpolitik an den Ersatzinvestitionen z.B. im Boom, die diese tendenziell einschränkt, wird zu einer Veralterung des Kapitalstocks führen. Damit ist für die Zukunft mit einer ceteris paribus verstärkten Nachfrage nach Ersatzinvestitionen zu rechnen. Im Ergebnis hat also keine absolute Veränderung, sondern nur eine begrenzte zeitliche Verschiebung der Ersatzinvestitionen stattgefunden. [1)]

Entsprechendes gilt in der Rezession: Eine erfolgreiche Verstärkung der Ersatzinvestitionen in einer Periode verjüngt den Kapitalstock und führt zu verringerten Ersatzinvestitions-Notwendigkeiten in nachfolgenden Perioden, soweit die ursprüngliche Altersverteilung des Kapitalstocks von der Privatwirtschaft wieder angestrebt wird. Im Ergebnis zeigt sich wieder lediglich eine zeitliche Verschiebung der Investitionstätigkeit.

Damit schwindet bei den Ersatzinvestitionen die Notwendigkeit der Unterscheidung zwischen den Determinanten der Höhe und der zeitlichen Verteilung dieser Investitionen, während es doch im Bereich der Nettoinvestitionen zu den umstrittenen Fragen gehört, ob nur das Timing oder auch die gesamte Höhe der Investitionstätigkeit beeinflußt werden kann.

b. Die Determinanten der Ersatzinvestitionen

Wenn nach den Determinanten der Ersatzinvestitionen gefragt wird, so steckt in der Frage implizit die Annahme, es könne klar zwischen Ersatz- und Erweiterungsinvestitionen unterschieden werden. Im Gegensatz dazu ist es

---

1) Es sei denn, die konjunkturpolitischen Maßnahmen würden auf Dauer zu einer Akzeptierung eines hinsichtlich seiner Altersverteilung veränderten Kapitalstocks führen.

offensichtlich statistisch äußerst schwierig, einzelne Investitionen in der einen oder anderen Weise richtig zuzuordnen. Zuweilen wird daher argumentiert, es sei angesichts des "nebulösen Konzepts" [1] der Ersatzinvestitionen nicht notwendig, zwischen beiden Investitionsarten zu unterscheiden, soweit es um die Analyse von Investitionsentscheidungen ginge. [2]

Dahinter steht die Hypothese, die privaten Unternehmungen stellten bei jeder größeren Investition die gleichen Kosten-Nutzen-Überlegungen an, gleich ob Ersatz- oder Erweiterungsinvestition. Damit erübrigte sich eine gesonderte Theorie der Ersatzinvestition. Ein solcher Schluß ist jedoch nur dann möglich, wenn hinsichtlich der Faktoren, die auf die unternehmerischen Entscheidungen Einfluß gewinnen, kein Unterschied zwischen beiden Investitionsarten besteht. Ohne auf Einzelheiten einzugehen, kann grundsätzlich auf den unterschiedlichen Risikograd hingewiesen werden, der beiden Investitionsarten anhaftet. Ersatzinvestitionen werden für einen bekannten Markt, mit eingespielten Beziehungen zwischen Produzenten und Abnehmern installiert. Erweiterungsinvestitionen greifen demgegenüber in einen neuen Markt ein oder werden zumindest produziert, um das bisherige Marktsegment des Unternehmens zu erweitern; mit beiden ist ein Unsicherheitsaspekt verbunden, der in diesem Maße bei einfachen Ersatzinvestitionen nicht gegeben ist. [3] Damit liegt die Schlußfolgerung nahe, Ersatzinvestitionen würden einem

---

1) J.R. Meyer, E. Kuh, The Investment Decision, S. 93.

2) J.R. Meyer, E. Kuh, ebenda; J.S. Duesenberry, Business Cycles and Economic Growth, S. 60. Ähnlich auch L.R. Klein, Issues in Econometric Studies of Investment Behavior, S. 46.

3) R.R. Neild, Replacement Policy, National Institute Economic Review, Vol. 30 (1964), S. 32, zitiert nach P.J. Lund, Investment. The Study of an Economic Aggregate, S. 49.

erheblich mehr mechanischen Entscheidungsprozeß unterliegen,als dies für Nettoinvestitionen zutrifft. [1)]

Dieser mechanische Ansatz kommt deutlich zum Ausdruck in der die theoretische und empirische Forschung beherrschenden Hypothese von den zum Kapitalstock proportionalen Ersatzinvestitionen. Bereits bei J.M. Clark finden sich Ansätze zu einer derartigen Hypothese, wenn er davon ausgeht, daß die Nachfrage nach Unterhaltung und Ersatz des jeweiligen Kapitalstocks mit der Höhe der Nachfrage nach Fertiggütern variiert. [2)] Denn nimmt man mit Clark eine technisch bedingte Relation zwischen Nachfrage nach Fertiggütern und dem Kapitalstock an (konstante capital-output-ratio), so ist hier bereits die Proportionalität der Beziehung zwischen Ersatzinvestitionen und Kapitalstock impliziert.

In neuerer Zeit wird diese Hypothese vor allem von Jorgenson u.a. vertreten. [3)] Er geht davon aus, daß es falsch sei, einzelne Investitionen und deren Ersatz zu untersuchen. Vielmehr müsse man berücksichtigen, daß jede Nettoinvestition einen unendlichen Strom von Ersatzinvestitionen hervorrufe. Aggregiere man nun diese unzählbare Summe von Strömen von Ersatzinvestitionen aufgrund der Nettoinvestitionen in der Vergangenheit, so ergebe sich unabhängig von der Verteilung der Ströme der Einzelinvestitionen für das Aggregat "Ersatzinvestitionen" eine Proportionalität zum Kapitalstock zu jeder Zeit. [4)]

---

1) G. Katona, Das Verhalten der Verbraucher und Unternehmer, Tübingen 1960, S. 295 f.

2) J.M. Clark, Business Acceleration and the Law of Demand, S. 220.

3) D.W. Jorgenson, Capital Theory and Investment Behavior, S. 250 f. Diese Hypothese wird in sämtlichen theoretischen und empirischen Arbeiten von Jorgenson, z.T. gemeinsam mit R.E. Hall, J.A. Stephenson und C.D. Siebert, verwandt. Sie findet sich darüber hinaus in den meisten sonstigen ökonometrischen Untersuchungen.

4) D.W. Jorgenson, Capital Theory and Investment Behavior, S. 251.

Ohne zunächst eine Würdigung dieser Argumentationsweise vorzunehmen, muß doch darauf hingewiesen werden, daß diese Hypothese nur im ersten Anschein bedeutet, daß keinerlei Beeinflussung der Ersatzinvestitionen mit fiskalpolitischen Mitteln möglich ist. Zwar können sie direkt in der ersten Phase nicht tangiert werden, aber in späteren Perioden wird der Strom von Ersatzinvestitionen dann verändert, wenn die Fiskalpolitik erfolgreich eine Variation der Nettoinvestitionen erzielt. Denn durch diese Kapazitätsausweitung wird in den nachfolgenden Perioden gemäß der proportionalen Ersatzinvestitions-Hypothese der Umfang der Ersatzinvestitionen verändert. Dieser Verlauf wird auch von Jorgenson u.a. angenommen. [1] Das Ergebnis ist für konjunkturpolitische Zwecke durchaus zwiespältig: Aus den theoretischen Überlegungen folgt zwar eine Beeinflußbarkeit der Ersatzinvestitionen, jedoch treten die entsprechenden Wirkungen erst mit einer Zeitverzögerung und damit möglicherweise erst dann auf, wenn sie konjunkturpolitisch unerwünscht sind, also in die falsche Phase des Konjunkturzyklus fallen. Wenn sich also in den empirischen Untersuchungen von Jorgenson und Stephenson ergibt, daß nach 13 Quartalen die induzierten Ersatzinvestitionen die durch finanzpolitische Impulse induzierten Nettoinvestitionen überwiegen, [2] dann kann dieser Wirkungsablauf in konjunkturpolitischer Sicht weniger als verzögerte Effizienz, sondern mehr als Ineffizienz bzw. prozyklische Wirkung bezeichnet werden.

---

1) D.W. Jorgenson, J.A. Stephenson, The Time Structure of Investment Behavior in United States Manufacturing, 1947-1960, S. 19; dieselben, Investment Behavior in U.S. Manufacturing, 1947-1960, S. 178 f.; siehe auch D.W. Jorgenson, Econometric Studies of Investment Behavior: A Survey, S. 1138 ff.

2) D.W. Jorgenson, J.A. Stephenson, The Time Structure of Investment Behavior in United States Manufacturing, 1947-1960, S. 23.

Eine kritische Analyse dieser Hypothese von den proportionalen Ersatzinvestitionen macht nun jedoch deutlich, daß in ihr zumindest auf kurze Sicht einige Ungereimtheiten stecken, die sie für prognostische und wirtschaftspolitische Fragestellungen als ungeeignet erscheinen lassen. Als erstes ist auf die unplausible Implikation hinzuweisen, daß an durch finanzpolitische Maßnahmen induzierte Nettoinvestitionen direkt in den nachfolgenden Perioden - wie immer definiert - Ersatzinvestitionen anschließen, die ebendiese Nettoinvestitionen bereits wieder ersetzen sollen. [1] Es muß als äußerst unwahrscheinlich gelten, daß so schnell bereits ein Ersatz notwendig ist; vielmehr ist doch durch die zusätzlichen Nettoinvestitione die Altersverteilung des Kapitalstocks verjüngt worden. Es kann also entweder damit gerechnet werden, daß der Proportionalitätsfaktor vermindert wird (womit die grundlegende Hypothese verlassen wäre), oder aber, daß der Effekt der Folge-Ersatzinvestitionen erst mit erheblicher Zeitverzögerung wirksam wird, wobei die Mindestlänge dieser Zeitverzögerung etwa mit der Lebensdauer der kürzerlebigen Investitionsgüter übereinstimmen könnte.

Diese Kritik richtete sich zunächst noch nicht gegen die Proportional-Hypothese allgemein, sondern lediglich gegen den kurzfristig einsetzenden Folgeeffekt, also gegen die kurzfristig wirksam werdende indirekte Einflußnahme auf die Ersatzinvestitionen durch fiskalpolitische Maßnahmen. Daneben kann jedoch auch die Proportional-Hypothese für konjunkturorientierte Problemstellungen gänzlich in Frage gestellt werden.

Die Proportional-Hypothese setzt implizit voraus, daß der Zeitpunkt jeder Ersatzinvestition im voraus technisch oder

---

1) M.S. Feldstein, Tax Incentives, Stabilization Policy and the Proportional Replacement Hypothesis: Some Negative Conclusions, Southern Economic Journal, Vol. 40 (1974), S. 545.

ökonomisch determiniert ist. Die rein technische Determinierung kann jedoch ausgeschlossen werden, da in der Regel vor dem völligen technischen Verschleiß andere Faktoren zu einem früheren Ersatz des jeweiligen Kapitalgutes führen. In diesem Fall unterliegt der Re-Investitions-Zeitpunkt einem unternehmerischen Entscheidungsprozeß. Im neoklassischen Modell vollzieht sich dieser Entscheidungsprozeß - wie bei den Nettoinvestitionen - anhand der Ermittlung des optimalen Ersatzzeitpunktes, der u.a. bestimmt wird durch den Zins, den technischen Fortschritt, die Preisänderungen der Investitionsgüter sowie die Altersverteilung des bestehenden Kapitalstocks.[1] Durch diese Größen ist jeder Ersatzzeitpunkt eindeutig festgelegt.

Abgesehen davon, daß der technische Fortschritt in kurzfristiger Sicht keine Rolle spielt, ist es von besonderer Bedeutung, daß es sämtlich Erwartungsgrößen sind, welche den optimalen Ersatzinvestitions-Zeitpunkt bestimmen. Wenn also die Optimierungsentscheidungen wie bei Jorgenson zu einem im voraus festliegenden Ersatzinvestitionsverhalten führen sollen, dann muß von einer im Zeitablauf konstanten Erwartungsstruktur ausgegangen werden.

Ein alternativer Ansatz [2] verläßt nun den Ausgangspunkt, Ersatzinvestitionen seien mit relativ weniger Unsicherheiten behaftet. Er berücksichtigt statt dessen, daß die prinzipielle Unsicherheit über Zukunftswerte eine im Zeitablauf variable Erwartungsstruktur nicht nur zuläßt, sondern angesichts von Schwankungen der allgemeinen Wirtschaftslage geradezu hervorruft. Denn es ist "ganz offensichtlich, daß zyklische Lagen für den Entschluß, Ersatz-

---

1) M.S. Feldstein, D.K. Foot, The Other Half of Gross Investment: Replacement and Modernization Expenditures, REStat, Vol. 53 (1971), S. 50.

2) Ebenda, S. 50 f.

anschaffungen zu machen, nicht gleichgültig sind. Weniger offensichtlich ist das Wesen ihres Einflusses." [1]

Auch unter Beibehaltung der Annahme, die Ersatzinvestitionen würden durch einen Optimierungsprozeß bestimmt, erstreckt sich demnach die Spanne der zu jedem Zeitpunkt möglichen Ersatzinvestitionen über einen weiten Bereich. Wenn man zusätzlich noch annehmen kann, daß ein funktionierender Markt für ausscheidende Investitionsgüter existiert, [2] ergibt sich auch noch die Folgerung, daß ein Abweichen vom "optimalen" Ersatzzeitpunkt der Investitionen kaum zu bedeutsamen Kostenerhöhungen in den Unternehmungen führen wird.

Bei solcher Argumentation nun entfällt die eindeutige Festlegung des Ersatzzeitpunktes ex ante, es existieren vielmehr im Gegensatz zur Proportionalhypothese kurzfristig veränderbare Einflußfaktoren der Ersatzinvestitionen, die möglicherweise z.T. wirtschaftspolitischer Einflußnahme zugänglich sind.

Dementsprechend negativ sind auch die direkten empirischen Tests der These der proportionalen Ersatzinvestitionen ausgefallen. [3] Auch wenn diese empirischen Ergebnisse umstritten sind, [4] so stellen sie doch einen Fortschritt gegenüber Jorgensons Ergebnissen insofern dar, als Jorgenson bei den ökonometrischen Untersuchungen die Proportionalität <u>annahm</u> statt sie zu <u>schätzen</u>. Denn auch wenn unter

---

1) J.A. Schumpeter, Konjunkturzyklen, S. 199.

2) M.S. Feldstein, D.K. Foot, The Other Half of Gross Investment, S. 50.

3) Ebenda, passim; R. Eisner, Components of Capital Expenditures: Replacement and Modernization versus Expansion, REStat, Vol. 54 (1972), S. 299; M.S. Feldstein, Tax Incentives, Stabilization Policy and the Proportional Replacement Hypothesis: Some Negative Conclusions, S. 548 ff.

4) D. W. Jorgenson, Econometric Studies of Investment Behavior: A Survey, S. 1140.

dieser Annahme sich 'gute' statistische Ergebnisse einstellten, so kann dies nicht als 'Test' der Proportionalhypothese angesehen werden, da nicht unterschieden werden konnte, welche Investitionen (Ersatz- oder Erweiterungsinvestitionen) es denn nun waren, die sich proportional zum Kapitalstock entwickelten. Bei ungelöstem Identifikationsproblem kann Jorgensons Ansatz durchaus auf einer Fehlinterpretation der Daten beruhen. [1]

Die Erforschung der speziellen Einflußfaktoren der Ersatzinvestitionen steht noch in ihren Anfängen und kann keineswegs als abgeschlossen gelten. Erste Ansätze zeigen jedoch, daß die Einflußfaktoren denjenigen der Nettoinvestitionen sehr nahekommen. Allerdings sind angesichts der möglichen Konkurrenzbeziehung zwischen Netto- und Ersatzinvestitionen einige Besonderheiten zu beachten.

Im vorliegenden Zusammenhang sind besonders die Ergebnisse der Untersuchung von Feldstein und Foot hervorzuheben. [2] Sie stellen auf drei Einflußfaktoren der Ersatzinvestitionen ab, die auch in ihren ökonometrischen Tests nicht falsifiziert wurden. Diese Einflußfaktoren sind

- die Verfügbarkeit von Finanzierungsmitteln,
- die Höhe der geplanten Nettoinvestitionen sowie
- die Kapazitätsauslastung.

Die Berücksichtigung des ersten Einflußfaktors erfolgt im Anschluß an die (bereits oben diskutierten) Untersuchungen zur Bedeutung der Innenfinanzierungsmöglichkeiten für die Investitionsentscheidungen. Die Aussagen werden hier jedoch noch spezifiziert: Es kann davon ausgegangen werden, daß - wenn nur die Zukunftserwartungen hinreichend positiv sind - bei eingeengter Liquiditätslage versucht wird, die Erweiterungsinvestitionen soweit wie möglich durchzuführen

1) Vgl. auch das Ergebnis bei P. Taubman, M. Wilkinson, User Cost, Capital Utilization and Investment Theory, IER, Vol. 11 (1970), S. 214.

2) M.S. Feldstein, D.K. Foot, The Other Half of Gross Investment.

und stattdessen den Zeitpunkt der Ersatzinvestitionen in die Zukunft zu verlagern. Die Ersatzinvestitionen wären dann quasi die Puffer, mit denen der Einfluß von exogenen Faktoren auf die Investitionsentscheidungen derart aufgefangen wird, daß die Nettoinvestitionen (= Potentialausweitung) unbeeinflußt (oder wenig beeinflußt) in Abhängigkeit von den erwarteten Kapazitätsnotwendigkeiten vollzogen werden können. Restriktiver Einsatz der Finanzpolitik, der die Finanzierungsmöglichkeiten der Unternehmen beeinflußte, träfe dann vornehmlich die Ersatzinvestitionen; daß dieser Effekt konjunktur- wie wachstumspolitisch unter gewissen Umständen erwünscht sein kann, ist offensichtlich.

Umgekehrt würde sich eine finanzpolitisch induzierte Ausweitung der Finanzierungsmöglichkeiten eher auf die Ersatz- als auf die Erweiterungsinvestitionen auswirken, da die Unternehmungen zwar kaum durch zusätzliche Liquidität trotz negativer Erwartungen zu ungeplanten bzw. von den Absatzerwartungen her nicht notwendigen Nettoinvestitionen veranlaßt werden können, wohl es aber für sie sinnvoll erscheinen kann, unter diesen Umständen mittelfristig geplante Ersatzinvestitionen zeitlich vorzuziehen.

Dieser Liquiditätseffekt liegt auch dem zweiten von Feldstein und Foot hervorgehobenen Einflußfaktor, nun jedoch indirekt,zugrunde. Unter der Annahme eines nicht beliebig ausweitbaren Spielraums an Innenfinanzierungsmöglichkeiten muß zumindest kurzfristig eine Ausweitung der erwünschten Nettoinvestitionen (aufgrund verbesserter Zukunftserwartungen oder einer fiskalpolitisch hervorgerufenen Senkung der Kapitalbereitstellungskosten), die aus diesem Potential finanziert werden soll , zu Lasten der ansonsten vorgesehenen Ersatzinvestitionen vorgenommen werden. [1] Die zeitliche Vornahme der Ersatzinvestitionen

---

1) Abgesehen wird hier von dem zusätzlichen Argument, welches Feldstein und Foot (S.51) für die substitutive Beziehung zwischen Ersatz- und Erweiterungsinvestitionen anführen: Sie gehen von einem kurzfristig konstanten

Fortsetzung auf S. 216

ist in dieser Sichtweise dann durch das Zusammenspiel zweier Faktoren determiniert: durch die Größe der verfügbaren Finanzierungsmittel und die Menge an Nettoinvestitionen, die aus diesem Fonds finanziert werden sollen. Damit sind die Ersatzinvestitionen in kurzfristiger Sicht in der Regel mehr eine Restgröße als eine Plangröße. [1]

Dies gilt jedoch nicht uneingeschränkt: In der Hochkonjunktur muß davon ausgegangen werden, daß neben starkem Druck in Richtung Erweiterungsinvestitionen zur Befriedigung der Nachfrage gleichzeitig ein verstärkter Druck dahingehend wirksam wird, daß ältere, kostenungünstige Anlagen durch neue, kostengünstigere ersetzt werden und damit gleichzeitig die Anlagestruktur modernisiert wird. Die Kapazitätsauslastung wäre damit ein autonomer Bestimmungsfaktor der Ersatzinvestitionen in der Hochkonjunktur. Da auch die Netto-Investitionen in der Hochkonjunktur ex definitione hoch sind, ergäbe sich so eine Erklärung für den von Eisner gefundenen Effekt, daß Ersatz- und Erweiterungsinvestitionen weitgehend parallelen Schwankungen überliegen. [2]

Fortsetzung von S. 215

1) Problemlösungspotential in den Unternehmungen aus, so daß nur ein bestimmter Umfang an Investitionsplanungen bearbeitbar ist. Jede - extern induzierte - zusätzliche Nettoinvestition muß unter diesen Umständen zu Lasten der kurzfristig durchführbaren Ersatzinvestitionen gehen. Es ist jedoch fraglich, ob dieser einzelwirtschaftlich plausible Vorgang gesamtwirtschaftlich Bedeutung gewinnen kann.

1) Gegen dieses Ergebnis sprechen die ökonometrischen Ergebnisse von R. Eisner (Components of Capital Expenditures: Replacement and Modernization versus Expansion, S. 302 ff.); aus ihnen folgert eine parallele Variation von Ersatz- und Erweiterungsinvestitionen.

2) R. Eisner, Components of Capital Expenditures: Replacement and Modernization versus Expansion, S. 300.

c. Konjunkturpolitische Schlußfolgerungen

Aus den theoretischen und empirischen Ergebnissen lassen sich drei unterschiedliche Schlußfolgerungen für eine Konjunkturpolitik ziehen, die versucht, die Ersatzinvestitionen gesonderten Einflüssen zu unterwerfen.

Gemäß der Hypothese von Jorgenson u.a., die Höhe der jeweiligen Ersatzinvestitionen bestimme sich in Proportionalität zum Kapitalstock, entziehen sich die Ersatzinvestitionen jeder direkten Beeinflussung. Sie werden jedoch indirekt tangiert, wenn konjunkturpolitische Maßnahmen zu einer Veränderung der Nettoinvestitionen geführt haben und damit der Kapitalstock, der die Ersatzinvestitionen determiniert, in den nachfolgenden Perioden ebenfalls verändert wurde. Die Einflußfaktoren der Ersatzinvestitionen sind damit identisch mit den Einflußfaktoren der Erweiterungsinvestitionen in den Perioden zuvor. Die Länge der Zeitverzögerung birgt dann die Gefahr von unerwünschten konjunkturellen Wirkungen. Eine extreme Schlußfolgerung wäre, daß dieser "Echo-Effekt" [1] jegliche investitionsorientierte Konjunkturpolitik wegen potentieller prozyklischer Nachwirkungen disqualifiziert.

Wird stattdessen die Konkurrenz von Ersatz- und Erweiterungsinvestitionen um das Liquiditätspotential in den Unternehmungen berücksichtigt, so scheint der direkte Zugriff zu den Ersatzinvestitionen insbesondere über eine konjunkturgerechte Variation der liquiden Mittel der Unternehmungen zu gelingen. Denn in Rezession wie im Boom werden gemäß diesem Ansatz jeweils die Ersatzinvestitionen als erstes im Anschluß an Liquiditätsänderungen einer Revision unterzogen, während die Nettoinvestitionen in

---

1) Diese Verwendung des Begriffs weicht etwas von dem Inhalt ab, der diesem Begriff traditionell ohne Bezug auf konjunkturpolitische Maßnahmen unterliegt. Siehe J.R. Meyer, E. Kuh, The Investment Decision, S. 91 ff.

dieser Sicht mehr den Notwendigkeiten der permanenten Nachfrage angepaßt werden bzw. auf Änderungen der Kapitalbereitstellungskosten reagieren, als daß kurzfristige Liquiditätsänderungen eine derartige Rolle spielen.

Dieses Ergebnis steht nun im Widerstreit zu der Rolle, wie sie der Liquidität ansonsten bei der Determinierung der Nettoinvestitionen zugesprochen wird. Während dort die Liquidität eine wesentliche Determinante der Erweiterungsinvestitionen ist, werden hier 'lediglich' die Ersatzinvestitionen betroffen. Zusammen gesehen läßt sich also nur das globale Ergebnis feststellen, daß die Liquiditätsausstattung der Unternehmungen nicht ohne Bedeutung ist. Aber keine der bisherigen ökonometrischen Untersuchungen kann das Identifikationsproblem lösen, ob die beeinflußten Investitionen dem Ersatz oder der Erweiterung des Kapitalstocks dienen.

Nach der dritten Hypothese schließlich werden Erweiterungs- und Ersatzinvestitionen zu jedem Zeitpunkt von den gleichen Determinanten beeinflußt. Unter diesem Aspekt erübrigt sich dann eine Unterscheidung zwischen beiden Investitionsarten bei einer Wirkungsanalyse,und es ist nicht möglich, fiskalpolitische Maßnahmen gezielt auf eine der Investitionsarten auszurichten. Darüber hinaus hätte eine Gültigkeit dieser als "Parallel-Theorie" zu bezeichnenden Zusammenhänge großen Einfluß auf die Bewertung einer Vielzahl bisheriger ökonometrischer Arbeiten zur Investitionstheorie; denn die Ergebnisse einer großen Zahl von Arbeiten, die eine Proportionalität zwischen Ersatzinvestitionen und Kapitalstock annehmen, wären zumindest fehlerhaft interpretiert worden.

8. Die konjunkturpolitische Bedeutung einer Variabilität der Investitionsbeziehung - Der Wandel der Ansatzpunkte

a. Das Problem

Bislang wurde im allgemeinen von einer im Zeitablauf konstanten Zielsetzung der Unternehmungen ausgegangen, die dann auch Konstanz der Investitionsdeterminanten nach sich zog. Eine derartige Annahme erleichterte die Analyse und ermöglichte es, zu eindeutigeren Aussagen hinsichtlich der Instrumenten-Wirkung zu gelangen. Allerdings wurden bereits einzelne Hypothesen zu Veränderungen der Investitionsdeterminanten im Zeitablauf genannt:

I. Innerhalb der Akzelerator-Theorie ergaben sich mehrere Hypothesen, die zu einer veränderlichen Investitionsfunktion im Konjunkturverlauf führten:

A) Die Größe des Akzelerationskoeffizienten hängt ab vom Auslastungsgrad des Kapitalstocks.

B) Der Reaktionskoeffizient innerhalb des Kapitalstockanpassungsprinzips hängt ab von anderen Möglichkeiten der Anpassung an Beschäftigungsschwankungen (neben Kapazitätsveränderungen).

C) Der Einbau einer Unter- und Obergrenze in das Akzelerationsprinzip bewirkt temporäre Ungültigkeit dieser Investitionsfunktion.

II. Die neoklassische Investitionstheorie kann als Theorie der Variabilität des Akzelerators interpretiert werden, wobei durch Änderungen der realen Kapitalbereitstellungskosten $\frac{c}{p}$ - also indirekt durch Einsatz fiskalpolitischer Maßnahmen - eine Änderung des Akzelerationskoeffizienten hervorgerufen wird.

III. Die Schlußfolgerungen aus der Liquiditätstheorie der Investition für die Wirksamkeit fiskalpolitischer Parameter hängen davon ab, in welchem Ausgangszustand sich die Wirtschaft bei Einsatz der Maßnahmen befindet, d.h. in welchem Bereich die Kapitalangebotskurve von der Kurve der Grenzleistungsfähigkeit des Kapitals geschnitten wird.

IV. Unter gewissen Annahmen stehen die Ersatzinvestitionen in einem Konkurrenzverhältnis zu den Erweiterungsinvestitionen um das Liquiditätspotential. Bei Gültigkeit dieser Beziehung hängt die Auswirkung von fiskalpolitischen Maßnahmen auf die Ersatzinvestitionen ab von der jeweils vorliegenden Liquiditätsausstattung der Unternehmungen.

Während dies alles einzelne Ad-hoc-Hypothesen zur Variabilität der maßgeblichen Investitionsdeterminanten im Zeitablauf waren, soll nun versucht werden, diesen Hypothesen eine etwas allgemeinere Grundlegung zu geben. Angeknüpft wird dabei an die Ergebnisse im Exkurs C.5.

Da Investitionsentscheidungen eingebettet sind in den gesamten Entscheidungsprozeß der Unternehmungen, erscheint es sinnvoll zu prüfen, ob eine Variation der Investitionsdeterminanten nicht vielfach durch eine Zielvariation der Unternehmungen begründet sein kann. Damit tritt das allgemeine Problem der Zielfindung in den Unternehmungen in den Vordergrund. Diese Zielfindung war in der traditionellen Theorie der Unternehmung kein Problem, sondern Datum bei der Analyse von Ziel-Mittel-Beziehungen. In der neueren Theorie der Unternehmung wird jedoch gerade der Einfluß hervorgehoben, den der Zielbildungsprozeß auf das Zustandekommen der Unternehmungsentscheidungen nehmen kann. [1)]

---

1) E. Heinen, Das Zielsystem der Unternehmung, S. 187 ff., auch S. 235 ff.; O. Grün, Das Lernverhalten in Entscheidungsprozessen der Unternehmung, Tübingen 1973; W. Hamel, Zur Zielvariation in Entscheidungsprozessen, ZfbF, 25. Jg. (1973), S. 739 ff.

Die Möglichkeit von Zielvariationen in den Unternehmungen im Zeitablauf und während der Entscheidungsprozesse hat doppelte Bedeutung für die Erfolgsbedingungen einer investitionsorientierten Fiskalpolitik. Zum einen müßte eine Zielvariation im Konjunkturverlauf eine entsprechende Adjustierung des fiskalpolitischen Instrumentariums nach sich ziehen, um einen hinreichenden Wirkungsgrad zu gewährleisten. Zum anderen ist es notwendig, solche Zieländerungen, die möglicherweise im Anschluß an den Einsatz fiskalpolitischer Maßnahmen eintreten, zu antizipieren, um sie bei der Wahl von Art und Ausgestaltung der jeweiligen Maßnahmen berücksichtigen zu können. Es ist mit dem heutigen Wissen noch nicht möglich, hinsichtlich dieses Problemkreises zu eindeutigen, exakten Aussagen zu gelangen. Trotzdem soll versucht werden, aus den bislang vorliegenden Ansätzen einige Schlußfolgerungen zu ziehen.

b. Ursachen für eine variable Investitionsbeziehung

Die Variabilität der Investitionsbeziehung wird zunächst auf eine Zielvariation zurückgeführt. Es sind zu diesem Zweck mehrere Arten der Zielvariation zu unterscheiden:

- Bei Vorliegen nur eines Zieles kann das Ausmaß der gewünschten Zielerreichung (Anspruchsniveau) variabel sein (I.).
- Bei Vorliegen mehrerer Ziele kann die Relevanz der Ziele bei konstanter Rangfolge der Ziele variieren (II.).
- Bei Vorliegen mehrerer Ziele kann die Rangfolge der Ziele im Zielsystem variieren (III.).

I. Variabilität des Anspruchsniveaus [1)]

Wenn Ziele nicht maximiert oder minimiert werden - auch unter Nebenbedingungen -, so muß von dem Unternehmen ein Anspruchsniveau festgelegt werden, welches in der jeweiligen Periode erreicht werden soll.

Dieses Anspruchsniveau wird in der Höhe festgelegt, [2)] die das Unternehmen glaubt, in der jeweiligen Periode erreichen zu können. Maßgeblich für die Erwartung, was erreicht werden kann, sind in der Theorie die Erfahrungen aus der Vergangenheit - die Zielerfüllungen in den letzten Perioden - und die Zielerreichungen anderer vergleichbarer Unternehmungen. [3)]

Die Entwicklung des Anspruchsniveaus im Zeitablauf wird folgendermaßen angenommen: [4)]

(1) Unter stationären Umständen liegt das Anspruchsniveau geringfügig über dem bislang erreichten Niveau.

(2) Wenn das erreichte Niveau zunehmend ansteigt, wird das Anspruchsniveau jeweils für kurze Zeit hinter dem erreichten Niveau zurückhängen.

(3) Wenn das erreichte Niveau abnimmt, wird das Anspruchsniveau jeweils über dem erreichten Niveau liegen.

Die Verhaltensweisen gemäß dieser Theorie können folgendermaßen charakterisiert werden: Die Wirtschaftssubjekte

---

1) Hier kann an die Ausführungen in Kapitel C.5.c. (S. 171 ff.) angeschlossen werden.

2) Siehe zum Folgenden: R.M. Cyert, J.G. March, A Behavioral Theory of the Firm, S. 34 f.

3) Zu Hypothesen über die Anspruchsniveausetzung siehe auch ausführlich H. Sauermann, R. Selten, Anspruchsanpassungstheorie der Unternehmung, S. 579 ff.

4) R.M. Cyert, J.G. March, A Behavioral Theory of the Firm, S. 34.

richten sich stets optimistisch an dem höchsten, zuletzt erreichten Zustand aus und legen ihr Anspruchsniveau jeweils knapp darüber fest. In einer stabilen Wirtschaft werden sie in dieser Festsetzung auch jeweils bestätigt werden.

In einer konjunkturell schwankenden Wirtschaft scheint ihr Verhalten sehr stark von Irrtümern geprägt zu sein: Im Aufschwung wird wegen der Ausrichtung am letzten Niveau und nicht an der letzten Veränderungsrate das Anspruchsniveau zu niedrig festgelegt, im Abschwung wird nicht mit einer Fortentwicklung des Abschwungs gerechnet. Die Wirtschaftssubjekte beharren jedoch nicht im Irrtum, sondern sind in der Lage, aus den Irrtümern zu lernen; sie passen das Anspruchsniveau dauernd der letzten Entwicklung an. "Die unternehmerische Zielvariation im Zeitablauf stellt einen Vorgang des Lernens dar, durch den eine Anpassung an die Umwelt erreicht werden soll." [1]

Es muß jedoch beachtet werden, daß die Anspruchsanpassungstheorie in der hier skizzierten Form eine stark vereinfachte Lerntheorie [2] darstellt. Sie wurde zwar in einer Reihe von Fällen empirisch nachgewiesen, [3] es erscheint

---

1) E. Heinen, Das Zielsystem der Unternehmung, S. 241.

2) Eine Interpretation als Lernverhalten findet sich auch bei R.M. Cyert und J.G. March, A Behavioral Theory of the Firm, S. 123. Es sei darauf hingewiesen, daß dies nur eine Art Lerntheorie ist, daß hier aber nicht auf die umfangreiche psychologische Literatur zum Lernverhalten eingegangen werden kann. Diese ist zusammengefaßt bei O. Grün, Das Lernverhalten in Entscheidungsprozessen der Unternehmung, S. 22, Fußnote 1.

3) Siehe u.a. K. Lewin, T. Dembo, L. Festinger, and P.S. Sears, Level of Aspiration, S. 333 ff.; F. Hoppe, Erfolg und Mißerfolg, Psychologische Forschung, Jg. 14 (1931), S. 9 ff. zitiert nach dem Wiederabdruck, in: H. Thomae (Hg.), Die Motivation menschlichen Handelns, Köln, Berlin 1965, S. 217 ff.; H. Heckhausen, Motivationsanalyse der Anspruchssetzung, Psychologische Forschung, Jg. 25 (1955), S. 126 ff., zitiert nach dem Wiederabdruck, in: H.Thomae (Hg.), Die Motivation ..., S. 231 ff.; K. Lewin, The Psychology of Success and Failure,in:H.J.Leavitt,L.R.Pondy (ed.),Readings in Managerial Psychology, Chicago, London 1964, S. 25 ff.

jedoch schwierig, aus diesen Untersuchungen zur Anspruchsniveau-Setzung einzelner Personen mit einzelnen Zielen Aussagen über das Verhalten von Kollektiven mit einer Vielzahl von Zielen abzuleiten.[1] Allerdings hat in neuerer Zeit O. Grün[2] eine Anwendbarkeit dieser Theorie als Lerntheorie auch auf das Verhalten in Unternehmungen empirisch nachgewiesen. Die Untersuchung von Grün beschränkt sich jedoch auf Entscheidungsprozesse bei novativen Entscheidungen (erstmalige Computer-Anschaffung), ist daher nur begrenzt anwendbar auf Überlegungen zu einer Zielvariation im Konjunkturablauf hinsichtlich aller Investitionsentscheidungen.

Eine derartige Zielvariation würde - dargestellt am Beispiel des Umsatzzieles - wie folgt ablaufen: Im Aufschwung fände eine ständige Anpassung des Anspruchsniveaus nach oben statt; bei kapazitätsmäßiger Anpassung wären die Unternehmungen dauernd gezwungen, zusätzliche Investitionen zur Anpassung an die möglichen Umsätze jeweils der letzten Periode vorzunehmen. Das Anspruchsniveau-Anpassungs-Prinzip wäre gut vereinbar mit einem Akzelerationsprinzip von der Art des Kapitalstock-Anpassungs-Prinzips. In der Hochkonjunktur würde der gewünschte Kapitalstock stets knapp über dem für die Umsätze der nachfolgenden Periode notwendigen Kapitalstock liegen. Im Abschwung wäre ein retardierendes Element eingebaut: Die Unternehmer akzeptierten stets nur das Sinken des Zielerreichungs-Niveaus in der Vorperiode, würden jedoch keine weiteren Abschwungsbewegungen antizipieren. Das optimistische Verhalten wäre mit dem Akzelerationsprinzip nicht vereinbar.

Der Versuch einer Anwendung zeigt bereits die Begrenzung des Ansatzes: Die Beschränkung auf nur ein Ziel ist aufzugeben, um realitätsnähere Aussagen zu ermöglichen. Die

---

1) So auch W. Hamel, Zur Zielvariation in Entscheidungsprozessen, S. 747.

2) O. Grün, Das Lernverhalten in Entscheidungsprozessen der Unternehmung, passim.

Anspruchsniveau-Anpassung müßte darüber hinaus auf eine Organisation bezogen werden und dürfte nicht auf ein Individuum beschränkt bleiben. In der vorliegenden Form können schließlich nur quantitative Zielvariationen abgeleitet werden, nicht aber qualitative oder inhaltliche Zielvariationen innerhalb eines Zielsystems. [1)]

II. Variabilität des maßgeblichen Ziels bei Konstanz des Zielsystems

Werden in den Unternehmungen gleichzeitig mehrere Ziele verfolgt, so ist die Hypothese darüber aufzustellen, wie der Konflikt zwischen den einzelnen Zielen gelöst wird. Denn in der Regel kann nicht von Harmonie zwischen den Zielen ausgegangen werden, sondern die Ziele stehen erstens zueinander in Widerspruch und/oder sind zweitens kaum miteinander auf einer gemeinsamen Ebene vergleichbar (z.B. x % Marktanteil und x DM Gewinn). Es sind vier Möglichkeiten denkbar, wie der Unternehmer (zunächst sei von einem Einzelunternehmer ausgegangen) sich diesen Zielkonflikten gegenüber verhält: [2)]

A) Der Unternehmer unterdrückt alle Zielvorschriften bis auf eine. Hier wird der Zielkonflikt zugunsten eines Ziels gelöst, das Ergebnis ist ein Unternehmer mit einem Ziel. Falls dieses obsiegende Ziel im Zeitablauf variiert, hat man ebenfalls eine variable Zielfunktion.

B) Der Unternehmer gibt einem Ziel den Vorrang mit der Nebenbedingung befriedigender Zielerfüllungen bei den anderen Zielen. Hier wird das Entscheidungsproblem in die

---

1) W. Hamel, Zur Zielvariation in Entscheidungsprozessen, S. 747.

2) Nach D. Schneider, Investition und Finanzierung, S.67 ff.

Höhe der Nebenbedingungen verlegt. Die Zielrangfolge ergibt sich aus der Festsetzung der Höhe der Nebenbedingungen. [1] Ihre Variabilität wäre mit den oben dargelegten Mechanismen der Anspruchsniveau-Anpassung erklärbar.

C) Der Unternehmer formuliert ein übergeordnetes Ziel, das nicht im primären Zielkatalog enthalten war und das die übrigen Ziele enthält. Im Ergebnis muß hier der Unternehmer in der Lage sein, eine Nutzenfunktion, also einen gemeinsamen Nenner für alle Ziele aufzustellen, um so die Substitutionsbeziehungen zwischen den Zielen ermitteln zu können. Bei deskriptiven Analysen muß ein derartiger Ansatz zu einer Leerformel [2] führen, da die trade-offs zwischen verschiedenen Niveaus der alternativen Zielsetzungen kaum für den Entscheidenden selbst, geschweige denn für den externen Beobachter zu ermitteln sind.

D) Der Unternehmer stellt eine Rangordnung der Ziele auf und ordnet die Entscheidungsalternativen nach der Erfüllung der rangmäßig geordneten Zielgrößen ("lexikographischer" Nutzen). [3] Hierbei wird jedoch das oberste Ziel nun nicht (wie bei B)) maximiert, sondern für jedes Ziel legt der Unternehmer ein Anspruchsniveau fest.

---

1) M. Bischoff, Multivariable Zielsysteme in der Unternehmung, S. 44 ff.

2) D. Schneider, Investition und Finanzierung, S. 67, mit Verweis auf K.E. Boulding, The Present Position of the Theory of the Firm, in: K.E. Boulding, W.A. Spivey (ed.), Linear Programming and the Theory of the Firm, New York 1960, S. 4; vgl. auch M. Schmid, Leerformeln und Ideologiekritik, Tübingen 1972, bes. S. 98 ff.

3) Siehe hierzu J.S. Chipman, The Foundations of Utility, Econometrica, Vol. 28 (1960), S. 193 ff.; J. Encarnation, Jr., A Note on Lexikographical Preferences, Econometrica, Vol. 32 (1964), S. 215 ff.; H. Schneeweiß, Bemerkungen zur lexikographischen Ordnung, in: R. Henn, Operations Research Verfahren III, Meisenheim 1967, S. 336 ff.

Die Entscheidungsalternativen werden nun danach geordnet, welche das Anspruchsniveau des höchsten Ziels erfüllen. Sind es mehrere, so spielt dieses Ziel für die weitere Auswahl keine Rolle mehr, vielmehr wird das zweite Ziel nun betrachtet und aus den Alternativen, die das Anspruchsniveau des obersten Ziels erfüllten, werden diejenigen herausgesucht, die das Anspruchsniveau des zweiten Ziels erfüllen usw., bis ein Ziel erreicht wird, dessen Anspruchsniveau nicht mehr erfüllt wird. Dieses Ziel wird (relativ) maximiert unter der Nebenbedingung, daß die übrigen, höheren Ziele im Ausmaß über das Anspruchsniveau hinaus erfüllt werden. (Im Ergebnis ähnelt die jeweils gewählte Zielformulierung formal dem Ansatz B), wo ja auch ein Ziel unter Nebenbedingungen optimiert wird. Der Unterschied besteht aber darin, daß hier das zu optimierende Ziel nicht wie bei B) von vornherein und auf Dauer festliegt).

Geht man nun davon aus, daß die Entscheidung in den Unternehmungen insbesondere über Investitionen mit dem Modell C), also einer lexikographischen Gesamtordnung abgebildet werden kann, so läßt sich daraus eine Hypothese zur Variation des jeweils maßgeblichen Ziels innerhalb des Zielsystems ableiten: [1)]

In Situationen, in denen (durch die Umwelt o.ä.) das oberst Ziel der Unternehmung gefährdet ist (z.B. Fortbestehen), werden alle Aktivitäten an diesem Ziel ausgerichtet. Wird dieses Ziel jedoch durch alle Alternativen in "befriedigender" Weise erfüllt, wird das zweite Ziel (z.B. Gewinnerzielung) zur Entscheidungsfindung beitragen. Wird auch

1) Zum Folgenden siehe H. Wolff, Die Bestimmung der Investitionstätigkeit unter Berücksichtigung mehrwertiger Zielfunktionen der Unternehmer, S. 62 ff. und S. 77 ff.

hier das "befriedigende" Niveau erreicht, berücksichtigt die Unternehmung bei der Auswahl aus alternativen Handlungs-(Investitions-)Möglichkeiten das dritte Ziel usw.

Sobald ein Ziel erreicht ist, das nicht durch die Alternativen erfüllt ist, wird die Unternehmung ihre Handlungen derartig gestalten, daß sie diese nicht "befriedigend" erfüllbare Zielfunktion maximiert mit den Nebenbedingungen der Einhaltung der ranghöheren Ziele. [1)]

Es hängt nun von den jeweiligen (z.B. konjunkturellen) Umweltgegebenheiten ab, welches Ziel maßgeblich für die Unternehmungs-Entscheidung wird.

Herrscht eine konjunkturelle Überhitzung, in der hohe Auftragsbestände gegeben sind und der Markt auch rentable Investitionen zuläßt, so kann es das Problem der Liquiditätserhaltung sein, welches die Höhe der Investitionen beschränkt. [2)]

Bei zurückgehender Überhitzung mögen die Investitionen weder durch die Rentabilität noch durch die Liquidität, sondern möglicherweise durch Investitionen mehr langfristiger Art zugunsten Forschung und Entwicklung durchgeführt werden. [3)]

In einer Depression mag die Rentabilität der Investitionen gefährdet sein, Auswahlkriterium wird folglich die Rentabilitätserzielung unter Beibehaltung der ranghöheren Ziele als Nebenbedingung sein. [4)]

Auf diese Weise gelangt man also zu einem sich verändernden relevanten Ziel bei gleichbleibender Zahl und Rangfolge der Ziele der Unternehmung. Aus der Gesamtzahl der

---

1) H. Wolff, Die Bestimmung der Investitionstätigkeit unter Berücksichtigung mehrwertiger Zielfunktionen der Unternehmer, S. 95 f.

2) Ebenda, S. 97.

3) Ebenda, S. 98.

4) Ebenda, S. 97.

für die Investitionsentscheidungen bedeutsamen Ziele wird immer nur eines gemäß der jeweiligen Situation maßgeblich sein. Dieses Ziel wird dann unter der Nebenbedingung, daß die höherwertigen Ziele sämtlich erfüllt sind, maximiert.

Im Ergebnis ähnelt die Zielfunktion hier der Zielfunktion bei Gewinnmaximierung unter Nebenbedingungen. Allerdings ist zu beachten, daß zum einen das jeweilige Ziel nur relativ maximiert wird: Es ist zuvor bekannt, daß keine Alternative dieses Ziel bis zum Anspruchsniveau erfüllt. Die Maximierung besagt also lediglich, daß das Investitionsprogramm gewählt wird, welches dieses relevante Ziel am besten erfüllt. Zum anderen ist das maßgebliche Ziel nicht konstant, sondern variiert in Abhängigkeit von den Umweltveränderungen, insbesondere vom Konjunkturablauf.

Formal handelt es sich bei diesem Ansatz um eine Verbindung zwischen den Ergebnissen der neueren Theorie der Unternehmung (mehrere Ziele; Anspruchsniveau-Anpassungs-Verhalten statt Ziel-Optimierung) mit traditionellen Hypothesen über die Verhaltensweisen (Ziel-Optimierung unter Nebenbedingungen). Diese formale Ähnlichkeit kann jedoch nur hervorgerufen werden durch zwei einschränkende Prämissen, die konträr zu den Argumenten stehen, die gerade erst hin zur neueren Theorie der Unternehmung führten:

Die vorgeführte Theorie gilt nur für Einzelunternehmer. Aus diesem Grunde kann die Zielrangfolge in der Unternehmung eher als konstant angenommen werden. Dahinter steht die Hypothese, daß inner-individuelle Konflikte seltener sind als inner-organisatorische Konflikte über die Zielrangfolge. Ist aber in Organisationen das Zielsystem variabel, so kann dieser Ansatz nicht mehr beibehalten werden, da für ihn die Konstanz der Zahl und Rangfolge der Ziele eine notwendige Voraussetzung ist. Daß diese Annahme einer konstanten Rangfolge und Vorgehensweise nach der lexikographischen Ordnung auch zu seltsamen Ergebnissen führen kann, zeigt folgendes Beispiel:

Wolff [1] gibt - ohne damit Aussagen über die Realität machen zu wollen - folgende Zielrangfolge an (hier vergröbert dargestellt): 1. Konstante Eigenkapitalquote, 2. Rentabilität, 3. Kapazitätsauslastung, 4. Forschung. Wenn Ziel 1 erfüllt ist, müßte beispielsweise die Rentabilität auf Kosten der Kapazitätsauslastung durchgehalten werden - ein denkbarer Fall. Aber: Die kurzfristige Rentabilität müßte in diesem Fall auch auf Kosten der Forschung, also der langfristigen Unternehmenssicherung aufrechterhalten werden; oder: falls Ziel 2. ebenfalls erfüllt ist, müßte die Kapazitätsauslastung beibehalten werden, auch wenn dies voll zu Lasten der Zukunftssicherung des Unternehmens geschehen müßte. Es zeigt sich: Der formal klare Ansatz berücksichtigt die Zielkonflikte zwischen den Zielen nicht hinreichend (unabhängig vom Beispiel), sondern versucht, dieses Problem durch Annahme einer Konstanz der Rangfolge zu lösen.

Aber auch wenn die Voraussetzungen hinsichtlich der Ziele gegeben wären, so steht der Brauchbarkeit dieses Ansatzes für die Erklärung der Wirklichkeit doch ein entscheidendes Hindernis entgegen: Die Informationsprämisse, die dieser Ansatz notwendig beinhaltet, wenn er die Entscheidungsalternativen lexikographisch ordnet, entspricht genau den Informationsannahmen der klassischen Theorie. Aber gerade die Unsicherheit über die Zukunft, also über die Auswirkungen der einzelnen Alternativen war es, die zu einer Abkehr vom eindimensionalen Zielsystem, zur Akzeptierung von Zielbildungen in Organisationen etc. führen konnten und führten. Die Verwendung dieser Prämisse zum Zwecke der Erreichung einer größeren formalen Eleganz des Ansatzes

1) H. Wolff, Die Bestimmung der Investitionstätigkeit unter Berücksichtigung mehrwertiger Zielfunktionen der Unternehmer, S. 91.

führt wieder hin zu den gleichen Problemen, vor die der klassische Ansatz als Beschreibung der Wirklichkeit gestellt war und die mit der neueren Unternehmenstheorie tendenziell in Annäherung an die Realität überwunden werden sollten.

Streicht man diese Informationsprämisse, dann bleibt wiederum als Ergebnis dieses Ansatzes lediglich übrig, daß im Zeit- und im Konjunkturablauf das für Entscheidungen relevante Ziel nicht konstant sein wird, sondern sich den Umweltveränderungen anpassen wird.

Welches Ziel im einzelnen aber jeweils relevant sein wird, läßt sich nicht eindeutig vorhersagen. Es wäre notwendig, die konstante Zielrangfolge zu ermitteln - wenn auch nicht für alle Unternehmungen, so doch für wesentliche Unternehmensgruppen; impliziert wäre wiederum Konstanz der Zielrangfolge innerhalb der einzelnen Unternehmung. Diese Hypothese ist nun noch zu untersuchen.

III. Variabilität der Zielrangfolge im Zielsystem

Bei Vorliegen von mehreren Zielträgern mit jeweils einer Vielzahl von Zielen innerhalb einer Organisation können offensichtlich bei Entscheidungen in der Organisation nicht jeweils alle Ziele aller Zielträger gleichmäßig Berücksichtigung finden. [1] Bei jeder Entscheidung ist eine Auswahl aus der Vielzahl von möglichen Zielen vorzunehmen. Es sind nun verschiedene Hypothesen denkbar, wie dieser Auswahlprozeß vor sich geht:

1) Siehe hierzu den Überblick von H. Ulrich, Art. Willensbildung und Willensdurchsetzung, in: E. Grochla (Hg.), Handwörterbuch der Organisation, Stuttgart 1969, Sp. 1781 ff.

Cyert und March [1] beschreiben den Entstehungsprozeß des Zielsystems als Bargaining-Prozeß zwischen den verschiedenen Organisationsteilnehmern; sie führen damit die Ziele von Organisationen (die es als solche nicht gibt) zurück auf die Ziele der beteiligten Personen und auf den Aushandlungsprozeß. Jeder einzelne Organisations-Teilnehmer kann wegen seiner begrenzten Informationsverarbeitungskapazität zu jedem Zeitpunkt nur eine begrenzte Zahl seiner Ziele "aktivieren", [2] die übrigen Ziele sind inaktiv oder bleiben unberücksichtigt. [3]

Zielvariationen der Organisation können nun aus organisationsspezifischen, umweltspezifischen, personenspezifischen und gruppenspezifischen Einflüssen resultieren. [4] Allerdings ist diese Unterscheidung nicht eindeutig: gruppenspezifische Einflüsse können auf personenspezifische Einflüsse über den Bargaining-Prozeß zurückgeführt werden,und umweltspezifische Einflüsse können nur wirksam werden, wenn sie auf Personen innerhalb der Organisation einwirken, soweit nur Individuen als Träger von Zielvorstellungen zugelassen sind. Trotzdem kann mit Hamel zwischen Einflüssen auf die Individuen unterschieden werden, die aus Veränderungen der Umwelt resultieren, und solchen, die ohne derartige Anstöße aus den Personen selbst resultieren.

Vor den hier besonders bedeutsamen Umweltänderungen seien zunächst die im engeren Sinne personenspezifischen Einflüsse betrachtet. Eine Zielvariation aufgrund derartiger Einflüsse kann auf einer Änderung der Wertestruktur der

---

1) R.M. Cyert, J.G. March, A Behavioral Theory of the Firm, S. 29 ff.

2) Ebenda, S. 35.

3) Ebenda, S. 39.

4) Hierzu im einzelnen W. Hamel, Zur Zielvariation in Entscheidungsprozessen, S. 743 ff. Vgl. auch R. Mayntz, Art. Organisationsziel, in: E. Grochla (Hg.), Handwörterbuch der Organisation, Stuttgart 1969, Sp. 1255 ff.

Personen beruhen oder auf einer Wandlung der Zielinterpretation durch untergeordnete Entscheidungsträger, [1] wobei dieser Interpretationswandel aber wohl auch als Wandel der Wertestruktur des Interpretierenden anzusehen ist. Entscheidend ist es nun, wie dieser Wandel der Wertestruktur zustande kommt. Während Hamel hierzu keine Aussagen macht, lassen sich bei Cyert und March [2] einige Andeutungen finden.

Wie dargestellt gehen diese Verfasser davon aus, daß jedes Organisationsmitglied stets nur einzelne Ziele im Bargaining-Prozeß der Unternehmung vertritt, und zwar stets jene Ziele, auf die gerade seine Aufmerksamkeit gerichtet ist, die seinen "attention focus" [3] darstellen. Zielveränderungen des einzelnen sind Verschiebungen des attention focus.

Derartige Verschiebungen werden nicht ohne begründeten Anlaß, sondern nur aufgrund von "drastic-experiences" [4] eintreten. Dabei sagt der Begriff "drastic-experiences" zwar etwas über die Art und die Intensität eines Ereignisses aus, bleibt aber sehr vage [5] und verschiebt das Problem der Zielvariation zum Problem einer Theorie über das Eintreten und Wirksamwerden drastischer Erfahrungen. Nach Cyert und March [6] können dies heftige positive oder negative Erfahrungen in der Vergangenheit sein, die jeweils ein bislang nicht im Vordergrund stehendes Ziel aktivierten.

---

1) W. Hamel, Zur Zielvariation in Entscheidungsprozessen, S. 745.

2) R.M. Cyert, J.G. March, A Behavioral Theory of the Firm, S. 35 f.

3) Ebenda, S. 35.

4) Ebenda, S. 35.

5) "We know rather little about the actual mechanisms that control this attention factor." R.M. Cyert, J.G. March, ebenda, S. 39.

6) Ebenda, S. 35.

Hier bietet es sich nun an, die personen-spezifischen Einflüsse mit den umwelt-spezifischen Einflüssen zu verbinden und damit den Begriff "Erfahrungen" zu erweitern zu "Informationen", was dann auch Informationen über die Umwelt und ihre Änderungen einschließt. Zieländerungen in den Unternehmungen können demnach bei Informationen über intensive Umwelt-Änderungen eintreten. Eine derartige Interpretation ist auch bei Cyert und March angelegt, wenn sie Anspruchsniveauverschiebungen nicht nur aufgrund eigener Erfahrungen, sondern auch aufgrund von Erfahrungen sprich Zielerreichungen anderer vergleichbarer Marktteilnehmer zulassen. [1]

Dieses Ergebnis entspricht auch einer Sichtweise, welche die Unternehmensziele als Bindeglied zwischen Unternehmung und Umwelt ansieht: "Da sich Zielsetzungen im wesentlichen als das Problem darstellen, die gewünschten Beziehungen zwischen einer Organisation und ihrer Umgebung zu definieren, erfordert ein Wandel in einem jeden dieser Bereiche Neuerwägungen und vielleicht eine Zieländerung." [2] Eine Unternehmung, die auf Dauer angelegt ist, muß darauf achten - schon zur Erhaltung -, daß ihre Aktivitäten und ihre Ziele an veränderte Umweltsituationen angepaßt werden. [3] "Die Richtung und das Ausmaß der jeweiligen Zielvariation ist eine Funktion der Umweltveränderung; das gilt auch für die Anzahl und die Art der anzupassenden Ziele sowie für die Veränderung von Zielsystemen und deren Verknüpfungen." [4]

---

1) R.M. Cyert, J.G. March, A Behavioral Theory of the Firm, S. 34.

2) J.D. Thompson, W.J. McEwen, Organizational Goals and Environment: Goal-Setting as an Interaction Process, American Sociological Review, Vol. 23 (1958), S.23, zitiert nach: H.G. Krüsselberg, Organisationstheorie, Theorie der Unternehmung und Oligopol, Berlin 1965, S. 113.

3) W. Hamel, Zur Zielvariation in Entscheidungsprozessen, S. 744.

4) Ebenda, S. 744.

Die Umwelt (allgemein formuliert) kann nun zwanghaft eine Zieländerung bewirken oder lediglich einen Anreiz dazu geben. Zwangsweise Anpassung der Ziele wird beispielsweise in einer Liquiditätskrise zur Aufgabe von Gewinn- oder Expansions-Zielen führen und das Liquiditätsziel in den Vordergrund stellen. [1)] Der Zwang besteht in der Notwendigkeit des Überlebens der Unternehmung.

Von freiwilligen Anpassungen an Umweltänderungen kann gesprochen werden, wenn die Zielvariation lediglich auf nicht derart intensiven Einwirkungen beruht, sondern eine regelmäßige Anpassung an Erfahrungen darstellt, die von der Unternehmensleitung vorgenommen wird, um Erfolge zu finden und Mißerfolge zu vermeiden. [2)]

Zur "Umwelt" der Unternehmungen in dem hier verwandten Sinne gehören auch die jeweilige konjunkturelle Lage sowie der mögliche Einsatz fiskalpolitischer Maßnahmen. Als Schlußfolgerung ergibt sich nicht nur eine Begründung für eine potentielle Variation der Unternehmungsziele im konjunkturellen Ablauf - wobei weniger "drastische Erfahrungen" im Vordergrund stehen, sondern mehr permanente Anpassungen an Erfahrungen -, sondern es können auch Aussagen über die Wirkungsweise fiskalpolitischer Maßnahmen abgeleitet werden. Denn aus der Anspruchsanpassungstheorie sowie der Theorie der Zielvariabilität kann entnommen werden, daß eine Sichtweise unvollständig ist, die lediglich prüft, in welchem Umfang gegebene Ziele von den fiskalpolitischen Maßnahmen beeinflußt werden. Hierbei wird nämlich übersehen, daß der Einsatz derartiger Maßnahmen gleichzeitig geeignet ist, das Niveau der erstrebten Zielerreichung zu variieren sowie - bei

---

1) A. Lehneis, Langfristige Unternehmensplanung bei unsicheren Erwartungen, Neuwied, Berlin 1971, S. 109.

2) Ebenda, S. 109 f.

hinreichend intensivem Einsatz - zu einer völligen Veränderung des Zielsystems führen kann; die "Erfahrungen" der Unternehmungen müssen nur "drastisch" genug sein. Werden solche Effekte auf die maßgeblichen Ziele mit berücksichtigt, dann schwindet die Eindeutigkeit von Wirkungsaussagen, solange nicht in hinreichendem Umfang empirische Grundlagen zur Zielvariation in den Unternehmungen vorliegen. Als erste konjunkturpolitische Schlußfolgerung läßt sich lediglich auf die Bedeutsamkeit eines drastischen Maßnahmeeinsatzes hinweisen, durch den Änderungen im Zielsystem hervorgerufen werden können. Es ist jedoch nicht offensichtlich, ob derartige Änderungen gewünscht oder unerwünscht sind. Zur Beantwortung dieser Frage ist es notwendig, die bisher weitgehend leeren Aussagen zur Zielvariation mit empirischem Leben aus dem Bereich investitionstheoretischer Forschung anzureichern.

c. Konjunkturpolitische Schlußfolgerungen

Wie dargelegt, kann eine Variation der Unternehmungsziele im Zeitablauf unterschiedliche Ursachen haben. Nun sind für konjunkturpolitische Zwecke nicht Vorgänge in einzelnen Unternehmungen von Bedeutung (etwa die dort ablaufenden Bargaining-Prozesse), sondern es muß das Anliegen des Konjunkturpolitikers sein, solche Veränderungen in den unternehmerischen Zielsetzungen berücksichtigen zu können, die allgemeine Bedeutung haben. Es kann also nicht darauf ankommen, die genauen (z.T. sozialpsychologischen) Einzelheiten der Zielbildung in Unternehmungen im einzelnen zu analysieren, [1] sondern in einem größeren konjunkturpoli-

1) So können auch Zielveränderungen, die während des Entscheidungsprozesses auftreten können, hier unbeachtet bleiben, da sie vornehmlich wohl nur einzelwirtschaftliche Bedeutung erlangen. Siehe hierzu W. Hamel, Zur Zielvariation in Entscheidungsprozessen, passim.

tischen Ansatz zu prüfen, welche der hier vorgelegten Variationsursachen Anhaltspunkte für die Ausgestaltung des konjunkturpolitischen Instrumentariums zu liefern in der Lage sind.

Die "einfache" Anspruchsanpassungstheorie besagt, daß es jeweils die Erfahrungen der Vergangenheit sind, die maßgeblich für das je gesetzte Anspruchsniveau sind. Hiermit liegt eine psychologisch begründete Akzelerationsbeziehung vor, die in dieser einfachen Form kaum Raum für eine erfolgreiche Variation des Anspruchsniveaus durch konjunkturpolitische Maßnahmen läßt. Dies gilt besonders dann, wenn die konjunkturpolitischen Maßnahmen klar als solche deklariert werden und also nur für begrenzte Dauer Gültigkeit erlangen.

Ausbaufähiger ist das Konzept der Relevanz-Variabilität bei Vorliegen einer lexikographischen Ordnung, das zwar ebenfalls auf der Anspruchsniveau-Theorie basiert, aber zusätzlich die gleichzeitige Berücksichtigung mehrerer Ziele einzubeziehen in der Lage ist. Wesentliche Aussage dieses Konzepts ist es doch, daß diejenigen Ziele, deren Anspruchsniveau erfüllt ist, für die Entscheidungsfindung keine Rolle spielen. Zu ähnlichen Ergebnissen führt auf anderem Wege die Hypothese einer Variabilität der Zielrangfolge im Zielsystem.

Eine erste Schlußfolgerung für die Konjunkturpolitik könnte nun darin liegen, daß es darauf ankommt, das jeweils relevante (primäre) Ziel mit den fiskalpolitischen Instrumenten zu treffen, wenn das Verhalten der Unternehmungen in einer bestimmten Richtung gesteuert werden soll. Dieser Schluß wird von Wolff [1] in den Vordergrund gestellt

---

1) H. Wolff, Die Bestimmung der Investitionstätigkeit unter Berücksichtigung mehrwertiger Zielfunktionen der Unternehmer, S. 147 ff.

und führt dann zu der konkreten Fragestellung, welche unterschiedlichen Ziele in den verschiedenen Konjunkturphasen relevant sein werden.

Wenn auch bislang noch keine empirischen Ergebnisse zum Investitionsverhalten vorliegen, die von derartigen theoretischen Überlegungen ausgehen, so ist es doch möglich, mit ihrer Hilfe solche Ansätze zu interpretieren, die Wandlungen der Investitionsdeterminanten im Konjunkturverlauf ermittelt haben. Es handelt sich hierbei einerseits um die Arbeiten von Meyer und Kuh [1] und Meyer und Glauber, [2] andererseits um die Arbeit von D. Lüdeke [3]; in ihnen wird der Versuch unternommen, für Auf- und Abschwungperioden unterschiedliche Einflußgrößen der Investitionstätigkeit herauszuarbeiten. Ein Vergleich der Ergebnisse dieser Verfasser mit den bisherigen theoretischen Überlegungen zeigt eine weitgehende Äquivalenz, obwohl in diesen Arbeiten keinerlei verhaltenstheoretische Grundlegungen enthalten sind, ja die Verfasser hierzu z.T. sogar eine kritische Stellung einnehmen. [4]

Vereinfacht ergibt sich die variable Investitionsbeziehung von Meyer, Kuh und Glauber, die als "Accelerator-Residual-Funds-Theory of Investment" bezeichnet wird, [5] wie folgt: [6]

---

1) J.R. Meyer, E. Kuh, The Investment Decision, bes. S. 190 ff.

2) J.R. Meyer, R.R. Glauber, Investment Decision, Economic Forecasting, and Public Policy.

3) D. Lüdeke, Strukturveränderungen des Investitionsverhaltens im Konjunkturverlauf, JNStat, Bd. 188 (1974), S. 289 ff.

4) J.R. Meyer, R.R. Glauber, Investment Decisions, Economic Forecasting, and Public Policy, S. 9; vgl. aber hierzu auch E. Kuh, Theory and Institutions in the Study of Investment Behavior, AERP, Vol. 53 (1963), S. 260 ff., wo von den tatsächlichen Verhaltensweisen der "modern business corporation" ausgegangen wird.

5) J.R. Meyer, R.R. Glauber, Investment Decisions, Economic Forecasting, and Public Policy, S. 8.

6) Ebenda, S. 14 ff.

Im Aufschwung werden die Investitionen durch eine Akzelerationsbeziehung vom Typ der Kapazitätsanpassungshypothese beeinflußt: Das Akzelerationsprinzip selbst wird aus gewinnmaximierendem Verhalten der Unternehmungen her erklärt. Die Finanzierung dieser Kapazitätsexpansion wird aus Risikogründen soweit wie möglich intern vorgenommen, darüber hinaus aber wird zu externer Finanzierung gegriffen, um das Gewinn- (oder evtl. Wachstums-) Maximum zu erreichen. Die Investitionstätigkeit ist also nicht abhängig von den internen oder externen Finanzierungsmöglichkeiten, sondern umgekehrt hängt in diesen Phasen der Umfang der externen Verschuldung von der Höhe der gewünschten Investitionstätigkeit unter Berücksichtigung der internen Finanzierungsmöglichkeiten und der notwendigen Gewinnausschüttungen ab.

Anders dagegen im Abschwung und in der Rezession.[1] Bei nicht voll ausgelasteten Kapazitäten wechselt die Richtung der Verursachung. Angesichts steigender Risikoabneigung der Unternehmungen wird keine Fremdfinanzierung mehr in Anspruch genommen, die Höhe der Investitionen wird bestimmt durch die Möglichkeiten der internen Finanzierung, nachdem die "üblichen" Dividendenzahlungen vorgenommen worden sind. Die Bedeutung dieses "residual funds" in Phasen der Unterbeschäftigung weist entsprechend der Liquiditätstheorie der Investition auf unterschiedliche Bewertung von interner und externer Finanzierung in den Unternehmen hin, sobald in unsicheren Wirtschaftslagen die Risikofreudigkeit der Unternehmungen abnimmt.

---

1) Da die Verfasser keine Konjunkturtheorie aufstellen, sondern lediglich eine Investitionstheorie, erklärt dieses Modell nicht den Einfluß der Investitionstätigkeit auf die Konjunktur, sondern umgekehrt den Einfluß der Konjunktur auf die Investitionstätigkeit.

Weitgehend entsprechende Ergebnisse erhält Lüdeke, obwohl er von einem gänzlich anderen theoretischen Ansatz ausgeht [1] und sich die Untersuchungen auf ein anderes Land und einen anderen Zeitraum erstrecken. [2] Auch hier hat u.a. das Akzelerationsprinzip nur im Aufschwung Einfluß auf die Investitionshöhe, [3] während die erhöhte Bedeutung der Innenfinanzierungsmöglichkeiten im Abschwung in einer steigenden Einflußintensität der Höhe der Abschreibungen zum Ausdruck kommt. [4]

Im Sinne einer Zielvariation uminterpretiert können diese Tatbestände auch so ausgedrückt werden, daß in expansiven Phasen das Gewinn- und Expansions-Ziel an erster Stelle steht, seiner Maximierung müssen sich alle anderen Ziele unterordnen, das Problem der Art der Finanzierung wird zweitrangig. In kontraktiven Phasen jedoch sinkt das Anspruchsniveau hinsichtlich dieses Zieles; es spielt für die Entscheidungen eine untergeordnete Rolle, maßgeblichen Einfluß gewinnt nun das Liquiditätsziel, operationalisiert als Präferenz für Innenfinanzierung der Investitionstätigkeit. Dabei erscheint es eine reine Interpretationsfrage zu sein, ob gesagt wird, daß die Zielrangfolge (Gewinn/Expansion, Liquidität) konstant bleibt und nur ihr Erfüllungsgrad variiert, oder ob die Beschreibung richtiger lautet, daß die Änderung der Determinanten auf eine Vertauschung der Rangfolge dieser beiden Ziele zurückzuführen ist.

---

1) D. Lüdeke, Strukturveränderungen des Investitionsverhaltens im Konjunkturverlauf. Hier wird ein an L.R. Klein (Economic Fluctuations in the United States, 1921-1941, Cowles Commission Monograph Nr. 11, New York, London 1950, S. 34 ff.) anschließendes Investitionsmodell verwandt, das der Risikoneigung und der Profitratenerwartung der Unternehmungen die maßgeblichen Einflüsse zuschreibt.

2) Meyer und Glauber beziehen ihre Untersuchung auf Investitionsentscheidungen in den USA von 1946-1958; Lüdeke verwendet Daten aus der Bundesrepublik Deutschland für die Jahre 1960-1971.

3) Ebenda, S. 309 und 311.

4) Ebenda, S. 315.

Diese mehr beispielhafte [1] Konkretisierung des zuvor theoretisch als möglich unterstellten Tatbestands der Variation der Investitionsdeterminanten im Konjunkturablauf ermöglicht direkte Schlußfolgerungen für die Wirksamkeit der fiskalpolitischen Maßnahmen in alternativen konjunkturellen Situationen:

In milden Rezessionen, in denen das Liquiditätsziel dominiert, kommt es darauf an, durch direkte Liquiditätszuführungen die Finanzierbarkeit der Investitionen in den Unternehmungen zu erleichtern. [2] Hierzu sind wie dargelegt prinzipiell sämtliche der in Kapitel B.2. dargestellten Instrumente verwendbar. Der Einsatz muß allerdings derart intensiv sein, daß tatsächlich die Finanzierbarkeit merklich verbessert wird, der "Schwellenwert der Fühlbarkeit" [3] muß überschritten sein.

Anderes gilt zu Beginn eines Aufschwungs. Hier orientiert sich die Investitionstätigkeit nach den vorliegenden Hypothesen bei hinreichender Liquiditätsausstattung der Unternehmungen im wesentlichen an der Kapazitätsauslastung. [4] Ausweitung der Liquiditätslage der Unterneh-

---

1) Vgl. auch die ähnlichen, wenn auch nicht identischen Ergebnisse bei P.J. Dhrymes, M. Kurz, Investmen , Dividend, and External Finance Behavior of Firms, bes. S. 428, 454 ff., 464. In dieser Untersuchung werden die gegenseitigen Abhängigkeiten der Ausschüttungs-, Investitions- und Verschuldungsentscheidungen explizit berücksichtigt, wobei sich aufgrund der Präferenz der Unternehmungen für Innenfinanzierung in stagnierenden oder rezessiven Phasen ergibt, daß die Investitions- und folglich auch die Verschuldungsentscheidungen stark zyklusabhängig sind.

2) J.R. Meyer, R.R. Glauber, Investment Decisions, Economic Forecasting, and Public Policy, S. 253.

3) W. Krelle, Präferenz- und Entscheidungstheorie, Tübingen 1968, S. 21 ff.

4) J.R. Meyer, R.R. Glauber, Investment Decisions, Economic Forecasting, and Public Policy, S. 253.

mungen durch investitionsorientierte Maßnahmen wird weitgehend wirkungslos bleiben, die Finanzpolitik ist in solchen Situationen gezwungen, primär den indirekten Weg über die staatliche Ausgabentätigkeit oder über Anreize für den privaten Konsum zu nehmen. Lediglich unterstützend können investitionsorientierte Maßnahmen eingesetzt werden.

Entsprechende Effizienzbedingungen sind bei angestrebter restriktiver Politik zu beachten: Solange der erste Aufstieg aus der Rezession noch in vollem Gange ist, müssen die Akzeleratorkräfte als so stark angesehen werden, daß ein Einsatz von direkt investitionsorientierten Maßnahmen wenig Erfolg verspricht. [1] Erst nachdem hier erste Erlahmungserscheinungen aufgetreten sind, also gegen Ende des Aufschwungs, treten wieder Liquiditäts- und Sicherheitsaspekte in den Vordergrund, so daß durch entsprechende fiskalpolitische Maßnahmen die Akzeleratorkräfte zumindest gemindert werden können.

Mit den Untersuchungen von Meyer und Glauber sowie von Lüdeke liegen trotz der prinzipiellen Übereinstimmung ihrer Ergebnisse noch keineswegs eindeutig abgesicherte Aussagen über Art und Umfang des Wandels der Investitionsdeterminanten im Konjunkturablauf vor, aus denen sich klare Schlußfolgerungen für die Fiskalpolitik ableiten ließen. Insbesondere fehlt in beiden Untersuchungen de explizite Berücksichtigung fiskalpolitischer Parameter - obwohl doch gerade in dem von Lüdeke zugrunde gelegten Zeitraum eine Vielzahl von investitionsorientierten Maßnahmen eingesetzt wurde.

Bei der beispielhaften Darstellung dieser Ansätze kam es also mehr darauf an zu zeigen, wie sich die Effizienzbedingungen der Finanzpolitik verkomplizieren, wenn die

1) J.R. Meyer, R.R. Glauber, ebenda, S. 253.

traditionelle Vorstellung eines konstanten Ziels der Unternehmungen fallengelassen wird. Zunehmende Bedeutung gewinnen dann die Auswahl des richtigen Instruments und die richtige Terminierung im konjunkturellen Ablauf. Erschwert wird insbesondere die Zeitpunktwahl, und zwar zum einen durch die bekannten Diagnose- und Prognose-Probleme der aktuellen Konjunkturbeobachtung, zum anderen aber auch durch die Vagheit der Aussagen dieser theoretischen Ansätze. Denn sie liefern nur in der hier vorgestellten stark vereinfachten Form eindeutige Aussagen für bestimmte Wirtschaftslagen. Die theoretischen und empirischen Ergebnisse dieser Untersuchungen waren aber kaum derart eindeutig. [1] Vor allem Erwartungsänderungen der Unternehmungen wurden von ihnen für Abweichungen der empirischen Ergebnisse vom theoretischen Verlauf verantwortlich gemacht. [2] Insofern liefert diese Theorie des variablen Investitionsverhaltens im Konjunkturverlauf zwar erste Einblicke in mögliche kompliziertere Verläufe, als sie durch die einfach strukturierten Theorien abgebildet werden können, endgültige konjunkturpolitische Verhaltensregeln konnten jedoch bislang noch nicht gewonnen werden.

Die Formulierung "bislang" ist klar optimistisch gefärbt. Daneben sollte auch die Möglichkeit zumindest erwähnt werden, daß die Strukturveränderungen des Investitionsverhaltens im Konjunkturverlauf nicht mit schöner Regelmäßigkeit die gleichen Merkmale aufweisen. In diesem (pessimistischen) Falle gewinnt die jeweils aktuelle

---

1) J.R. Meyer, R.R. Glauber, ebenda, S. 248 und S. 257. Siehe auch die kritische Auseinandersetzung mit den Ergebnissen von Meyer und Glauber bei M.K. Evans, Macroeconomic Activity, S. 90 ff. und 128 f.

2) J.R. Meyer, R.R. Glauber, Investment Decisions, Economic Forecasting, and Public Policy, S. 15, 17, 251; D. Lüdeke, Strukturveränderungen des Investitionsverhaltens im Konjunkturverlauf, S. 289 f.

Konjunktur- und Unternehmerbeobachtung an Bedeutung gegenüber der allgemeinen Theorie. Dann sind aber auch keine allgemeinen Richtlinien für die investitionsorientierte Fiskalpolitik mehr möglich.

D. Die Beeinflußbarkeit des zeitlichen Vollzugs der Investitionstätigkeit

1. Die Berücksichtigung des zeitlichen Vollzugs der Investitionstätigkeit in der Investitionstheorie - Eine Versöhnung zweier Paradigmen -

Nur vereinzelt und ohne vertiefte Analyse wurden bisher die Probleme ansgesprochen, die sich aus dem Umstand ergeben, daß nach dem Einsatz der fiskalpolitischen Parameter Zeit verstreicht, bis die Determinanten der Investitionstätigkeit verändert sind und bis im Anschluß daran die Investitionsnachfrage und darauf folgend die Investitionstätigkeit erhöht bzw. vermindert worden ist. Daß diese "Wirkungsverzögerungen" [1)] jedoch ein entscheidender Einflußfaktor für die Effizienz einer investitionsorientierten Fiskalpolitik sind, ist unumstritten. [2)] Ja, es ist sogar möglich, die These zu vertreten, daß die beste, d.h. auf Dauer zutreffendste Investitionstheorie für konjunkturpolitische Zwecke belanglos bleibt, wenn keine eindeutigen Aussagen zum zeitlichen Ablauf möglich sind, in dem sich die von der jeweiligen Theorie beschriebenen Effekte vollziehen werden.

Werden unter diesem Aspekt die in Kapitel C. herangezogenen Ansätze einer kritischen Betrachtung unterzogen, so

---

1) Dieser Begriff scheint sich im Deutschen für die englischen Begriffe "effect lag" und "operational lag" durchgesetzt zu haben. Siehe z.B. T. Winter, Handlungs- und Wirkungsverzögerungen in der Wirtschaftspolitik, Berlin 1971. Jedoch wird häufig auch der englische Begriff "Lag" verwandt, so z.B. bei H. Abels, Eine statistische Analyse der Lag-Beziehungen zwischen konjunkturrelevanten, makroökonomischen Zeitreihen für die Bundesrepublik Deutschland, Meisenheim 1974.

2) Siehe hierzu grundlegend A. Ando, E.C. Brown, Lags in Fiscal Policy, in: Commission on Money and Credit, Stabilization Policies, Englewood Cliffs 1963, S. 97 ff.

lassen sich aus ihnen lediglich recht vage Schlußfolgerungen bezüglich der Länge und Einflußfaktoren der Wirkungsverzögerungen ableiten. Der einfache Akzelerator [1] liefert Hinweise auf die Bedeutung der Produktionstechnik sowie auf den Einfluß, den Erwartungsbildungsprozesse auf die Geschwindigkeit der Anpassung haben. In der Kapitalstockanpassungshypothese [2] wird explizit ein Reaktionskoeffizient berücksichtigt, der angibt, in welchem Maße die Unternehmungen auf die Divergenz zwischen gewünschtem und tatsächlichem Kapitalstock mit Investitionsnachfrage reagieren. Aus der Theorie selbst aber lassen sich über Größe und Variabilität dieses Reaktionskoeffizienten keine Aussagen ableiten.

Entsprechendes gilt für die neoklassische Investitionstheorie, [3] die ja von der Grundstruktur her ebenfalls auf der Kapitalstockanpassungshypothese aufbaut. Diese Theorie ist in der Lage, mit Hilfe von Annahmen hinsichtlich der Zielsetzung der Unternehmungen sowie produktionstheoretischer Restriktionen Aussagen über die Höhe des gewünschten Kapitalstocks zu machen. Solange aber nicht gleichzeitig auch Aussagen über den zeitlichen Prozeß der Anpassung an den gewünschten Kapitalstock möglich sind, handelt es sich nicht um eine Investitionstheorie, sondern um eine Theorie der zeitlich unspezifizierten Nachfrage nach zusätzlichem Kapital. "Demand for a finite addition to the stock of capital can lead to <u>any rate</u> of investment, from almost zero to infinity, depending on the additional hypothesis we introduce regarding the speed of reaction of the capital-users." [4]

---

1) Siehe oben S. 84 ff.

2) Siehe oben S. 92 ff.

3) Siehe oben S. 101 ff.

4) T. Haavelmo, A Study in the Theory of Investment, Chicago 1960, S. 216.

Grundsätzlich existieren wie bei der Bestimmung der Determinanten der Investitionstätigkeit zwei Möglichkeiten, Hypothesen über die Länge der Wirkungsverzögerungen aufzustellen. Einerseits kann von dem neoklassischen Paradigma des optimierenden Unternehmers ausgegangen werden, der eine Divergenz zwischen gewünschtem und tatsächlichem Kapitalstock sieht und daraufhin eine optimale Anpassungsgeschwindigkeit bestimmt. Informations- und Anpassungskosten im Vergleich zum Nutzen aus der Anpassung ergäben sich als die maßgeblichen Determinanten der Länge der Wirkungsverzögerungen, wobei vornehmlich technische Ursachen Berücksichtigung finden müßten.

Andererseits kann von verhaltenswissenschaftlichen Ansätzen ausgegangen werden. Es sind dann weniger ökonomisch bestimmbare Kosten- und Ertragsüberlegungen, durch welche die Geschwindigkeit der Reaktion der Unternehmungen bestimmt wird, sondern besondere Bedeutung gewinnen dann subjektive Faktoren wie die Unsicherheit der Unternehmungen, ihre Erwartungen sowie die vermuteten Unvollkommenheiten der Märkte. [1)]

Während der erste Ansatz zu einer theoretisch bestimmbaren Struktur der Anpassungsprozesse führen kann, ist es unter Verwendung der zweiten Hypothese nur anhand zeitgebundener, empirischer Untersuchungen möglich, zu Aussagen zu gelangen. Ökonometrischen Untersuchungen können zwar einzelne Theorien insbesondere zur Erwartungsbildung zugrunde liegen, d.h. diese Vorgehensweise ist nicht a-theoretisch, sie baut aber auch nicht auf dem Optimierungsansatz des neoklassischen Paradigmas auf.

Es würde prinzipiell der Vorgehensweise der neoklassischen Investitionstheorie entsprechen, wenn auch für

1) Ähnliche Überlegungen waren es auch, die zur Unterscheidung von "subjektiver" und "objektiver" Liquidität führten. Vgl. G. Schmölders, Geldpolitik, 2.Aufl., Tübingen 1968, S. 98 f.

die Bestimmung des zeitlichen Ablaufs der Investitionsentscheidungen ein Optimierungsansatz verwandt würde. [1] Dies ist aber nicht der Fall, vielmehr beruhen die empirischen Schätzungen Jorgensons auf einer Vorgehensweise, die eindeutig dem zweiten Ansatz entspricht. Implizit und explizit [2] gewinnen damit Faktoren einen Einfluß auf die zeitliche Verteilung der Investitionstätigkeit, die in dem neoklassischen Paradigma keine Grundlage haben.

Wenn also im Exkurs in Kapitel C.5. dem neoklassischen Paradigma ein alternatives Paradigma gegenübergestellt und die Forderung erhoben wurde, zu einem Miteinander von neoklassischen und verhaltenswissenschaftlichen Analysen zu gelangen, [3] so scheint dies durch die Verwendung von Wirkungsverzögerungen im Rahmen investitionstheoretischer Aussagen schon tendenziell gelungen zu sein. Das neoklassische Paradigma könnte in diesem Sinne Aussagen über den längerfristig erwünschten Kapitalstock abgeben, während die anderen Ansätze mehr geeignet sind, Aussagen über die kürzerfristigen Anpassungen an dieses längerfristige Gleichgewicht zu ermöglichen. Eine solche Interpretation entspricht zwar sicherlich nicht den Intentionen von Jorgenson, sie scheint aber die einzig mögliche Lösung zu sein, die teilweise widersprüchlichen Ergebnisse der einzelnen Investitionstheorien miteinander zu versöhnen.

Der Liquiditätstheorie der Investition muß bei Einbeziehung der Wirkungsverzögerungen als Untersuchungsobjekt

---

1) Vgl. die Kritik an Jorgensons Vorgehensweise bei J.P. Gould, The Use of Endogenous Variables in Dynamic Models of Investment, QJE, Vol. 83 (1969), S. 580 ff.; F. Brechling, Monetary Policy and Neoclassical Investment Analysis, in: H.G. Johnson, A.R. Nobay (ed.), Issues in Monetary Economics, Oxford 1974,S.454 ff., hier S. 455.

2) D.W. Jorgenson, Capital Theory and Investment Behavior, S. 250.

3) Siehe oben S. 16o.

ein Doppelcharakter zugeschrieben werden. Zum einen kann sie dazu herangezogen werden, den Umfang der Investitionen in einem gegebenen Zeitraum zu erklären. Dann ist es eine Theorie der Determinanten der Investitionstätigkeit. Zum anderen ist es mit ihrer Hilfe möglich, die Länge von Zeitverzögerungen im Rahmen anderer Investitionstheorien zu erklären. Dann ist es eine Theorie des zeitlichen Vollzugs der Investitionstätigkeit. [1)]
In beiden Fällen läßt sich nachweisen, daß die Investitionstätigkeit zu einem bestimmten Zeitpunkt nicht unabhängig von der Liquiditätslage der Unternehmungen vorgenommen wird. Das bedeutsame Problem, ob die Liquidität für die Investitionsentscheidungen Bedeutung hat, wandelt sich dann zu dem weniger bedeutsamen Problem, wie diese Bedeutung richtig zu interpretieren ist.

Ergebnis dieser einleitenden Bemerkungen ist, daß die Berücksichtigung von Wirkungsverzögerungen in investitionstheoretischen Ansätzen zu einer tendenziellen Aufhebung der starren Fronten in den Auseinandersetzungen über die Bestimmungsgründe der Investitionstätigkeit führen kann.

2. Die Bedeutung von Wirkungsverzögerungen für die Effizienz und die Ausgestaltung einer investitionsorientierten Fiskalpolitik

In einer vorläufigen Definition sei eine Wirkungsverzögerung definiert als die Zeitspanne, die vom Einsatz eines fiskalpolitischen Instruments bis zur Veränderung der

---

1) R. Eisner, A Permanent Income Theory for Investment, S. 386; R.M. Coen, The Effect of Cash Flow on the Speed of Adjustment, S. 149 ff.

Investitionstätigkeit verstreicht. [1]

Diese Zeitspanne ist offensichtlich für die Effizienz der Konjunkturpolitik nur dann von Bedeutung, wenn sie lang oder wenn ihre Länge variabel ist. [2] Denn bei kurzen Wirkungsverzögerungen, die im Zeitablauf unverändert bleiben (insbesondere im Konjunkturablauf), kann sich der Wirtschaftspolitiker bei seinem Maßnahmeneinsatz stets nach den neuesten Informationen über die Wirtschaftslage richten,und die Maßnahmen zeitigen sofort die erwünschten Wirkungen.

Bei langen Zeitverzögerungen tritt demgegenüber das Prognoseproblem auf. Die konjunkturpolitische Berücksichtigung einer langen, wenn auch konstanten Wirkungsverzögerung verlangt, daß zum Zeitpunkt des Mitteleinsatzes der Konjunkturverlauf hinreichend langfristig prognostiziert werden kann, daß Sicherheit für eine zeitgenaue Wirkung existiert. Je schlechter die Möglichkeiten der Konjunkturprognose sind, desto stärker wird die Gefahr, daß konjunkturpolitische Maßnahmen zu einem Zeitpunkt

---

1) Vgl. die ähnliche Definition bei T. Winter, Handlungs- und Wirkungsverzögerungen in der Wirtschaftspolitik, S. 37. Allerdings wird dort der Anpassungs<u>beginn</u> der betroffenen Individuen an die neuen Daten als das Ende der Wirkungsverzögerung bezeichnet. Dies erscheint in konjunkturpolitischer Sicht wenig sinnvoll; vielmehr kommt es doch darauf an, wann der Einsatz des Instruments zur gewünschten Wirkung führt - und diese gewünschte Wirkung ist hier die Veränderung der Investitionstätigkeit und nicht lediglich das Ergreifen erster Anpassungsmaßnahmen bei ersten Unternehmungen. Hierzu ausführlicher S. 269 ff.

2) Siehe hierzu ausführlich S. Fischer, J.P. Cooper, Stabilization Policy and Lags, JoPE, Vol. 81 (1973), S. 847 ff. In die Diskussion gebracht wurde diese Problematik ursprünglich von M. Friedman. Eine ausführliche Diskussion findet sich in seinem Aufsatz: The Lag in Effect of Monetary Policy, JoPE, Vol. 69 (1961), S. 447 ff.

Wirksamkeit erlangen, für den sie nicht gedacht waren. Sie wirken dann entweder zu schwach oder zu stark, tragen aber in beiden Fällen nicht zu einer Verstetigung des Wirtschaftsablaufs bei. Eine Verbesserung der Konjunkturprognose-Möglichkeiten würde derartige Wirkungsverzögerungen ihrer speziellen Problematik entheben.

Entsprechendes gilt bei variablen Zeitverzögerungen, jedoch tritt hier neben das Prognoseproblem die Frage nach den Einflußgrößen der jeweiligen Länge der Wirkungsverzögerungen. Denn soweit willkürliche Reaktionen der Unternehmungen außer acht gelassen werden können, muß doch davon ausgegangen werden, daß es der Einfluß anderer intervenierender Variablen ist, der die Ursache für ein mögliches Vorhandensein variabler Wirkungsverzögerungen ist.

Wirkungsverzögerungen bedeuten also dann und deshalb eine Effizienzminderung für die Konjunkturpolitik

- wenn/weil sie in der Regel länger sind, als es den Möglichkeiten der Konjunkturprognose entspricht und
- wenn/weil sie in der Regel nicht konstant sind.

Zunächst sei ungeprüft von langen und variablen Zeitverzögerungen bei der Reaktion der privaten Investitionstätigkeit auf fiskalpolitische Maßnahmen ausgegangen. Dann ergeben sich drei Schlußfolgerungen für die investitionsorientierte Fiskalpolitik:

Erstens muß der Einsatz der Maßnahmen so rechtzeitig erfolgen, daß die Länge der Wirkungsverzögerung "umspielt" wird. Es tritt neben dem Prognoseproblem die Tatsache der Handlungsverzögerungen im staatlichen Bereich auf. [1]

---

1) Siehe T. Winter, Handlungs- und Wirkungsverzögerungen in der Wirtschaftspolitik, bes. S. 28 ff., 76 ff.; B. Rürup, Handlungsverzögerungen diskretionärer Fiskalpolitik: Konstruktionsfehler oder Element rationaler Politik ?, ZfWS, 93.Jg. (1973), S. 35 ff.

Zweitens sind aus der Menge möglicher Maßnahmen diejenigen mit der relativ kürzesten Wirkungsverzögerung auszuwählen. Diese Forderung baut auf der These auf, daß je nach Art der Maßnahme sich unterschiedlich lange Wirkungsverzögerungen ergeben werden.

Drittens gilt es, die Einflußfaktoren der Länge (und Variabilität) der Wirkungsverzögerungen gleichzeitig mit dem "eigentlichen" Maßnahmeeinsatz in der Weise zu beeinflussen, daß die Zeitspanne bis zur Wirkung möglichst gering wird.

Die erste Schlußfolgerung bezieht sich auf Probleme der Prognosemöglichkeiten, die hier keine Berücksichtigung finden können, und der finanzpolitischen Willensbildung, die später im Zusammenhang mit einer Aufgliederung der Wirkungsverzögerungen aufgegriffen werden.

Die zweite und die dritte Schlußfolgerung bauen auf Hypothesen über die Determinanten der Länge der Wirkungsverzögerungen auf. Ihnen wird im Folgenden nachgegangen, indem zunächst die Aussagen der Ökonometrie zu dieser Frage geprüft werden und anschließend versucht wird, durch Disaggregation der Wirkungsverzögerung einige Determinanten ihrer Länge zu ermitteln.

3. Die Aussagen der Ökonometrie zur Länge und Variabilität der Wirkungsverzögerungen

Bei der ökonometrischen Schätzung von Investitionsfunktionen werden verschiedene Ansätze verwandt, mit deren Hilfe die Existenz von Wirkungsverzögerungen Berücksichtigung finden kann. Die Ansätze unterscheiden sich dadurch,

- ob einfache oder verteilte Verzögerungen angenommen werden (a.) und
- ob konstante (b.) oder variable verteilte Verzögerungen (c.) angenommen werden.

a. Einfache versus verteilte Wirkungsverzögerungen

Bei Vorliegen einer einfachen Wirkungsverzögerung (time-lag) folgt auf eine Änderung der Investitionsdeterminante x nach n Verzögerungsperioden eine Veränderung der Investitionstätigkeit. In den vorhergegangenen n-1 Perioden wird die Investitionstätigkeit nicht berührt; ob sie in den auf die n-te Periode folgenden Perioden beeinflußt wird, hängt davon ab, ob die Investitionsdeterminante einmalig oder auf Dauer verändert wurde.

Eine derartige Annahme, die formelhaft als $I_t = f\ (x_{t-n})$ ausgedrückt werden kann, steckt in den meisten Investitionsfunktionen im Rahmen konjunkturtheoretischer Modelle. [1] Für konjunkturpolitische Zwecke würde das Vorliegen einer derartigen Wirkungsverzögerung wie dargelegt lediglich aufgrund mangelnder Konjunkturprognose-Möglichkeiten Probleme aufwerfen.

Werden jedoch die Implikationen berücksichtigt, die mit einem solchen einfachen time-lag verbunden sind, so erscheint seine Verwendung als wenig gerechtfertigt. Denn zu einer einfachen Wirkungsverzögerung kann nur dann gelangt werden, wenn die Investitionsentscheidungs- und -ausführungsprozesse in allen Unternehmungen und bei allen Investitionsarten gleich lang sind. Jede Änderung einer Investitionsdeterminante muß bei allen Unternehmungen gleichzeitig zu Erwartungsänderungen führen, die Entscheidungsfindung dauert überall gleich viele Perioden, und die Auslastung der Kapazitäten in der Investitionsgüter-Industrie sowie die Produktionsperioden

1) Siehe z.B. den Überblick über alternative Lags im Rahmen des Akzelerationsprinzips bei A.E.Ott, Einführung in die dynamische Wirtschaftstheorie, Göttingen 1963,S.187. Vielfach beschränken sich auch ökonometrische Analysen auf eine derart einfache Grundbeziehung, so u.a. J.Rosette, Ökonometrische Investitionsfunktionen für Konjunkturmodelle,S.178;H.Abels,Eine statistische Analyse der Lag-Beziehungen zwischen konjunktur-

Fortsetzung auf S. 254

sind für alle Unternehmungen und Güter identisch. All diese Annahmen erscheinen weder in einer gleichgewichtig wachsenden noch in einer konjunkturell schwankenden Wirtschaft als sinnvoll.

Demgegenüber besagt die Verwendung verteilter Wirkungsverzögerungen (distributed lags) [1] im Grunde nichts anderes, als daß statt von diesen unrealistischen Annahmen nun davon ausgegangen wird, daß die zeitlichen Abläufe in den Unternehmungen eben nicht miteinander übereinstimmen. Zwei alternative Begründungen liegen hierfür vor:

Das "Modell der korrigierten Erwartungen" [2] stellt die Zeitverzögerungen im Informationsfluß, die nur allmähliche Anpassung der Erwartungen an veränderte Investitionsdeterminanten sowie den Zeitbedarf für die Entscheidungsfindung in den Vordergrund.

Das "Modell der partiellen Anpassung" [3] stützt sich bei der Erklärung der verteilten Verzögerungen mehr auf die technischen und ökonomischen Hemmnisse, die einer radikalen Umstellung im Wege stehen und die Unternehmungen veranlassen, nur allmählich im Zeitablauf ihr Investitionsverhalten den veränderten Umständen anzupassen.

Im Ergebnis führen beide Modelle dazu, daß auf die Veränderung der Investitionsdeterminante x nicht nur nach n

---

Fortsetzung von S. 253

1) relevanten, makroökonomischen Zeitreihen für die Bundesrepublik Deutschland, S. 6.

1) Z.Griliches, Distributed Lags: A Survey, Econometrica, Vol. 35 (1967), S. 16 ff.

2) Ebenda, S. 42 f.; P. Schönfeld, Methoden der Ökonometrie, Bd. II, München 1971, S. 84 f.

3) Z. Griliches, Distributed Lags: A Survey, S. 43; P. Schönfeld, Methoden der Ökonometrie, Bd. II, S.84.

Perioden eine Reaktion erfolgt, sondern auch schon vorher und hinterher: Die induzierte Investitionstätigkeit "verteilt sich" über mehrere Perioden und ist nicht wie beim einfachen lag auf eine Periode beschränkt. Neben das Problem der Länge der Wirkungsverzögerung tritt das Problem der zeitlichen Verteilung der Wirkungsverzögerungen und damit auch der Wirkungen. Denn es ist für konjunkturpolitische Zwecke nicht unbeachtlich, ob die Investitionstätigkeit auf den Einsatz einer fiskalpolitischen Maßnahme zunächst schnell und stark, dann jedoch abflauend reagiert, ob es erst ganz allmählich zu Wirkungen kommt, die sich zu einem Investitionsboom in der fernen Zukunft entwickeln, oder ob die Wirkungen über mehrere Perioden gleich verteilt sind etc.

b. Konstante verteilte Wirkungsverzögerungen

Die Art der Verteilung der Wirkungsverzögerungen und damit auch der Wirkungen selbst wird durch die Gewichte charakterisiert, welche den Investitionsdeterminanten der verschiedenen Vorperioden bei der Bestimmung der Investitionstätigkeit in Periode t zukommt. Statt des einfachen lag $I_t = f\ (x_{t-n})$ gilt nun

$$I_t = f\ (x_{t-n};\ x_{t-n-1};\ x_{t-n-2};\ \dots\ ;\ x_{t-n-N})$$

Die einzelnen Lag-Verteilungen unterscheiden sich dadurch, welches unterschiedliche Gewicht den Größen x_{t-n}, x_{t-n-1} etc. im einzelnen zugemessen wird.[1] Zunächst

---

1) Wird also z.B. die Investitionstätigkeit in Periode t zu 3/10 durch die Investitionsdeterminante (z.B. Gewinn) in Periode t-1, zu 5/10 durch die Investitionsdeterminante in Periode t-2 sowie zu 2/10 durch die Investitionsdeterminante in Periode t-3 bestimmt, so lautet die Lag-Verteilung

$$(w_1 = \frac{3}{10}\ ;\ w_2 = \frac{5}{10};\ w_3 = \frac{2}{10}).$$

werden nur solche Distributed Lags berücksichtigt, deren Lag-Struktur als unveränderlich im Zeitablauf angesehen wird.[1]

I. Die Gleichverteilung

Bei Vorhandensein von Gleichverteilung werden sämtliche zu berücksichtigenden Vorperioden mit gleichem Gewicht in die Bestimmung der abhängigen Variablen einbezogen:[2]

$$w_i = \frac{1}{N} \qquad \text{für} \quad 0 \leq i < N$$

$$w_i = 0 \qquad \text{für} \quad i \geq N$$

Die Investitionstätigkeit in einer bestimmten Periode 0 wird in diesem Falle determiniert durch den Wert der unabhängigen Variablen in den Perioden 0 bis N - 1. Sämtliche Periodenwerte der unabhängigen Variablen gehen mit dem gleichen Gewicht $\frac{1}{N}$ in die Bestimmung der Investitionstätigkeit ein.

Diese Verteilung erscheint insbesondere deshalb als extrem unrealistisch, weil der abrupte Bruch zwischen Periode N - 1 mit dem Gewicht $\frac{1}{N}$ und Periode N mit dem Gewicht 0 nicht interpretierbar ist. Gegenüber einer solchen diskreten Verteilung sind Verteilungen realistischer, die einen allmählichen Übergang zwischen den Perio-

---

1) Siehe zum Folgenden die Überblicke bei Z. Griliches, Distributed Lags: A Survey, bes. S. 24 ff.; P. Schönfeld, Methoden der Ökonometrie, Bd. II, S. 74 ff.; G. Aschinger, Der Lag und seine Anwendung in ökonomischen Systemen, ZfgSt, 128. Bd. (1972), S. 397 ff.

2) Z. Griliches, Distributed Lags: A Survey, S. 25.

den annehmen. Hierbei kann es sich ebenfalls um diskrete Verteilungen handeln (s.u. die Dreiecksverteilung), besser aber sind kontinuierliche Verteilungen zur Abbildung derartiger Übergänge geeignet. Da diese Verteilungen dann nicht mehr wie die Gleichverteilung ad hoc zu verwerfen sind, werden sie im Folgenden gleichgewichtig nebeneinander vorgestellt und hinsichtlich ihrer unterschiedlichen Implikationen interpretiert.

II. Die linear degressive Verteilung

Bei der linear degressiven Verteilung erhält die (von der Gegenwart aus rückwärts gesehen) erste einflußreiche Periode das höchste Gewicht $(1 - \lambda)$, während von der zweiten Periode an das Gewicht linear abnimmt. [1]

$$w_o = 1 - \lambda$$

$$w_i = \frac{2\lambda}{N} \left(1 - \frac{i}{N+1}\right) \qquad \text{für } 1 \leq i \leq N$$

$$w_i = 0 \qquad \text{für } i > N$$

Damit erhalten die Investitionsdeterminanten der Perioden, die der Gegenwart am nächsten gelegen sind, das größte Gewicht bei der Bestimmung der aktuellen Investitionstätigkeit. Umgekehrt bedeutet dies für den zeitlichen Ablauf der Wirkung fiskalpolitischer Maßnahmen (vorausgesetzt, daß sich überhaupt eine Wirkung ergibt), daß zunächst ein Investitionsboom eintritt, der dann allmählich wieder verebbt.

1) P. Schönfeld, Methoden der Ökonometrie, Bd. II, S. 74.

III. Die Dreiecksverteilung

Eine andere Gewichtsverteilung nimmt die Dreiecksverteilung vor. Hier wird davon ausgegangen, daß das stärkste Gewicht eine Periode besitzt, die bereits einige Zeit zurückliegt. Von dieser Periode ausgehend zur Gegenwart und zur Vergangenheit hin nimmt das Gewicht stetig ab.

Formelhaft ergibt sich: [1]

$$w_i = \frac{i + 1}{(N + 1)^2} \qquad \text{für } 0 \leq i < N$$

$$w_i = \frac{2N - i + 1}{(N + 1)^2} \qquad \text{für } N \leq i \leq 2N$$

$$w_i = 0 \qquad \text{für } i > 2N$$

Bei dieser Verteilung erhält die Periode N das höchste Gewicht, von den anderen Perioden gelten jeweils für diejenigen, die gleich weit von N entfernt sind, die gleichen Werte. Bei N = 4 beispielsweise geht die (neueste) Periode 0 mit dem gleichen Gewicht in die Bestimmung der abhängigen Variablen ein wie die (älteste berücksichtigte) Periode 8.

In der Folge einer fiskalpolitischen Maßnahmen reagiert die Investitionstätigkeit mit zunächst zunehmender Tendenz, bis ein Höhepunkt erreicht ist; dann nehmen die

---

1) P. Schönfeld, Methoden der Ökonometrie, Bd. II, S. 74; vgl. auch Z. Griliches, Distributed Lags: A Survey, S. 25, wo diese Verteilung als "Umgekehrtes V" - Verteilung bezeichnet wird, jedoch mit anderen Formeln, da bei Griliches $\sum w_i > 1$ sein kann, während bei Schönfeld gilt $\sum w_i = 1$. Die "inverted V"-Verteilung geht zurück auf F.de Leeuw, The Demand for Capital Goods by Manufacturers: A Study of Quarterly Time Series, Econometrica, Vol. 30 (1962), S.407 ff.

zusätzlichen Investitionen wieder ab. Wenig einsichtig erscheint hier die exakte Gleichheit von Zunahme und Abnahme der Gewichte im Zeitablauf.

IV. Die geometrische Verteilung

Die geometrische oder auch Koycksche [1] Verteilung beginnt wie die linear degressive Verteilung mit dem größten Gewicht in der jüngsten Periode. Sie unterscheidet sich von dieser jedoch durch die Nicht-Linearität der Degression: [2]

$$w_i = (1 - \lambda)\, \lambda^i \qquad \text{mit } 0 \leq i \leq \infty \quad \text{und } 0 < \lambda < 1$$

Je kleiner der Parameter λ ist, desto schneller nehmen, ausgehend vom hohen Anfangswert $w_o = 1 - \lambda$, die einzelnen w_i ab. Theoretisch werden in der Koyck-Verteilung sämtliche, auch die ältesten Werte der unabhängigen Variablen berücksichtigt.

Dies ist bei ökonometrischen Schätzungen sehr umständlich, denn zu schätzen wäre beispielsweise die Investitionsfunktion

$$(1) \quad I_i = \beta\,(w_o X_t + w_1 X_{t-1} + w_2 X_{t-2} \dots + w_N X_{t-N} \dots)$$

Wendet man jedoch die sogenannte Koyck-Transformation an, [3] so wird Gleichung (1) zu einer leicht übersichtlichen Investitionsfunktion vereinfacht. Und zwar kann für (1) auch geschrieben werden:

---

1) L.M. Koyck, Distributed Lags and Investment Analysis, Amsterdam 1954.

2) P. Schönfeld, Methoden der Ökonometrie, Bd. II,S.75 f.

3) Die folgende Herleitung orientiert sich an der einfachen Darstellung bei P.J. Lund, Investment, The Study of an Economic Aggregate, S. 95.

(2) $I_t = \beta (w_o X_t + w_o \lambda X_{t-1} + w_o \lambda^2 X_{t-2} \dots)$

Entsprechend gilt:

(3) $I_{t-1} = \beta (w_o X_{t-1} + w_o \lambda X_{t-2} + w_o \lambda^2 X_{t-3} \dots)$

Auf beiden Seiten multipliziert mit λ ergibt

(4) $\lambda I_{t-1} = \beta (w_o \lambda X_{t-1} + w_o \lambda^2 X_{t-2} + w_o \lambda^3 X_{t-3} \dots)$

Nun wird (4) von (2) subtrahiert:

(5) $I_t - \lambda I_{t-1} = \beta w_o X_t$ Also gilt

(6) $I_t = \beta w_o X_t + \lambda I_{t-1}$

Die Koyck-Verteilung führt also, da sie nur durch den Parameter λ bestimmt wird, zu einer einfachen Investitionsfunktion, bei der die aktuelle Investitionstätigkeit bestimmt wird durch den aktuellen (bzw. durch den jüngsten) Wert der unabhängigen Variablen und die Investitionstätigkeit der Vorperiode. Der ohne diese Ableitung nicht einsehbare positive Einfluß der Größe I_{t-1} auf die aktuelle Investitionstätigkeit ist so zu interpretieren, daß die Größe I_{t-1} die Veränderungen der unabhängigen Variablen X in sämtlichen Perioden außer in Periode t repräsentiert.

Zu beachten ist wie bei der linear degressiven Verteilung, daß die Annahme, der jüngste Wert habe das größte Gewicht, um so unrealistischer wird, je kürzer die Einheitsperiode wird (z.B. bei Quartalen). [1] Es bieten sich dann zwei Lösungen an: entweder autonome Annahmen über die ersten Werte der Verteilung [2] oder Verwendung einer Pascalschen Lag-Verteilung.

---

1) P.J. Lund, Investment, S. 95.

2) Ebenda, S. 96.

V. Die Pascalsche Verteilung

Faltet man r geometrische Lag-Verteilungen mit dem gleichen Parameter λ, so ergibt sich die Pascalsche Verteilung,[1] die nur im Grenzfall r = 1, für den sie mit der Koyck-Verteilung identisch ist, mit dem höchsten Wert beginnt. In jedem anderen Fall[2] wird der maximale Wert erst mit einer Verzögerung erreicht, dessen Länge von der Zahl der gefalteten Koyck-Verteilungen abhängt. Formelmäßig lauten die Gewichte der Pascal-Verteilung:

$$w_i = \binom{i + r - 1}{i} (1 - \lambda)^r \lambda^i \qquad \begin{array}{l} r \geq 1 \\ 0 < \lambda < 1 \\ i = 0,1,2 \ldots \end{array}$$

Die ökonomische Interpretation dieser Verteilung ist einfach: Es wird davon ausgegangen, daß der Investitionsprozeß verschiedene Phasen umfaßt. Wenn nun die Phasen jede für sich einer Verteilung unterliegen - was anzunehmen ist - und diese Verteilungen sämtlich Koyck-Verteilungen mit dem gleichen Parameter λ sind, dann ergibt sich als Verteilung des gesamten Investitionsprozesses mit r Phasen die Pascalsche Lag-Verteilung.[3] Sie führt in der Regel zu zunächst ansteigenden, dann wieder abnehmenden Gewichten.

---

1) R.M. Solow, On a Family of Lag Distributions, Econometrica, Vol. 28 (1960), S. 393 ff.; vgl. auch Z. Griliches, Distributed Lags: A Survey, S. 25 f.; P. Schönfeld, Methoden der Ökonometrie, Bd. II, S. 76 f.

2) Vgl. die graphische Darstellung bei Z. Griliches, Distributed Lags: A Survey, S. 26.

3) Siehe hierzu Z. Griliches, ebenda, S. 20.

VI. Die rationale Lag-Verteilung

Während die Pascal-Verteilung nur unter Verwendung der Hypothese anwendbar ist, daß sich im Investitionsprozeß mehrere gleichgeartete geometrische Lag-Verteilungen überlappen, gilt diese Einschränkung nicht mehr für die rationale Lag-Verteilung, mit der jede beliebige Lag-Verteilung approximiert werden kann. Es läßt sich nicht - wie bei den anderen Lag-Verteilungen - ex ante eine Aussage über die Form der Verteilung machen, vielmehr ergibt sich jene erst aus der ökonometrischen Schätzung. Während also die bisher untersuchten Lag-Verteilungen zumindest die Grundstruktur der Verteilung vor der eigentlichen ökonometrischen Schätzung vorgeben, ergibt sich diese bei der rationalen Lag-Verteilung erst aus den empirischen Daten.

Die rationale Lag-Verteilung wurde von Jorgenson entwickelt. [1)] Sie enthält die geometrische und die Pascal-Verteilungen als Spezialfälle. Der Vorteil dieses Schätz-Ansatzes ist, daß nicht mit einer Ex-ante-Hypothese über die wahrscheinliche Verteilung die empirische Schätzung vorgenommen wird. Nachteilig sind jedoch die statistischen Schätzprobleme bei Verwendung dieser Verteilung, die es als fast unmöglich erscheinen lassen, mit diesem allgemeinen Ansatz zu konkreten Aussagen zu kommen: "Kleine Differenzen in den geschätzten Koeffizienten

---

1) D.W. Jorgenson, Rational Distributed Lag Functions, Econometrica, Vol. 34 (1966), S. 135 ff. Auf eine formelhafte Darstellung wird verzichtet, da aus dem Ergebnis keine zusätzlichen Erkenntnisse gegenüber der verbalen Darstellung für die vorliegenden Zwecke resultieren. Es sei verwiesen auf: D.W. Jorgenson, ebenda; Z. Griliches, Distributed Lags: A Survey, S. 27 ff.; P.J. Lund, Investment. The Study of an Economic Aggregate, S. 107 ff.; P. Schönfeld, Methoden der Ökonometrie, Bd. II, S. 77 ff.; G.A. Aschinger, Der Lag und seine Anwendung in ökonomischen Systemen, S. 400 f.

haben nur geringen Einfluß auf den 'fit' der Gleichung, aber sie können die implizierte Lag-Verteilung drastisch verändern." [1] Diese Empfindlichkeit der rationalen Lag-Verteilung gegenüber kleinen Veränderungen der Koeffizienten der Investitionsfunktion wirft die grundsätzliche Frage auf, "ob die Generalisierung zu komplizierteren Charakteristika der Lag-Verteilung der Mühe wert ist, wenn dieser Charakter nicht mit hinreichendem Maß an Genauigkeit bestimmt werden kann". [2]

Keine der hier dargestellten verteilten Wirkungsverzögerungen hat in der Vergangenheit zu derart eindeutig besseren Ergebnissen geführt als die anderen, daß nunmehr Einigkeit bestünde hinsichtlich einer richtigen Beschreibung des Ablaufs der Wirkungen. Abgesehen von der Gleichverteilung und der linear degressiven Verteilung wurden mit sämtlichen Verteilungen derartig gute ökonometrische Schätzungen im Rahmen der Bestimmung von Investitionsfunktionen erzielt, daß keine von ihnen als empirisch verworfen gelten kann. [3] Da die verschiedenen theoretischen Verteilungen nach dem Einsetzen konkreter Parameter-Werte zu durchaus ähnlichen Ergebnissen hinsichtlich des zeitlichen Wirkungsablaufs führen können, ist ein Vergleich der zeitlichen Ergebnisse bei Anwendung alternativer theoretischer Verteilungen sinnvoll. Ein solcher Vergleich wurde von Evans durchgeführt und brachte das eindrucksvolle Ergebnis, daß weitgehende Übereinstim-

---

1) Z. Griliches, N. Wallace, The Determinants of Investment Revisited, S. 324.

2) Z. Griliches, Distributed Lags: A Survey, S. 30.

3) Dieses Ergebnis zeigt der Überblick bei M.K. Evans, Macroeconomic Activity, S. 95 ff.; vgl. jedoch die kritische Auseinandersetzung mit dem geometrischen Lag bei D.W. Jorgenson, Econometric Studies of Investment Behavior: A Survey, S. 1134 ff.

mung dahingehend besteht, daß die Hauptwirkung einer Investitionsdeterminante etwa nach 1 1/2 Jahren eintritt. Zwar treten in allen Untersuchungen auch vorher und nach längerer Zeit hinterher Effekte ein, der Schwerpunkt liegt aber ziemlich übereinstimmend bei 6 Quartalen. [1)]

Allerdings ging Evans bei dem Vergleich von dem Problem der Reaktion der Investitionstätigkeit auf Änderungen der Umsätze der Unternehmungen aus. Demgegenüber ist anzunehmen, daß sich bei der Reaktion auf fiskalpolitische Parameter andere Zeitverzögerungen ergeben. Jedoch ist es schwierig, hier zu vergleichbaren Ergebnissen zu kommen, da zu erwarten ist, daß Art und Einsatzdauer des eingesetzten Instrumentariums zu unterschiedlichen Wirkungsverzögerungen führen werden.

Direkt auf den Einsatz fiskalpolitischer Variablen bezogen wurden konstante Lag-Verteilungen ökonometrisch ermittelt von Hall und Jorgenson sowie von Bischoff. [2)] Bei beiden ergab sich in Übereinstimmung mit den Ergebnissen von Evans ein gekrümmtes Bild der Lag-Verteilung; die Länge des mittleren Lags betrug bei Hall und Jorgenson und bei Bischoff übereinstimmend etwa 1,6 Jahre. [3)] Die ersten Effekte auf die Investitionsausgaben treten bei Hall und Jorgenson jedoch sogleich nach Einsatz des fiskalpolitischen Instruments auf (Verzögerung etwa 1 Quartal); demgegenüber weist Bischoff die ersten Effekte erst im 3. und 4. Quartal nach.

---

1) M.K. Evans, Macroeconomic Activity, S. 101, 104.

2) R.E. Hall, D.W. Jorgenson, Application of the Theory of Optimum Capital Accumulation; C.W. Bischoff, The Effect of Alternative Lag Distributions.

3) R.E. Hall, D.W. Jorgenson, ebenda, S. 41; C.W. Bischoff, ebenda, S. 110.

Während also der exakte zeitliche Ablauf umstritten ist, wird die mittlere Länge des Lags übereinstimmend mit mehr als 1 1/2 Jahren gekennzeichnet. Damit wäre ein bedeutsames Hindernis für eine effiziente investitionsorientierte Fiskalpolitik gegeben. "In view of these lags investment incentives are not a useful tool for short-run economic stabilization." [1]

c. Variable verteilte Wirkungsverzögerungen

Bei der Verwendung von konstanten verteilten Wirkungsverzögerungen in der Ökonometrie können sich keine Schlußfolgerungen für die Ausgestaltung der Fiskalpolitik ergeben: In diesen Wirkungsverzögerungen ist von vornherein impliziert, daß die Länge und Verteilung der Wirkungsverzögerungen ex ante technisch,ökonomisch oder psychisch festgelegt ist. Einflußfaktoren, an denen die Fiskalpolitik ansetzen oder die sie zumindest berücksichtigen könnte, sind so nicht zu finden, auch wenn sie in der Wirklichkeit vorhanden wären. Aus derartigen Analysen können sich also keine Aussagen über das (Nicht-) Vorhandensein solcher Einflußgrößen ableiten lassen.

Es ist stattdessen notwendig, über derartige Einflußgrößen aufgrund theoretischer Überlegungen hinsichtlich der Investitionsentscheidungs- und -durchführungsprozesse Hypothesen aufzustellen. Bevor hierzu einige Ansätze dargelegt werden, soll kurz auf die bereits vorliegenden ökonometrischen Analysen mit variablen Wirkungsverzögerungen verwiesen werden. In ihnen wird alternativ dem Beschäftigungsdruck oder der jeweiligen Liquiditätslage

1) D.W. Jorgenson, The Economic Impact of Investment Incentives, in: W.E. Mitchell, J.H. Hand, I. Walter (ed.), Readings in Macroeconomics. Current Policy Issues, New York u.a. 1974, S. 175.

ein entscheidender Einfluß auf die Länge der Wirkungsverzögerungen zugeschrieben.

Wird der Beschäftigungsdruck (Kapazitätsauslastung, Verhältnis von Auftragseingang zu Auslieferungen o.ä.) als Einflußvariable gewählt, so wird damit implizit der Produktionsprozeß in der Investitionsgüterindustrie berücksichtigt. Hoher Beschäftigungsdruck verlängert hier die Produktionsperiode und führt damit zu längeren time-lags als bei unausgelasteten Produktionsanlagen. [1] Allerdings ist ein derartiger Einflußfaktor offensichtlich bei der Analyse der Wirkungsverzögerung im Anschluß an fiskalpolitische Maßnahmen ohne größere Bedeutung. Denn bei restriktiver Politik sollen die Investitionen ja gerade vermindert werden - für Investitionskürzungen aber kann die Beschäftigungslage kein Einflußfaktor sein. Und bei expansiver Politik ist von vornherein kein Beschäftigungsdruck gegeben.

Eisner und Strotz [2] führen im Rahmen eines Maximierungs-Modells der Unternehmung den Zins als Einflußvariable auf die Anpassungsgeschwindigkeit der Investitionen an geänderte Umweltbedingungen an. Das bedeutet, mit steigendem Zinsfuß wird (zunächst) nicht eine sinkende Investitionstätigkeit angenommen (wie in der traditionellen

---

1) Ein derartiger Einflußfaktor wird in ökonometrischen Analysen verwandt von J. Popkin, P.A. Tinsley und S. Almon:
J. Popkin, The Relation between New Orders and Shipments: An Analysis of the Machinery and Equipment Industries, in: Survey of Current Business, March 1965, S. 24 ff.; P.A. Tinsley, An Application of Variable Weight Distributed Lags, in: Journal of the American Statistical Association, Vol. 62 (1967), S. 1277 ff.; S. Almon, Lags Between Investment Decisions and their Causes, REStat, Vol. 50 (1968), S. 193 ff., besonders S. 201 und 204. (Die Arbeiten von Popkin und Tinsley wurden nach den Angaben bei S. Almon zitiert.)

2) R. Eisner, R.H. Strotz, Determinants of Business Investment, S. 81 ff.

Investitionstheorie), sondern (zunächst) lediglich eine sinkende Anpassungsgeschwindigkeit hinsichtlich der veränderten Umstände. Die veränderten Umstände sind bei Eisner und Strotz Umsatzänderungen, so daß die Akzelerationsfunktion zwar prinzipiell als dominant bestehen bleibt, [1] aber in ihrer Höhe von Zinsfuß abhängig wird. Coen nennt dies ein "flexible capital stock adjustment model". [2] Eine empirische Analyse haben Eisner und Strotz nicht vorgenommen, sie weisen selbst darauf hin, daß ihr Ergebnis nur "under certain restrictive assumptions" Gültigkeit besitzt.

Coen [3] geht von ähnlichen Annahmen wie Eisner und Strotz aus und bezieht ebenfalls eine finanzielle Variable als Bestimmungsgröße für die Geschwindigkeit des Anpassungsprozesses in seine Investitionsfunktion ein. Während die Höhe des gewünschten Kapitalstocks ähnlich wie bei Jorgenson [4] durch die realisierten Umsätze und die relativen Preise bestimmt wird, ist der Cash Flow, bestehend aus Gewinn nach Steuern zuzüglich der verdienten Abschreibungen, maßgeblicher Bestimmungsgrund der Anpassungsgeschwindigkeit.

Damit wird bei Coen die Doppel-Wirkung des Einsatzes fiskalpolitischer Parameter explizit zum Ausdruck gebracht: Einerseits sind sie mit einem Rentabilitätseffekt verbun-

---

1) R. Eisner, R.H. Strotz, Determinants of Business Investment, S. 123.

2) R.M. Coen, The Effect of Cash Flow on the Speed of Adjustment, S. 138.

3) R.M. Coen, ebenda, S. 149 ff.

4) Allerdings verwendet Coen nicht wie Jorgenson eine ex ante festliegende Produktionsfunktion, durch welche die Substitutionselastizität festgelegt wird, sondern vertritt die Meinung "surely one should determine the value of the elasticity of substitution from the data, rather than arbitrarily assigning it a value of unity." (S. 145).

den, der den relativen Preis des Faktors Kapital senkt (erhöht); gleichzeitig tritt ein Liquiditätseffekt ein, durch den die Schnelligkeit bestimmt wird, mit der dieser Investitions-(Dis-)Incentive zu zusätzlichen (verminderten) Investitionen führt. Die Investitionsfunktion von Coen scheint folglich in besonderer Weise geeignet zu sein, die charakteristische Wirkungsweise fiskalpolitischer Parameter abzubilden. Damit ist gleichzeitig auch ein bereits ökonometrisch erprobter Ansatz gegeben, wie eine sinnvolle Verknüpfung von Akzelerator-, neoklassischer und Liquiditäts-Theorie gelingen kann.

4. Struktur und Ursachen der Wirkungsverzögerungen als Ansatzpunkte zu ihrer Verkürzung

Weder die Länge noch die Einflußfaktoren der Wirkungsverzögerungen konnten bislang abschließend ermittelt werden. Da natürlich die Länge gar nicht existiert, falls maßgebliche exogene Variablen vorliegen, die den Zeitraum des Wirkungsablaufs bestimmen, muß das Schwergewicht der Analyse auf das Auffinden der Art und des Einflußgrades der exogenen Variablen gerichtet sein. Die den bisherigen ökonometrischen Analysen zugrunde liegenden Hypothesen geben einen Anhaltspunkt, wie dabei vorgegangen werden kann. Die dort verwandten Einflußgrößen haben jeweils für eine ganz bestimmte Phase der unternehmerischen Entscheidungsprozesse eine Bedeutung: der Beschäftigungsdruck bezieht sich auf die Produktionsperiode, der Liquiditätslage wird Bedeutung für die Geschwindigkeit des Entscheidungsprozesses zugeschrieben, ob investiert werden soll oder nicht. Derartige phasenbezogene Aussagen scheinen angemessen und erfolgversprechend zu sein; es ist aber notwendig, entsprechende Überlegungen nicht nur für einzelne, sondern für sämtliche

Phasen der unternehmerischen Investitionsentscheidungs- und -durchführungsprozesse anzustellen. Ausgegangen wird dann von einem mikroökonomischen Entscheidungsablauf und seinen Determinanten. Wenn versucht wird, auf diesem Wege zu Aussagen über gesamtwirtschaftliche Wirkungsverzögerungen zu gelangen, so steht dahinter die Hypothese, daß die makroökonomischen verteilten Verzögerungen sich zusammensetzen aus einer Vielzahl einzelwirtschaftlicher verteilter Verzögerungen, daß aber die maßgeblichen Einflußgrößen auf beiden Ebenen identisch sind.

a. Beginn und Ende von Wirkungsverzögerungen

Eine Analyse der einzelnen Phasen ist nur möglich, wenn zuvor Beginn und Ende der Wirkungsverzögerungen abgegrenzt wurden. An früherer Stelle [1] wurde eine Wirkungsverzögerung definiert als "die Zeitspanne, die vom Einsatz eines fiskalpolitischen Instruments bis zur Veränderung der Investitionstätigkeit verstreicht"; dabei wurden bewußt zunächst die Probleme der Bestimmung des Beginns und des Endes einer Wirkungsverzögerung ausgeklammert. Stattdessen wird es in der Realität kaum möglich sein, zu unumstrittenen Aussagen über diese beiden Zeitpunkte zu gelangen.

Wird als Beginn - wie es zunächst sinnvoll erscheint - beispielsweise der juristische Einsatz einer Investitionsprämie angenommen (d.h. Inkrafttreten des entsprechenden Gesetzes), so wird dabei der gesamte Entscheidungsprozeß im politischen Raum außer acht gelassen, der selbst wieder Zeitverzögerungen (Handlungsverzögerungen) unterliegt. Diese sind als solche hier zwar zunächst unbeachtlich, ihr Ablauf und Grad der Öffentlichkeit werden jedoch Einfluß

---

1) Siehe S. 249 f.

nehmen auf den Beginn der Wirkungen im Unternehmenssektor.

Lediglich sog. "Entscheidungen aus heiterem Himmel", die unerwartet und undiskutiert sogleich in Kraft treten, passen in das Bild des "Beginns" einer Wirkungsverzögerung mit der Änderung einer Investitionsdeterminante. Es ist dies die Vorstellung, die in den meisten statistischen Messungen von Wirkungsverzögerungen enthalten ist, die jedoch dann fragwürdig wird, wenn man die Art des politischen Entscheidungsprozesses in einem demokratischen Staat in Rechnung stellt. Dort fallen Entscheidungen nicht aus heiterem Himmel, sondern werden zuvor als Möglichkeit hingestellt, von den Interessengruppen diskutiert, im Kabinett erwogen und verschoben und zuweilen erst dann verkündet, wenn bereits jeder damit rechnet.

Die Wahl dieses Verkündungstermins (oder des Termins des Inkrafttretens o.ä.) als Beginn der Wirkungsverzögerung verkennt somit den Tatbestand, daß Konjunkturpolitik im modernen gemischt-wirtschaftlichen Wirtschaftssystem nicht aus einem Nacheinander von staatlichen und privaten Entscheidungen entsteht; der staatliche Entscheidungsprozeß wirkt vielmehr bereits im privaten Raum, bevor überhaupt Entscheidungen gefallen sind, der private Raum wirkt zurück auf das staatliche System, beginnt aber gleichzeitig sein Verhalten auf das von ihm erwartete staatliche Verhalten einzustellen. [1] Noch während die staatlichen Handlungsverzögerungen im Gange sind, treten also bereits im privaten Sektor Wahrnehmungen auf, die zu Signalwirkungen [2] führen können. Aus dieser

1) So auch T. Winter, Handlungs- und Wirkungsverzögerungen in der Wirtschaftspolitik, S. 113 ff.

2) G. Schmölders, Allgemeine Steuerlehre, S. 138 ff.; K.-H.Hansmeyer, Finanzielle Staatshilfen für die Landwirtschaft. Zur Theorie einer sektoralen Finanzpolitik, Tübingen 1963, S. 247 ff.

zeitlichen Gleichordnung von Handlungs- und Wirkungsverzögerungen ergeben sich potentielle Schlußfolgerungen für die Konjunkturpolitik, so daß es notwendig erscheint, den Zusammenhängen von Handlungs- und Wirkungsverzögerungen gesonderte Beachtung zu schenken und damit den Beginn der Wirkungsverzögerungen sehr früh, potentiell zum Zeitpunkt der ökonomischen Störung, anzusetzen.

Der Endzeitpunkt ("Veränderung der Investitionstätigkeit") wirft andersgeartete Probleme auf. Zur Wahl stehen die Zeitpunkte der Investitionsentscheidung, der Auftragsvergabe, der Fertigstellung oder der Zahlung u.ä. Offensichtlich kann die Wahl nur zielbezogen getroffen werden. Sind expansive Beschäftigungswirkungen angestrebt, so treten diese teils nach Auftragsvergabe nach und nach in der Investitionsgüterindustrie auf, teils aber erst nach Installation und Inbetriebnahme der Investitionen in den investierenden Unternehmungen (zusätzliche Arbeitsplätze bei Erweiterungsinvestitionen, nicht notwendig aber auch bei Ersatzinvestitionen). Es sind also zwei Endpunkte zu unterscheiden, die in der Regel zeitlich differieren, beide aber Beschäftigungswirkungen hervorrufen.

In der Hochkonjunktur sind es die Preisniveauwirkungen, die hervorzurufen das Ziel der Stabilisierungspolitik ist. Geht man davon aus, daß die gesamtwirtschaftliche Nachfrage hier der beeinflussende Faktor ist, so muß die Auftragsvergabe als der kritische Zeitpunkt angesehen werden.

Liegt eine verteilte Wirkungsverzögerung vor, so tritt ein zusätzliches Problem bei der Bestimmung des Endes der Wirkungsverzögerung auf. Denn alle alternativen Endzeitpunkte treten dann nicht einmal, sondern mehrfach gemäß der Art der Verteilung auf. Als Alternativen der Bestimmung des Endzeitpunktes der Wirkungsverzögerung sind dann denkmöglich:

I. der Zeitpunkt, zu dem die erste, zusätzliche Investition vorgenommen wird (zu dem die erste Investition wegfällt).[1] Diese Vorgehensweise sagt dann nichts aus, wenn erst nach einem längeren Zeitraum geringer Wirkungen ein großer (Des-)Investitions-Schub einsetzt, sie ist aber dann richtig gewählt, wenn die Wirkungen mit abnehmender Intensität eintreten (wie bei der geometrischen Lag-Verteilung).

II. der Zeitpunkt, zu dem die letzte zusätzliche Investition vorgenommen wird (zu dem die letzte Investition wegfällt). Diese Wahl ist nur dann sinnvoll, wenn die Wirkung in einem eng begrenzten Zeitraum stattfindet. In allen realistischen Fällen aber wird sich die Wirkung über viele Perioden erstrecken - dann hat die Angabe des letzten Wirkungstermins (soweit überhaupt möglich) nur Bedeutung für den Wirtschaftshistoriker, nicht aber für den Wirtschaftspolitiker.

III. der Zeitpunkt, zu dem durchschnittlich die Vornahme (der Wegfall) der induzierten (verminderten) Investitionen stattfindet (arithmetisches Mittel). Dies ist dann eine sinnvolle Zeitangabe, wenn zwischen den einzelnen Zeitpunkten keine allzu große Differenz besteht.

IV. der Zeitpunkt, zu dem die meisten zusätzlichen Investitionen vorgenommen werden (wegfallen)(Modalwert). Dieser Zeitpunkt ist für konjunkturpolitische Zwecke besonders aussagekräftig, kennzeichnet er doch die Situation, zu der der stärkste Einfluß auf die gesamtwirtschaftliche Nachfrage ausgeübt wird.

V. der Zeitpunkt, der die induzierten (wegfallenden) Investitionen in zwei Hälften teilt (Median). Dieser Zeitpunkt ist dann sinnvoller als der Modalwert, wenn die Wirkungsverteilung keinen eindeutigen Höhepunkt oder mehrere Gipfel aufweist.

---

1) S. z.B. T. Winter, Handlungs- und Wirkungsverzögerungen in der Wirtschaftspolitik, S. 37.

Die Festlegung, welcher Zeitpunkt als Ende der Wirkungsverzögerung richtig (im Sinne von zielbezogen richtig) gewählt wird, ist also nicht allgemeingültig festzulegen, sondern hängt ab von der Art der Wirkungsverteilung.

Bei allen eingipfligen Verteilungen bietet der Modalwert die größte Aussagekraft. Sobald aber mehrere Gipfel oder eine gleichmäßige Wirkungsverteilung auftritt, ist die Wahl zwischen den anderen Lageparametern beliebig, eine eindeutige Angabe über das "Ende" der Wirkungsverzögerung ist nicht angebbar. Als Ausweg bleibt nur eine genaue Charakterisierung der Wirkungsverteilung.

b. Ein Phasenschema

Da Anfang und Ende der Wirkungsverzögerungen nicht exakt bestimmbar sind, empfiehlt es sich, bei einer Analyse der einzelnen Bestimmungsursachen der Wirkungsverzögerungen zunächst von der umfassendsten Abgrenzung auszugehen. Dann beginnen die potentiell ersten Wirkungsverzögerungen mit dem Auftreten eines konjunkturpolitischen Problems; denn von diesem Zeitpunkt an können sich in den privaten Unternehmungen Wirkungen antizipierter staatlicher Maßnahmen entfalten. Das Ende der Wirkungsverzögerungen liebt bei einer weiten Fassung dann vor, wenn die letzte zusätzliche (verminderte) Investition bezahlt worden ist (worden wäre).

Interessant für konjunkturpolitische Zwecke ist der Zeitraum zwischen diesen beiden Endpunkten. Als Gesamtheit betrachtet lassen sich über die Länge dieses Zeitraums und seine Konstanz bzw. Variabilität nur recht grobe Ad-hoc-Aussagen machen. Wird stattdessen dieser Zeitraum in mehrere in sich homogene Abschnitte aufgeteilt, so muß es möglich sein, zu konkreteren Schlußfolgerungen zu gelangen. Allerdings ist eine solche Aufgliederung nur möglich, wenn auf die mikroökonomische Stufe eines einzelnen Investitionsentscheidungs- und -durchführungsprozesses zurückgegriffen wird. Denn für die aggregierte Investitionstätigkeit ist eine Charakterisierung der einzelnen Phasen dieses Prozesses nicht möglich, sie sind nur auf mikroökonomischer Stufe identifizierbar. Eine derartige Phasenaufgliederung findet sich auf der nachfolgenden Seite.

Ausgehend von der Hypothese, daß Handlungsverzögerungen beim Staat und Wirkungsverzögerungen im privaten Sektor (zumindest teilweise) gleichzeitig auftreten können, wird in der Darstellung nicht der traditionellen Folge inside lag - outside lag [1] gefolgt, sondern die Nebenordnung soll die potentielle Gleichzeitigkeit hervorheben. Im übrigen haben die Handlungsverzögerungen im Folgenden nur Bedeutung, soweit sie bzw. ihre Bekämpfung zu einer Verlängerung bzw. Verkürzung der Wirkungsverzögerungen beitragen (können).

Die Unterteilung des Wirkungsablaufs konnte sich nicht auf ein festliegendes Schema stützen. In der Literatur findet sich eine Vielzahl derartiger Ablauf-Beschreibungen, [2] die hier nicht in ihren Gemeinsamkeiten und Unterschieden zu erörtern sind. Die Güte eines derartigen Schemas hängt im vorliegenden Zusammenhang weniger von dem Grad seiner Vollständigkeit ab, sondern mehr von der Aussagekraft der Schlußfolgerungen, die aus einer Analyse der einzelnen Phasen gezogen werden können.

---

1) A. Ando, E.C. Brown, R.M. Solow, J. Kareken, Lags in Fiscal and Monetary Policy. Introduction and Summary, in: Commission on Money and Credit, Stabilization Policies, Englewood Cliffs 1963, S. 3.

2) Vgl. z.B.R.M.Cyert, J.G.March, A Behavioral Theory of the Firm, S.84 ff.;E.Witte,Phasen-Theorem und Organisation komplexer Entscheidungsverläufe,ZfbF,20.Jg. (1968),S.626 f.;H.Ulrich, Die Unternehmung als produktives soziales System,S.204 ff.; R.B.Schmidt,Unternehmungsinvestitionen,S.70 ff.;W.Kirsch,Entscheidungsprozesse,Bd.I,S.72 ff.;P.J.Lund,Investment,S.65 ff.;L.R. Klein,Issues in Econometric Studies of Investment Behavior,S.46;N.Szyperski,U.Winand,Entscheidungstheorie, Stuttgart 1974, S.6 ff.

Wirkungsverzögerungen und Handlungsverzögerungen im Überblick

Wirkungsverzögerungen (bei den privaten Unternehmungen)		Handlungsverzögerungen (beim fiskalpolitischen Entscheidungsträger)	
Bestandteile	**Zeitpunkte**	**Bestandteile**	**Zeitpunkte**
I. Problem-Wahrnehmungs-Lag	1. Problem-Wahrnehmung		a) Existenz einer konjunkturellen Störung (ökonomisch)
II. Reaktions-Lag	2. Beginn der Entscheidungssuche	A. Phase der statistischen Erhebung (disturbance lag)	b) " (statistisch)
III. Planungs- und Entscheidungs-Lag	3. Investitions-Entscheidung	B. Bewußtwerdungs-Phase (recognition lag)	c) " (politisch)
IV. Feinplanungs-Lag	4. Auftragsvergabe	C. Diskussions-Phase (decision lag)	
V. Warteperiode	5. Produktionsbeginn	D. Verwirklichungs-Phase (implementation lag)	d) Konjunkturpolitische Entscheidung
VI. Produktionsperiode	6. Einsatz der ersten zusätzlichen Investition		e) Inkrafttreten des Instruments
VII. Zahlungs-Zeitraum	7. Bezahlung der ersten zusätzlichen Investition		
VIII. Zeitraum weiterer Investitionswirkungen			

Allerdings ist darauf hinzuweisen, daß eine derartige Phasen-Darstellung nicht unumstritten ist. E. Witte [1] hat nachgewiesen, daß die Phasen nicht notwendig eine zeitliche Abfolge darstellen, sondern daß diese zeitliche Abfolge durchaus eine Variable innerhalb der unternehmerischen Entscheidungsprozesse sein kann. Diese Kritik bezieht sich hier auf die Phasen I. bis IV. und behauptet, daß bei einer derartigen Phasenbetrachtung die zahlreichen Rückkopplungseffekte im Rahmen der Entscheidungsprozesse übersehen werden. Da es im vorliegenden Zusammenhang aber nicht darauf ankommt, die genauen zeitlichen Abläufe nachzuvollziehen, sondern mehr darauf, welche Einflußfaktoren die Länge der einzelnen Phase bestimmen, sei diese Kritik hier nicht weiter berücksichtigt. Es ist aber zu beachten, daß dann der Begriff "Phasen" weniger treffend ist als der neutrale Begriff "Bestandteile" eines Investitionsentscheidungsprozesses. [2]

c. Hypothesen zu Ursachen und Länge der einzelnen Phasen

I. Der Problem-Wahrnehmungs-Lag

Die Tatsache, daß ein Zeitraum verstreicht zwischen der Existenz eines Problems und seiner Wahrnehmung in den Unternehmungen, ist bedingt durch den Umstand, daß nicht jedes unternehmungs-externe Ereignis als Problem und damit als Einflußfaktor für Verhaltensänderungen oder auch nur als Grundlage der Entscheidungsfindung wahrgenommen wird. "Was der Organismus in jedem Augenblick von seiner ihn

---

1) E. Witte, Phasen-Theorem und Organisation komplexer Entscheidungsverläufe, S. 625 ff.

2) W. Kirsch (Entscheidungsprozesse, Bd. I, S. 75) verwendet die Begriffe "Kategorien von Teilprozessen" oder "Episoden".

umgebenden Umwelt sieht, stellt wahrnehmungsmäßig eine Art von Kompromiß dar zwischen dem, was durch physiologische Mechanismen übermittelt, und dem, was durch verhaltensmäßige Prozesse ausgewählt wird." [1)]

Was in diesem Zusammenhang als wahrzunehmendes "Signal" bezeichnet werden kann, ist noch offen. Bereits zum Zeitpunkt der statistischen Problem-Existenz (b)) für den Staat können sich im privaten Sektor Erwartungen hinsichtlich der zukünftigen wirtschaftspolitischen Vorgehensweise und damit erste Anpassungsreaktionen (Signalwirkungen) ergeben. Dies gilt verstärkt, wenn das wirtschaftspolitische Problem bereits politisch relevant geworden und damit die Diskussionsphase (C.) erreicht worden ist. Die privaten Unternehmungen werden in diesem Stadium um so eher mit ganz konkreten Maßnahmen rechnen können, wie das staatliche Handeln ex ante für bestimmte konjunkturelle Probleme determiniert ist. Werden alle konjunkturpolitischen Maßnahmen stets weitgehend diskretionär, d.h. ohne gesetzliche oder verhaltensmäßige Bindungen an bestimmte Regeln getroffen, so sind die konjunkturpolitischen Maßnahmen nicht vorhersehbar, [2)] neben dem Entscheidungs-Lag (C.) im Bereich des Staates wird gleichzeitig der Wahrnehmungs-Lag (I.) im Bereich des privaten Sektors verlängert.

---

1) J.S. Bruner, C.C. Goodman, Value and Need as Organizing Factors in Perception, in: M. Alexis, C.Z. Wilson (Hg.), Organizational Decision Making, Englewood Cliffs 1967, S. 81 ff., hier S. 83. Zit. nach der Übersetzung in: W. Kirsch, Entscheidungsprozesse, Bd. I, S. 81.

2) Falls Klarheit über die wirtschaftspolitischen Ziele herrscht, kann zwar z.B. in einer Depression mit expansiven Maßnahmen gerechnet werden. Wann dies aber der Fall sein wird und welche Maßnahmen ergriffen werden, insbesondere ob es investitionsorientierte Maßnahmen sind und welche aus diesem Bereich, muß bei streng diskretionärer Politik offenbleiben.

Das Konzept der zunehmenden Verwendung von Regelbindungen in der Konjunkturpolitik, durch die im vorhinein bestimmte staatliche Aktivitäten an bestimmte Parameterkonstellationen gebunden werden sollen, wurde zwar ursprünglich entworfen zur Verkürzung des inside-lag in der politischen Willensartikulation und -bildung. Berücksichtigt man jedoch die Zusammenhänge zwischen der Länge des staatlichen Entscheidungsprozesses und der Länge des privaten Entscheidungsprozesses, so wird deutlich, daß der Einsatz von Regelbindungen zur Verkürzung beider Zeiträume dienen kann. Der Einfluß auf die privaten Entscheidungsvorgänge kommt vornehmlich dadurch zustande, daß Regelbindungen einen Aspekt der Sicherheit in die privaten Erwartungen bringen, der insbesondere bei vielfältigen Wandlungen unterworfener diskretionärer Politik nicht gegeben ist.

Neben diesen Einflüssen des staatlichen Entscheidungsprozesses auf die privaten Erwartungsbildungen werden spätestens dann eindeutige Signale vom staatlichen Sektor auf den privaten Sektor ausgehen, wenn die Entscheidung zum staatlichen Handeln getroffen ist (Zeitpunkt d)) bzw. wenn das Instrument eingesetzt ist (Zeitpunkt e)). Ob aber diese beschriebenen Signale - die staatlichen Entscheidungsprozesse, die Entscheidungen sowie das Inkrafttreten der Instrumente - im Unternehmenssektor Bedeutung gewinnen, hängt von ihrem Wahrnehmungsgrad ab.

Zur Beurteilung der Determinanten des Wahrnehmungsgrades fiskalpolitischer Maßnahmen ist ein Rückgriff auf die Ergebnisse der Finanzpsychologie möglich. Hiernach ist der Wahrnehmungsgrad einer Maßnahmen eine Funktion [1)]

- ihrer "relativen Höhe",
- ihrer "technischen Ausgestaltung" sowie
- "der Dauer und des Rhythmus" ihres Einsatzes.

---

1) K.-H. Hansmeyer, Finanzielle Staatshilfen für die Landwirtschaft, S. 248 und 250 f.

"Relative Höhe" läßt sich bei der Beurteilung von Anreizen (Hemmnissen) zu investieren als "relative Intensität" [1] des Maßnahmeeinsatzes operationalisieren. "Relativ" deutet dabei auf die unterschiedliche Bedeutung hin, die einzelne Maßnahmen in verschiedenen Sektoren, Unternehmensgrößen etc. besitzen. Hinsichtlich der Intensität lassen sich weniger absolute Aussagen machen, als vielmehr der tendenzielle Hinweis, daß bei steigender Intensität des Maßnahmeeinsatzes der Wahrnehmungsgrad erhöht wird.

Die Bedeutung der "technischen Ausgestaltung" ist im Bereich investitionsorientierter fiskalpolitischer Maßnahmen an dem Unterschied zu verdeutlichen, der zwischen solchen Maßnahmen besteht, die unabhängig von der Investitionstätigkeit eingesetzt werden (z.B. Gewinnsteuersatzvariationen) und solchen Maßnahmen, die direkt an der Investitionstätigkeit ansetzen. Denn es kann analog zu finanzpsychologischen Ergebnissen [2] davon ausgegangen werden, daß derartige Maßnahmen im Zusammenhang mit Investitionsentscheidungsprozessen um so mehr Berücksichtigung finden (wahrgenommen werden), je direkter eine Beziehung zur fraglichen Aktivität der Investitionstätigkeit besteht.

Die "Dauer" einer fiskalpolitischen Maßnahme wurde bereits verschiedentlich als bedeutungsvoll für ihren Wirkungsgrad angesprochen. Grundsätzlich ist der Signalcharakter einer zeitlich begrenzten Maßnahme größer als der einer Maßnahme, die für längere Zeit eingesetzt wird. Allerdings brauchen diese Unterschiede nicht erheblich zu sein. - Fiskalpolitische Maßnahmen unterliegen in der Regel nicht einem

---

1) W. Kirsch, Entscheidungsprozesse, Bd. I, S. 81.

2) K.-H. Hansmeyer, Finanzielle Staatshilfen für die Landwirtschaft, S. 248, 250 f.

"Rhythmus"; höchstens insofern, als eine Maßnahme regelmäßig in bestimmten Konjunkturphasen zum Einsatz kommt, kann von einem Rhythmus gesprochen werden. Daß bei einer solchen Regelbindung eine Maßnahme bereits vor ihrem Einsatz "wahrgenommen" werden kann, wurde bereits verdeutlicht.

Derartige Antizipationen von konjunkturpolitischen Maßnahmen können sowohl im Boom wie in der Rezession zu unerwünschten Signalwirkungen führen, und zwar insbesondere dann, wenn die jeweilige Maßnahme konkret auf die (un-) erwünschte Aktivität "Investitionen" ausgerichtet ist.
Bis zur endgültigen Implementation des Instruments wird "zeitliche Substitution" [1] die konjunkturellen Ausschläge der Investitionstätigkeit noch verstärken: Im Boom wird die Erwartung einer Investitionsteuer zu zeitlichem Vorziehen von Investitionen und damit temporärer Steigerung der Hochkonjunktur führen, in der Rezession werden die Unternehmungen in Erwartung einer Investitionsprämie ihre zeitlich disponiblen Investitionen zurückstellen. In beiden Fällen bewirken diese negativen Vor-Effekte einer Maßnahme gleichzeitig, daß nach dem erfolgten Instrumenteneinsatz die statistischen Daten einen Erfolg der Maßnahme nur vortäuschen. Denn wenn im Boom tatsächlich Investitionen lediglich vorgezogen wurden (und nicht etwa zusätzlich durchgeführt wurden), dann muß ex definitione nach dem Maßnahmeeinsatz weniger investiert werden; dieser "Erfolg" ist aber nicht der direkten Maßnahmewirkung zu verdanken, sondern wird erzielt auf Kosten einer Boom-Verstärkung im Zeitraum zuvor. Dieser Effekt wird besonders bei den Ersatzinvestitionen zu erwarten sein. Zu vermeiden sind solche negativen Signalwirkungen nur durch Verkürzung des inside lag der Fiskalpolitik.

---

1) G. Schmölders, Allgemeine Steuerlehre, S. 132 und S. 136.

Abgesehen von diesen unerwünschten Antizipations-Wirkungen ist nach erfolgtem Maßnahmeneinsatz stets eine möglichst starke und möglichst schnelle Wahrnehmung im Unternehmenssektor für eine Verkürzung der Wirkungsverzögerung erwünscht. Dabei werden für die Schnelligkeit der Wahrnehmung die gleichen Einflußgrößen maßgeblich sein wie für den Wahrnehmungsgrad selbst.

II. Der Reaktions-Lag

Der Zeitraum zwischen der Wahrnehmung eines Problems und dem Beginn der Entscheidungssuche kann als Reaktions-Lag bezeichnet werden. Nicht jedes wahrgenommene Problem führt automatisch zu einer Entscheidungs-Anregung. Wiederum spielt die Intensität der ergriffenen Maßnahme eine einflußreiche Rolle.

Wenn "Entscheiden" bedeutet "durch einen prognostizierenden Denkakt - zukünftiges - Handeln auslösen", [1] dann wird die Entscheidungsanregung = Reaktion in wesentlichem Umfang durch die Erwartungen der Unternehmungen bestimmt. Da es Erwartungen "der Unternehmung" nicht gibt, ist stattdessen auf die Bedeutung hinzuweisen, die der allgemeinen Stimmung zum einen und den Hoffnungen und Wünschen der einzelnen Unternehmensmitglieder sowie ihren internen Verhandlungsergebnissen zukommt. [2] Ohne hier auch nur den Ansatz einer Theorie der Erwartungsbildung versuchen zu wollen, so kann doch die Hypothese aufgestellt werden, daß die Erwartungen um so eher konform mit den wirtschaftspolitischen Aktivitäten gehen und also zu entsprechenden

---

1) R.B. Schmidt, Unternehmungsinvestitionen, S. 70 f.

2) R.M. Cyert, J.G. March, A Behavioral Theory of the Firm, S. 81.

Reaktionen führen werden, je eindeutiger das fiskalpolitische Vorgehen ist, d.h. wiederum je intensiver die Instrumente eingesetzt werden und je mehr es den konjunkturpolitischen Instanzen gelingt, Vertrauen in den Erfolg ihrer Maßnahmen zu wecken ('moral suasion' [1]).

Schließlich ist ebenfalls die Dauerhaftigkeit des Maßnahmeeinsatzes maßgeblich dafür, wie stark in den Unternehmungen der Druck zur Entscheidung verspürt wird. Eine auf ein halbes Jahr begrenzte Investitionsprämie wird unter sonst gleichen Umständen schneller zu Reaktionen in den Unternehmungen führen, als wenn diese Vergünstigung für ein ganzes Jahr Gültigkeit behält. Entsprechendes gilt bei restriktivem Vorgehen der Fiskalpolitik für die Schnelligkeit der Reaktion, mit der die Anregung gegeben wird zu prüfen, ob bisher geplante Investitionen zu unterlassen sind.

III. Der Planungs- und Entscheidungs-Lag

Der Planungs- und Entscheidungs-Lag umfaßt den gesamten Zeitraum von dem Beginn der Entscheidungssuche bis zur grundsätzlichen Entscheidung über Art und Umfang der zusätzlichen bzw. verminderten Investitionstätigkeit. Diese Phase kann als der eigentliche unternehmerische Entscheidungsprozeß bezeichnet werden und wird häufig noch mehrfach unterteilt. [2]

R.B. Schmidt [3] unterscheidet neben der Entscheidungsanregung, die hier schon als Ergebnis des Reaktions-Lags angesehen wird,

---

1) Siehe hierzu vor allem G. Schmölders, Geldpolitik, 2. Aufl., Tübingen 1968, S. 266 ff.

2) Siehe die Darstellungen in der auf S. 274 angegebenen Literatur.

3) R.B. Schmidt, Unternehmungsinvestitionen, S. 70 f.

- die Ermittlung der Entscheidungsaufgabe,
- die Ermittlung des Aktionsspielraums,
- die Ermittlung der Zielwirksamkeit der Alternativen sowie
- die Bestimmung der zu realisierenden Alternative.

Die Länge dieser einzelnen idealtypischen Stufen wird wesentlich durch unternehmungsorganisatorische Ursachen bestimmt; für wirtschaftspolitische Einflußnahmen ist daher prima facie kein Raum gegeben.

In der 1. Stufe wird intern in der Unternehmung das Ziel des Entscheidungsvorgangs bestimmt. In der 3. Stufe sind die Alternativen hinsichtlich ihres Einflusses auf das vorgegebene Ziel zu prüfen,und in der letzten Stufe ist nur noch die logische Schlußfolgerung aus den vorhergegangenen Ermittlungen zu ziehen. Lediglich in Hinsicht auf die 2. Stufe kann versucht werden, den Alternativenraum durch Einengung der unternehmerischen Liquidität zu verkleinern; ob aber in der Folge die Entscheidung dann schneller getroffen wird, ist damit ohne weitere Informationen noch nicht gesagt. Diese weiteren Informationen müßten den subjektiven, unternehmungsinternen Druck zur Entscheidung betreffen, der wiederum am ehesten durch zeitlich terminierten Maßnahmeeinsatz und gleichzeitige Beeinflussung der allgemeinen Investitionsstimmung erzeugt werden kann. Je intensiver außerdem die zeitlich terminierten Maßnahmen eingesetzt werden, desto eher wird es zu einer Beschleunigung des Entscheidungs-Lags kommen. Restriktive Einflüsse auf die Liquidität werden dann zur Entscheidungsbeschleunigung beitragen, wenn dadurch die Finanzmittelbeschaffbarkeit und damit die Einhaltung des finanziellen Gleichgewichts beeinträchtigt wird. Ein solcher Druck zur Entscheidung kann sich vornehmlich auf Stufe 2, aber auch auf alle anderen Stufen innerhalb der Entscheidungsphase verkürzend auswirken.

IV. Die Feinplanungs-Phase

Die Feinplanungs-Phase resultiert aus dem Zeitaufwand, der benötigt wird, um aus der groben Investitionsentscheidung konkrete einzelne Beschaffungs- oder Herstellungs-Aufträge abzuleiten. Sie wird je nach Art des Investitionsprojektes und der Anlagenstruktur des jeweiligen Wirtschaftssektors unterschiedlich lang, im Zeitablauf aber konstant sein; dies gilt zumindest im Durchschnitt aller Investitionsprojekte. Im hier nicht interessierenden Einzelfall bestehen natürlich wesentliche Unterschiede zwischen reinen Ersatz-, Rationalisierungs- und reinen Nettoinvestitionen.

V. Die Warte-Periode

Die Länge der Warte-Periode [1] wird durch die Auftragslage der Lieferanten bzw. Hersteller determiniert, sie ist also Kennzeichen der Höhe des Auftragsbestandes in der Investitionsgüterindustrie. Da dieser Auftragsbestand im konjunkturellen Ablauf schwankt, wird auch die Warte-Periode als im Zeitablauf variabel anzusehen sein; in der Rezession spielt sie kaum eine Rolle, für expansive Politik wird sie also höchstens sektoral Bedeutung gewinnen.

---

1) P.J. Lund (Investment, S. 66) nennt diese Phase die "Queuing Period".

VI. Die Produktionsperiode

Die Länge des Zeitraums, in der Investitionsgüter produziert werden, ist zum einen je nach Art des Investitionsgutes sehr unterschiedlich und muß zum anderen als weitgehend technologisch determiniert angesehen werden. Ob die Beschäftigungslage auf diesen Lag einen Einfluß hat, ist umstritten.[1] Fiskalpolitische Einflußmöglichkeiten sind nicht ersichtlich.

VII. Der Zahlungs-Zeitraum

Wenn der Schwerpunkt der Analyse auf monetäre Vorgänge gelegt wird, so ist nach Produktion und Auslieferung bzw. Installation noch der Zeitraum von Interesse, bis der Investitionskäufer seine Zahlung beim Produzenten (Lieferanten) vornimmt. Während geldpolitische Einflußmöglichkeiten nicht auszuschließen sind[2] und die Lieferantenkreditvergabe wohl auch im Konjunkturablauf variiert,[3] ist ein Einfluß fiskalpolitischer Parameter in diesem Zusammenhang nicht ersichtlich.

---

1) Während C.C. Holt und F. Modigliani die These einer mit steigender Beschäftigungslage ansteigenden Produktionsdauer vertreten, hat J.A. Carlson hier Konstanz, z.T. sogar eine gegenläufige Entwicklung festgestellt. Siehe hierzu ausführlich J.A. Carlson, The Production Lag, AER, Vol. 63 (1973), S. 73 ff. sowie die auf S. 266 oben angegebenen Untersuchungen zu variablen Investitionsverzögerungen.

2) V. Timmermann, Lieferantenkredit und Geldpolitik, Berlin, New York 1971, bes. S. 98 ff.

3) Ebenda, S. 111, Tab. 22.

VIII. Der Zeitraum weiterer Investitions-Wirkungen

Der zeitlich nicht abgrenzbare Zeitraum weiterer Investitionswirkungen ist nur der Vollständigkeit halber aufgeführt, um nochmals deutlich zu machen, daß die idealtypische Phasen-Beschreibung sich nur auf einen einzelnen mikroökonomischen Ablauf beziehen kann; zu jeder Zeit laufen aber eine Vielzahl gleicher, aber auch in Länge und Struktur völlig unterschiedlicher Investitionsentscheidungs- und -durchführungsprozesse ab, die kürzer, aber auch wesentlich länger als eine einzelne je betrachtete Investition dauern. Der Begriff "verteilte Verzögerungen" ist ein kurzgefaßter Ausdruck für diese Vielschichtigkeit der Abläufe.

d. Ergebnis: Sind Wirkungsverzögerungen unumgänglich ?

I. Die Gleichzeitigkeit der konjunkturpolitischen Entscheidungsprozesse beim Staat und der investitionspolitischen Entscheidungsprozesse bei den Unternehmungen hat zwei widersprüchliche Schlußfolgerungen für die Effizienz investitionsorientierter Maßnahmen zur Folge. Bis zum endgültigen Maßnahmeeinsatz rufen die unternehmerischen Antizipationen (die auch Wirkungsbeschleunigungen genannt werden könnten) eine Verschärfung der jeweiligen konjunkturellen Situation hervor. So gesehen ist dieses Miteinander der beiden Entscheidungsprozesse negativ zu beurteilen. Lediglich ein Rückgriff auf streng diskretionäres Vorgehen [1] oder eine Beschränkung auf Maßnahmen, die nicht direkt an der Investitionstätigkeit ansetzen

1) D.h. hier: nicht Vorhersehbarkeit der einzusetzenden Instrumente; also auch nicht Bereitstellung eines Instrumentenkatalogs wie im deutschen Stabilitätsgesetz.

(z.B. Gewinnsteuersatzvariationen) könnte ein Auftreten derartiger Effekte vermeiden.

Sobald aber die Maßnahme in Kraft getreten ist, gilt genau Umgekehrtes. Nun ist es als positiv zu bewerten, daß die Unternehmungen auf die jeweilige Maßnahme im Rahmen des Wechselspiels zwischen privaten und staatlichen Entscheidungsprozessen vorbereitet sind und ihre Investitionspläne entsprechend einrichten konnten, denn um so schneller werden die ersten Phasen der Wirkungsverzögerungen ablaufen. Dies gilt verstärkt, wenn die Art der Maßnahme im vorhinein absehbar war - also de facto eine Art Regelbindung vorlag - und wenn die Maßnahmen möglichst direkt am (un-)erwünschten Verhalten ansetzen.

Im Widerstreit dieser gegensätzlichen Ergebnisse ist ein Abwägen der positiven und negativen Wirkungen der alternativen Vorgehensweisen erforderlich. Sieht man dabei lange Wirkungsverzögerungen als ein <u>entscheidendes</u> Hemmnis für den Erfolg fiskalpolitischer Maßnahmen an, während Antizipationen diese Wirksamkeit nicht einengen, sondern lediglich zuvor zu unerwünschten Reaktionen führen können, so wird die Schlußfolgerung für eine "optimale" Politik darin bestehen, einerseits zwar direkt investitionsorientierte Instrumente mit einer gewissen Regelmäßigkeit im Konjunkturverlauf einzusetzen, andererseits aber die (diskretionäre) Entscheidung hierzu jeweils so früh im konjunkturellen Aufschwung (Abschwung) zu fällen, daß die unerwünschten Antizipationen sich noch gar nicht bzw. nur in geringem Umfang einstellen konnten. Effiziente Verkürzung der Wirkungsverzögerungen ohne negative Nebeneffekte ist also nur möglich durch eine Verkürzung der Handlungsverzögerungen des staatlichen Entscheidungsträgers.

Dieses Ergebnis gilt bei der Bekämpfung einer Hochkonjunktur und einer Rezession gleichermaßen. Jeweils muß es das Ziel sein, die fiskalpolitischen investitionsorientierten Maßnahmen bereits vor Erreichen des Konjunkturgipfels (-tiefpunktes) einzusetzen, um der Spekulation auf derartige Maßnahmen erst gar keinen Raum zu geben.

II. Auch im Hinblick auf den Phasenablauf unterscheiden sich expansive und kontraktive Maßnahmen kaum. In beiden Fällen sind die Phasen I. bis III. von Bedeutung, erst dann kann eine Entscheidung getroffen werden, ob mehr oder weniger (als bisher geplant) investiert werden soll. Während dann bei expansiven Wirkungen sämtliche nachfolgenden Phasen zu durchlaufen sind, kommt es bei Einschränkungen der Investitionstätigkeit darauf an, welche Phase die Investitionsprozesse bereits erreicht haben, ob sie also noch reversibel sind. Ab Produktionsbeginn (Zeitpunkt 5.) kann weitgehend mit Irreversibilität gerechnet werden. Bis auf die Warteperiode (Phase V.) laufen also die Wirkungen von expansiven und kontraktiven Maßnahmen entsprechend ab. Bei restriktiven Maßnahmen finden zwar kein Produktionsbeginn und kein Einsatz der erstellten Investition statt, aber zu den jeweiligen Zeitpunkten ist eine Minderproduktion und ein Minder-Einsatz von Investitionsgütern gegenüber dem Zustand ohne staatliche Maßnahmen festzustellen.

III.A) Was nun die Determinanten der einzelnen Phasen angeht, so läßt sich eine klare Trennlinie zum Zeitpunkt der Investitionsentscheidung (3.), also zwischen den Phasen I. bis III. und IV.bis VIII. ziehen. Die Länge der Phasen IV. - VIII. ist so stark durch kurzfristig konstante Einflußgrößen festgelegt, daß eine fiskalpolitische Einflußnahme kaum möglich erscheint. Hier spielen vielmehr die jeweilig zur Anwendung gelangende Technologie sowie die Unternehmungsorganisation die entscheidende Rolle; diese Determinanten unterscheiden sich zwar beträchtlich von Wirtschaftssektor zu Wirtschaftssektor, für die gesamte

Industrie aber werden sie kurzfristig als konstant angenommen werden können. [1]

Der Verweis auf technische und institutionelle Faktoren bedeutet, daß für die Länge dieser Zeiträume ökonomische Überlegungen weitgehend irrelevant sind. [2] Dieses Ergebnis ist nur haltbar, wenn der Umfang der Investitionsstornierungen in den Phasen IV. und V. gering ist. [3] Ist das nicht der Fall, dann reichen offensichtlich die Phasen I.- III. überlappend in die Phasen IV. und V. hinein; maßgeblich sind jedoch die Determinanten der Phasen I.-III.

Schließlich ist hinsichtlich der Warte-Periode (V.) und evtl. der Produktions-Periode (VI.) noch die jeweils aktuelle konjunkturelle Lage von Bedeutung. Diese ist aber für die Fiskalpolitik im vorliegenden Zusammenhang ein Datum und keine Instrumentalvariable.

Almon hat für die Länge der Summe der Phasen IV. bis VII. ermittelt, daß die Hälfte der zum Zeitpunkt 3. geplanten Investitionen nach vier bis fünf Quartalen abgewickelt sind, wobei die meisten Investitionen im vierten Quartal zum Abschluß kommen. [4] Damit läge ein "technischer" Lag von etwa einem Jahr vor, zu dem zur Ermittlung der gesamten Wirkungsverzögerung noch die Länge der Phasen I.-III. hinzuzuaddieren ist.

---

1) S. Almon, The Distributed Lag between Capital Approriations and Expenditures, Econometrica, Vol. 33 (1965), S. 183.

2) Das gilt natürlich nur auf kurze Sicht.

3) Daß dies der Fall ist, wird gezeigt von S. Almon, The Distributed Lag between Capital Appropriations and Expenditures, S. 183 und 190 ff., sowie T. Oursin, Probleme industrieller Investitionsentscheidungen, Berlin, München 1962, S. 33 ff.

4) S. Almon, ebenda, S. 188 und 193 (Werte für die gesamte Industrie). Diese Ergebnisse wurden später nochmals bestätigt: S. Almon, Lags between Investment Decisions and their Causes, S. 201.

B) Auch in den ersten drei Phasen sind innerorganisatorische - im Gegensatz zu technischen - Ursachen für die Länge der Wirkungsverzögerungen verantwortlich. Die Geschwindigkeit der Informations-, Reaktions- und Entscheidungsprozesse wird je nach Organisation der ablaufenden Kommunikationsprozesse unterschiedlich sein.

Die weiteren Ursachen können gegliedert werden in gesamtwirtschaftliche und instrumentelle Determinanten. Zu den gesamtwirtschaftlichen Einflüssen zählen die jeweilige konjunkturelle Lage und die allgemeinen Zukunftserwartungen, soweit sie unabhängig vom Einsatz der fiskalpolitischen Instrumente vorliegen. Auch die geldpolitisch beeinflußte Finanzmittel-Beschaffbarkeit ist hier zu nennen; sie liegt aber an der Grenze zu den instrumentellen Determinanten, da ja auch der Einsatz fiskalpolitischer Parameter den Finanzierungsspielraum der Unternehmungen zu verändern in der Lage ist.

Im Rahmen der instrumentellen Determinanten können zusammenfassend als wesentlich für die drei ersten Phasen bezeichnet werden

- die Relevanz,
- die Intensität und
- die Dauer des Maßnahmeeinsatzes.

An diesen Kriterien ist die Ausgestaltung der fiskalpolitischen Instrumente auszurichten, wenn versucht werden soll, die ersten drei Phasen der gesamten Wirkungsverzögerungen zu verkürzen.

Die Feststellung, daß verhaltenslenkende Maßnahmen des Staates für den privaten Sektor der Volkswirtschaft <u>relevant</u> sein müssen, wenn sie Wirkung entfalten wollen, klingt zunächst trivial. Sie wird erst notwendig, wenn sie auf die Wirkungsverzögerungen im privaten Sektor bezogen wird: Je direkter die erwartungsbeeinflussenden

Größen getroffen werden, je weniger Ausweichmöglichkeiten sie in der Reaktionsphase lassen, desto schneller werden die erstrebten Investitionsentscheidungen (nicht) getroffen Relevanz läßt sich also umschreiben mit

- Ansatz an Investitions-Determinante oder
- Vermeidung von indirekten "Umwegen" oder
- Ansatz an Verhalten selbst und nicht an den dieses determinierenden Variablen.

Diese Kriterien sind also maßgeblich nicht nur für die Wirkung "an sich", wie sie im Rahmen der Investitionsdeterminanten beschrieben wurden, sondern auch für den zeitlichen Wirkungsablauf.

Neben der Erwartungsbildung, die in den Phasen I. und II. eine Rolle spielt, wird auch die Länge der Planungs- und Entscheidungsphase von der Relevanz des eingesetzten Instrumentariums betroffen. Hierunter ist dann wesentlich die technische Ausgestaltung des Instruments zu verstehen und ihr Einfluß auf die zeitliche Kongruenz zwischen Incentive-Effekt und Liquiditätseffekt in den Unternehmungen. Denn je mehr der Anreiz-Effekt einer Maßnahme durch gleichzeitige Liquiditätseffekte unterstützt wird, desto stärker ist der Drang in den Unternehmungen, solche Möglichkeiten in Anspruch zu nehmen bzw. solchen Belastungen auszuweichen Dies sind also sämtlich Argumente gegen Maßnahmen, die unabhängig von der Investitionstätigkeit zur Auswirkung kommen, gegen Abschreibungsvariationen und gegen solche Variationen der Investitionskosten, die nur für Teile der Unternehmungen "relevant" sind.

Intensität des Maßnahmeeinsatzes sorgt für eine Verkürzung des Zeitraums der Wahrnehmung und Reaktion auf die geänderten Gegebenheiten. Besonders der Reaktions-Lag ist mit einem Schwellenphänomen verknüpft: von der Überschreitung dieser Schwelle an ist der Einsatz des fiskalpolitischen Instrumentariums für die Unternehmungen derart bedeutsam, daß eine Revision der Erwartungen durchgeführt wird und Anregungen zu einer Änderung der Investitionsplanungen erfolgen.

Ähnlich kann in der Planungs- und Entscheidungsphase III. argumentiert werden: Je größer die Veränderung der Umwelt, desto intensiver ist der Druck zur Entscheidung und desto kürzer der Zeitablauf,bis die Investitionsentscheidungen fallen, geändert oder aufgehoben werden. Während von geringfügigen Veränderungen fiskalpolitischer Parameter nur auf lange Sicht die erwünschten Wirkungen erwartet werden können, bedarf es zur Konjunkturpolitik "drastischer Erfahrungen" [1] der zu beeinflussenden Unternehmungen, um eine kurzfristige Verhaltensänderung zu erzielen. Aus diesen Überlegungen ergibt sich die Forderung nach starken Steuersatzvariationen, nach hohen Sonderabschreibungen, nach kräftigen Belastungen (bzw. Vergünstigungen) der Investitionstätigkeit etc. Derartige Kennzeichnungen sind zwar noch nicht operational, d.h. es ist nicht angebbar, ob eine Investitionsprämie 5, 10 oder 15 % betragen soll; das Problem wird jedoch deutlich, nämlich daß die Annahme nicht sinnvoll ist, eine Wirkung träte unabhängig von der Intensität des Maßnahmeeinsatzes jeweils in der gleichen Frist ein.

Die Dauer des Maßnahmeeinsatzes ist schließlich für die Länge des Reaktions-Lags (II.) und des Entscheidungs-Lags (III.) von wesentlicher Bedeutung. Eine Terminierung der Gültigkeit einer bestimmten Maßnahme kann sowohl den Entschluß zur Reaktion wie auch die Schnelligkeit der nachfolgenden Entscheidung beschleunigen. Dies gilt bei Maßnahmen, die direkt die Investitionstätigkeit fördern bzw. hemmen. Für Maßnahmen, die ohne Berücksichtigung der Investitionstätigkeit zur Auswirkung gelangen, ist genau die entgegengesetzte Schlußfolgerung richtig: Eine Variation der Gewinnsteuersätze ruft um so schneller eine Wirkung hervor, je längerfristiger sie vorgenommen wird. Denn um so höher sind ihre Einflüsse auf die Erwartungsbildung und auf die Liquiditätslage der Unternehmungen.

---

1) Siehe hierzu oben S. 233 f.

Bei dem kürzerfristig terminierten Einsatz direkt investitionsorientierter Maßnahmen gilt, daß möglichst die ursprüngliche Fristsetzung beizubehalten ist. Am Beispiel expansiver Maßnahmen kann diese Notwendigkeit verdeutlicht werden. Denn das Vorziehen und Beschleunigen von Investitionen ist für die Unternehmungen bei gegebenen Anreizen nur sinnvoll, wenn sie fest damit rechnen können, daß die ursprüngliche Fristsetzung beibehalten wird. Anderenfalls wäre es einzelwirtschaftlich rational, die Investitionsentscheidungen bis an das Ende des (verlängerten) Vergünstigungszeitraumes hinauszuzögern. Und eine derartige Verlängerungs-Erwartung wird sich um so eher einstellen, falls derartige Verlängerungen in der Vergangenheit stattgefunden haben. Im Einzelfall kann zwar eine solche Verlängerung wegen anfänglicher Wirkungslosigkeit der Maßnahme sinnvoll sein, sie beschränkt aber gleichzeitig die Erfolgsaussichten für fiskalpolitische Maßnahmen in zukünftigen, ähnlich gelagerten Fällen.

Entsprechendes gilt bei befristeten Belastungen der Investitionstätigkeit zur Eindämmung einer Hochkonjunktur. Auch hier sind Verschiebungen der Investitionstätigkeit in die Zukunft von den Unternehmungen nur zu erwarten, wenn sie mit einer festen Frist rechnen können, nach der für sie das Investieren wieder billiger wird.

Faßt man die bisherigen Ergebnisse zusammen als Antwort auf die Frage: Sind Wirkungsverzögerungen unumgänglich?, so muß die Antwort lauten:
Ja, aber es gibt eine Vielzahl von Ausgestaltungsweisen des fiskalpolitischen Instrumentariums, durch die eine Verkürzung dieser Verzögerungen erreicht werden kann.
Je relevanter die Maßnahmen für die Investitionstätigkeit sind und je intensiver sie eingesetzt werden, desto schneller werden sie zum Erfolg führen; eine Befristung ihres Einsatzes kann einen Druck zur schnelleren Entscheidung bewirken. Aber auch bei einer derartigen Vorgehensweise

bleiben die Wirkungsverzögerungen von Bedeutung. Zum einen ist der Einfluß der Erwartungen der Unternehmungen zu nennen, die nicht nur aufgrund fiskalpolitischer Maßnahmen gebildet werden, sondern in wesentlichem Maße im Hinblick auf eine Vielzahl sonstiger unternehmungsexterner sowie subjektiver Einflußfaktoren. Der Irrationalität derartiger Stimmungsbildungen und -umschwünge steht der Staat zwar nicht machtlos gegenüber, sie lassen sich aber auch nicht nach Belieben steuern. Die Länge derartig verursachter Wirkungsverzögerungen zeigt hier die Grenze staatlicher Machbarkeit auf. [1]

Zum anderen müssen die rein technisch und institutionell bedingten Wirkungsverzögerungen hervorgehoben werden. Sie sind bei der Terminierung fiskalpolitischer Maßnahmen als gegeben hinzunehmen; frühzeitiger Einsatz solcher Maßnahmen im Konjunkturablauf kann diese Zeiträume zwar einkalkulieren und damit ihre negativen Auswirkungen mildern. Eine derartige vorbeugende Politik, auf deren Einzelaspekte hier nicht weiter einzugehen ist, stellt aber hohe Anforderungen an Konjunkturbeobachtung, Konjunkturprognose und konjunkturpolitische Entscheidungsfindung.

---

1) Siehe hierzu den letzten Abschnitt von Kapitel E.

E. Abschließende Beurteilung investitionsorientierter fiskalpolitischer Maßnahmen

1. Die Wirksamkeit der Fiskalpolitik oder: Die Grenzen der Investitionstheorie

Die Ergebnisse sind für denjenigen, der konkrete Aussagen zur Wirksamkeit einzelner fiskalpolitischer Instrumente in bestimmten konjunkturellen Situationen zu finden sucht, durchaus unbefriedigend. Statt eindeutiger Antworten erhielt er zwiespältige Wenn-dann-Aussagen unter Betonung der Unwägbarkeiten und Unvollkommenheiten bisheriger theoretischer Ansätze. Ja, es konnte sogar die Schlußfolgerung gezogen werden, es sei wahrscheinlicher, daß mehrdeutige Aussagen zuträfen als daß eindeutige Ergebnisse überhaupt jemals zu erwarten wären.

Bei der Gegenüberstellung verschiedener Investitionstheorien ergab sich, daß die Prämissen einer Investitionsfunktion um so einschränkender sein müssen, je genauer spezifiziert fiskalpolitische Parameter in ihr enthalten sein sollen. Das bedeutet auch: Vergleichende Aussagen über die relative Wirksamkeit einzelner Instrumente sind nur in einem engen theoretischen Rahmen möglich. Je vielfältiger die Einflußfaktoren der Investitionstätigkeit sind, desto vager werden die Aussagen zum Einfluß fiskalpolitischer Parameter.

Eine weitere Komplizierung ergibt sich bei Berücksichtigung einer zeitlichen Abfolge der Investitionsdeterminanten. Hier liegen nur erste Ansätze vor. Das Ergebnis der Akzelerator-Residual-Funds-Theorie von J.R. Meyer und R.R. Glauber [1)] kann nur als grobes Raster angesehen werden, das für investitionsorientierte fiskalpolitische Aktivitäten

---

1) J.R. Meyer, R.R. Glauber, Investment Decisions, Economic Forecasting and Public Policy, S. 253; siehe hierzu die Ausführungen oben auf S. 236 ff.

die Richtlinien gibt, zur Entfaltung expansiver Wirkungen in einer Depression seien die Multiplikator- und Akzeleratoreffekte öffentlicher Ausgaben einzusetzen, zur frühzeitigen Dämpfung der Hochkonjunktur dagegen sowie zur frühzeitigen Vermeidung rezessiver Tendenzen müsse es das Ziel der Finanzpolitik sein, irgendwie auf steuerlichem Wege die "residual funds" der Privatwirtschaft zu verändern. In allen Phasen behält allerdings die Akzelerationsbeziehung ihre Gültigkeit, ein Hinweis dafür, daß isolierte investitionsorientierte Politik zu keiner Zeit sinnvoll ist.

Weniger die zeitliche Abfolge als vielmehr das Zusammenwirken der verschiedenen Einflußfaktoren zu erklären ist Ziel der neoklassischen Investitionstheorie. Sie bietet daher auch die besten Aussagen über die Wirksamkeit der einzelnen Instrumente - gemessen am Präzisionsgrad. Entsprechend der oben erwähnten Dichotomie gelingt dies aber nur aufgrund stark restriktiver Prämissen, und zwar vornehmlich hinsichtlich der Verhaltensannahmen (rationale Unternehmungen etc.), der Produktionsfunktion (auf neoklassischer Basis) und der Einflußgrößen im einzelnen (z.B. Art der Überwälzungsannahme bei Bestimmung des Einflusses der Steuern auf die Kapitalkosten).

Während die richtige Spezifizierung der Produktionsfunktion - hier insbesondere der Substitutionselastizität - sowie der Kapitalkosten zwar in der Literatur heftig umstrittene Probleme darstellen, deren alternative Lösungen jedoch - auch hinsichtlich ihrer Auswirkungen - leicht zu ermitteln sind, ruft eine Loslösung von der einschränkenden Verhaltensannahme der Gewinnmaximierung eines rationalen Unternehmers bedeutsamere Konsequenzen hervor: Das alternativ gültige Ergebnis ist hier gerade <u>nicht</u> leicht ableitbar, im Gegenteil, die Möglichkeit, zu allgemeinen Ergebnissen zu kommen, wird tendenziell in Frage gestellt.

Denn offensichtlich kommt in der neoklassischen Investitionstheorie der durch vielerlei "Unvollkommenheiten" der Welt bewirkte Verhaltensspielraum der privaten Wirtschafts-Aktoren nicht zum Ausdruck. Die Unternehmungen sind stattdessen lediglich automatische Re-Aktoren ohne eigentliche Handlungsalternativen. Sobald jedoch Verhaltensspielräume als vorhanden berücksichtigt werden, treten Unwägbarkeiten auf: von der Variabilität der Ziele über Variabilität der Investitionsdeterminanten bis zur Variabilität des zeitlichen Ablaufs des Investitionsprozesses. Zwar sind einzelne Ansätze vorhanden, diese "Variabilitäten" faßbar zu machen, es bleibt jedoch eine vorerst offene Frage, ob dies jemals in perfekter und aussagefähiger Weise gelingen wird.

Die hier dargestellten Gegensätze zwischen den beiden Paradigmen gelten vornehmlich in kurzer Sicht. Dem steht nicht entgegen, daß möglicherweise in langfristiger Betrachtungsweise und unabhängig von kurzfristigen Zuständen eine gewisse Determinierung der Investitionstätigkeit vorliegt, daß also langfristig Grenzen der Verhaltensmöglichkeiten gegeben sind. Doch besagt dies wenig für die Analyse kurzfristiger Reaktionen und Reaktionsmöglichkeiten auf fiskalpolitische Instrumente bei alternativen Konjunkturlagen.

Auf kurze Frist ist die Vielzahl von Einflußfaktoren zu beachten, welche den Umfang und die Schnelligkeit der Wirkung determinieren. Es ergab sich hierbei, daß eine klare Unterscheidung zwischen mangelnder Wirkung und Wirkungsverzögerung gar nicht möglich ist, daß vielmehr im Einzelfall ein großer Interpretationsspielraum gegeben ist, welcher dieser beiden Aspekte zutrifft. Dies wird besonders deutlich bei einer Analyse der Ersatzinvestitionen: Hier kann es auf längere Sicht gesehen lediglich Wirkungsverzögerungen geben, was sich kurzfristig als Wirkung erweist, ist langfristig als Wirkungsverzögerung zu interpretieren.

Gerät damit die Grenze zwischen diesen beiden Aspekten ins Schwimmen, so stimmt dies auch mit den theoretischen Ergebnissen überein. Denn die konkreten Schlußfolgerungen für Art und Einsatz des Instrumentariums stimmten weitgehend überein, ob nun Wirkungen hervorgerufen werden sollen oder Wirkungsverzögerungen zu bekämpfen sind.

Insgesamt besteht in den Ergebnissen ein Gegensatz zwischen den Aussagen der Investitionstheorie zum Umfang der Investitions-Reaktionen auf fiskalpolitische Maßnahmen, die sowohl in quantitativer und in zeitlicher Hinsicht sehr umstritten sind, und den konkreten Schlußfolgerungen für die Auswahl der fiskalpolitischen Instrumente. Soweit nicht die schwache Reaktion der Unternehmungen auf derartige (Dis-)Incentives und die Länge ihrer Reaktionszeit gänzlich zur Ablehnung einer investitionsorientierten Stabilisierungspolitik führen, [1] erscheint es möglich zu sein, aus der Vielfalt von Einzelaussagen einen gemeinsamen instrumentellen Nenner herauszuarbeiten.

Während also aus den Investitionstheorien kaum sichere Ergebnisse bezüglich des Erfolges einer bestimmten Maßnahme in einer bestimmten Situation abgeleitet werden können, soll doch eine Aussage versucht werden, welche Maßnahmen - wenn überhaupt - am ehesten und am schnellsten zu Wirkungen führen werden. Die Investitionstheorien finden damit auf der instrumentellen Ebene gleichzeitig ihre Grenzen und ihre Versöhnung.

---

1) R.M. Coen, The Effect of Cash Flow on the Speed of Adjustment, S. 179; D.W. Jorgenson, The Economic Impact of Investment Incentives, S. 175.

2. Optimale Ausgestaltung der fiskalpolitischen Vorgehensweise ?

Die Auswahl eines "optimalen" Instruments zur Beeinflussung der Investitionstätigkeit würde bedingen, daß

I. sein relativer Wirkungsgrad (im Vergleich zu anderen Instrumenten) sowie

II. die Bewertung seiner Nebeneffekte

bekannt wären.

Zu I. könnte nur dann Stellung genommen werden, wenn die Bestimmung einer Vergleichsbasis vorgenommen würde, die etwa lauten könnte: "Umfang der Investitionseffekte je DM Einnahmenentgang (bzw. Ausgabenerhöhung) beim jeweiligen Fiskus". Ein derartiger Wirkungsumfang ist aber investitionstheoretisch nicht eindeutig ableitbar, wie aus den Ausführungen in Kapitel C. hervorgeht. [1] Außerdem wäre bei einer solchen Vorgehensweise die Angabe eines Diskontfaktors des jeweiligen fiskalpolitischen Entscheidungsträgers notwendig, da der Einsatz einzelner Instrumente die fiskalischen Einnahmen und Ausgaben verschiedener Perioden berührt. [2]

Die Möglichkeit einer Bewertung der Nebeneffekte (II.) würde erfordern, daß sämtliche Nebeneffekte sowie die trade-offs zwischen den verschiedenen betroffenen Zielen bekannt wären. Beides ist hier nicht gegeben.

---

1) Das heißt nicht, daß einzelne Autoren hier nicht zu ganz konkreten Ergebnissen kommen. Siehe insbesondere R.M. Coen, The Effect of Cash Flow on the Speed of Adjustment, S. 178 f.

2) Entsprechend geht E.W. Dinkelacker (Alternative Tax Incentives for Investment, S. 184 ff.) vor und kommt zu dem Ergebnis, daß die Wahl zwischen Abschreibungsvariation und Steuerabzug für Investitionen von der Differenz der Diskontsätze bei den Unternehmungen und beim Staat abhängt.

An Stelle dieses umfassenden Ansatzes soll versucht werden, auch mit einem minderen Informationsstand zu aussagekräftigen und überprüfbaren Ergebnissen zu gelangen. Es seien zwei Kriterien eingeführt:

- Aus einer Mehrzahl von fiskalpolitischen Instrumenten sind diejenigen zu präferieren, denen bei keinem investitionstheoretischen Ansatz eine Wirksamkeit abgesprochen wird. [1)]
- Aus den in diesem Sinne gleich wirksamen Instrumenten ist wiederum das zu präferieren, welches die geringsten einschränkenden Bedingungen für seine Wirksamkeit sowie die geringsten Nebeneffekte aufweist.

Während das erste Kriterium kaum zu Kontroversen Anlaß gibt, braucht das zweite Kriterium dann nicht akzeptiert zu werden, wenn es gerade die jeweiligen Nebeneffekte sind, die positiv bewertet werden. Da aber derartige Bewertungen (z.B.'Investitionsanreize in der Rezession sollten nach Maßgabe der Gewinne verteilt werden'), die Ausdruck allokations- und distributionspolitischer Ziele sind, hier nicht nachvollzogen werden können, wird stattdessen versucht, ein solches Instrumentarium aufzuzeigen, das möglichst wenig derartige Nebenwirkungen unabhängig von ihrer jeweiligen Bewertung aufweist. Unter Zugrundelegung bestimmter Zielvorstellungen können dann Abweichungen von diesem relativ neutralen Instrumentarium vorgenommen werden.

Im Folgenden werden die einzelnen Instrumente hinsichtlich der beiden Kriterien überprüft. Dies kann thesenartig geschehen, da sämtliche Argumente bereits an anderer Stelle ausführlicher dargestellt wurden.

---

1) Daß hierbei solche Investitionstheorien unberücksichtigt bleiben müssen, die fiskalpolitische Maßnahmen jegliche Wirkung absprechen, ergibt sich aus der Logik des Ansatzes.

Variationen des Gewinnsteuersatzes haben die unbestrittenste und eindeutigste Wirkung auf die Investitionstätigkeit bei Gültigkeit der Liquiditätstheorie der Investition, da durch sie der Selbstfinanzierungsspielraum der Unternehmungen direkt und in beliebigem Umfang beeinflußt werden kann. Auch die neoklassische Investitionstheorie zeigt eine hohe Wirksamkeit von Steuersatzvariationen, allerdings mit wesentlichen Einschränkungen:

- Der veränderte Steuersatz muß auf Dauer gelten.
- Die dauerhaft gültigen Abschreibungsmöglichkeiten dürfen nicht zu liberal sein.
- Die Gewinnsteuer sollte möglichst wenig überwälzbar sein.

Bei nur befristeten Steuersatzvariationen entfällt der Incentive-Effekt im Rahmen der neoklassischen Investitionstheorie.
Die Kapitalwertanalyse eines einzelnen Projektes ergibt, daß befristete Steuersatzvariationen den Kapitalwert solcher Investitionsprojekte, die in der relevanten Periode Verluste aufweisen, in unerwünschter Weise verändern.
Gewinnsteuersatzvariationen begünstigen bzw. belasten nach dem Kriterium der aktuell vorhandenen Gewinne (bei progressivem Tarif in überproportionaler Weise), nicht aber nach dem Kriterium der (un-)erwünschten Aktivität "Investitionen".

Als eigenständiges Instrument werden durch Variation der Steuerzahlungsmodalitäten geringe Incentive-, jedoch potentiell umfangreiche Liquiditätseffekte hervorgerufen. Seine eigentliche Bedeutung gewinnt dieses Instrument jedoch zur Unterstützung anderer Instrumente. Anpassungen der Vorauszahlungen werden in der Rezession eher als im Boom durchführbar sein, insofern ergibt sich eine konjunkturelle Asymmetrie.

Bei einer grundsätzlich zeitnah ausgestalteten Besteuerung (Selbstveranlagung) ist ein konjunkturpolitischer Einsatz dieses Instruments nicht mehr möglich.

Abschreibungsvariationen sind im Rahmen liquiditätstheoretischer wie auch neoklassischer Überlegungen wirkungsvoll. Die Höhe der Incentiveeffekte ist jedoch abhängig von Steuersatz, Verlustausgleichsmöglichkeiten und Kalkulationszinsfuß. Aktuelle Liquiditätseffekte können nur bei aktuell vorhandenen Gewinnen in den Unternehmungen eintreten. Schließlich können Abschreibungsvariationen nur in solchen Unternehmungen zur Auswirkung kommen, die diese Veränderungen auch tatsächlich buchhalterisch nachvollziehen.

Variationen der Investitionskosten sind im Rahmen liquiditätstheoretischer wie auch neoklassischer Überlegungen wirkungsvoll. Sie belasten bzw. begünstigen unabhängig von der Mitwirkungsbereitschaft der Unternehmungen die (un-)erwünschte Aktivität "Investitionen". Variationen der Investitionskosten können derart allgemein ausgestaltet werden, daß weder Gewinnsteuersatz noch Gewinnhöhe für die Liquiditäts- oder Incentive-Wirkungen eine Rolle spielen (Investitions-Prämie bzw. -Steuer).

Fiskalpolitische Verbilligung der Fremdfinanzierung (Zinssubventionen, staatliche Bürgschaften und Kredite) als konjunktur- (nicht struktur-) politisches Mittel läuft der jeweiligen Geldpolitik entgegen. Solche Maßnahmen kommen nur bei Fremdfinanzierung zur Geltung.
In der neoklassischen Theorie ist der Einfluß auf die Höhe der Kapitalbereitstellungskosten ungewiß. In der Liquiditätstheorie der Investition sind die Selbstfinanzierungsmöglichkeiten entscheidend. Diese werden jedoch von einer Verbilligung der Fremdfinanzierungskosten nicht berührt. Die strukturellen Effekte entsprechen denen der Geldpolitik.

Der Ermöglichung einer Investitionsrücklage liegen liquiditätstheoretische Überlegungen zugrunde. Auch in neoklassischer Sicht ist eine Investitionsrücklage wirksam, denn sie impliziert eine Verkürzung der Abschreibungsdauer.
Am Investitionsrücklagensystem können nur Unternehmungen teilnehmen, die im Boom Gewinne gemacht haben. Begünstigt werden also ältere gegenüber jüngeren Unternehmungen.
Die Investitionsrücklage ist nur wirksam zur Rezessionsbekämpfung, nicht zur Boomdämpfung.

Ergebnis dieser thesenartigen Zusammenfassung der auf einzelne Instrumente bezogenen Erkenntnisse ist eine klare Präferenz für eine konjunkturpolitische Variation der Investitionskosten über Investitionsteuern und Investitionsprämien. Von der "Natur" dieser Instrumente her sind sie nicht in ihrer Wirksamkeit abhängig vom Vorliegen bestimmter Bedingungen - außer der, daß das (un-)erwünschte Verhalten vorliegt. Derartige Bedingungen können aber - soweit erwünscht - in beliebigem Umfang explizit in die jeweilige Maßnahmeformulierung aufgenommen werden. Auch struktureller Einsatz ist in beliebiger Weise möglich; er wird jedoch nicht implizit durch die "Natur" der Maßnahme bereits vorgenommen, wie dies bei den anderen Maßnahmen großenteils der Fall ist. [1)]

Daß bei der Ermittlung dieses "relativ optimalen" Instruments eine Vielzahl von Beurteilungskriterien fehlt, ist offensichtlich. [2)] Es konnte auch nicht Aufgabe dieses

---

1) Siehe das ähnliche Ergebnis bei H. Haller, Besteuerung und Wirtschaftswachstum, S. 38.

2) Hierzu gehört vor allem auch das von F. Neumark stark hervorgehobene Kriterium der administrativen Durchführbarkeit, die er bei Investitionsprämien nicht gewährleistet sieht (Fiskalpolitik und Wachstumsschwankungen, S. 81).

zusammenfassenden Überblicks sein, sämtliche zusätzlichen Aspekte zu berücksichtigen, die bei der Auswahl eines Instruments eine Rolle spielen können. Vielmehr sollte abschließend aus der großen Zahl in der Arbeit verstreuter Effizienzaussagen zu einzelnen Instrumenten ein Resümee gezogen und damit gezeigt werden, daß trotz der investitionstheoretischen Divergenzen gemeinsame konjunkturpolitische Schlußfolgerungen möglich sind. [1)]

Die relative Überlegenheit einer Investitionsprämien-Steuer-Kombination bleibt auch erhalten, wenn der zeitliche Aspekt mit einbezogen wird. Beide Maßnahmen sind im Zeitablauf flexibel einsetzbar und unabhängig vom Kalenderjahr an konjunkturpolitische Notwendigkeiten anpassungsfähig. Auch die Bedingungen, die zur Verkürzung der unternehmerischen Wirkungsverzögerungen vorliegen sollten, können erfüllt werden:

Die Relevanz dieser direkt auf die Investitionstätigkeit ausgerichteten Maßnahmen für die Investitionsentscheidungen ist offensichtlich. Dies gilt besonders, wenn sie nur zeitlich begrenzt eingesetzt werden. Zur Erzielung zeitnaher Liquiditätseffekte ist die spezifische ausgaben- und steuertechnische Ausgestaltung maßgeblich. [2)]

Die Intensität des Einsatzes dieser Maßnahmen kann beliebig den jeweils aktuellen Notwendigkeiten angepaßt

---

1) Siehe zum Beispiel die Argumentation von R. Eisner, der ein klarer Gegner der neoklassischen Investitionstheorie ist, der aber ihre Ergebnisse als Argument gegen Steuersatzvariationen verwendet und ebenfalls zu dem Schluß kommt, daß Investitionsteuern und -Prämien bei intensivem Einsatz am ehesten Erfolge versprechen. R. Eisner, What Went Wrong ?, S. 633, 640; derselbe, Tax Incentives for Investment, NTJ, Vol. 26 (1973), S. 400.

2) Siehe hierzu ausführlich R. Busch, Steuerentlastungen oder Transferzahlungen, S. 201 ff.

werden. Ob diese Intensität auch gezielt zur Erreichung zusätzlicher bzw. zur Bestrafung zusätzlicher Investitionen eingesetzt werden sollte, [1] ist angesichts der dabei auftretenden strukturellen Effekte und Kontrollprobleme hier eine offene Frage.

Der zeitliche Beginn und die Dauer des Einsatzes dieser Maßnahmen können wie erwähnt sehr anpassungsfähig festgelegt werden. Dabei treten jedoch angesichts ihrer direkten Verhaltensorientierung Probleme auf, die bei globaleren Maßnahmen wie Gewinnsteuervariationen nur geringere Bedeutung haben. Denn der potentielle Einsatz derartiger Maßnahmen, die ein bestimmtes Verhalten belohnen bzw. bestrafen, ruft bei den betroffenen Wirtschaftssubjekten schon vor der Realisierung Signalwirkungen hervor, die geeignet sind, den Erfolg der schließlich eingesetzten Maßnahme zu unterlaufen. Entsprechend gilt für die Festlegung der Dauer des Maßnahmeeinsatzes das Dilemma, daß sie einerseits nicht zu kurz sein darf, da sonst reine Terminverschiebungsaktivitäten (Datum der Rechnungstellung etc.) ohne reale Veränderungen dazu führen, diesen Zeitraum zu umspielen; andererseits darf sie bei expansiver Politik nicht zu lang sein, da sich ansonsten die expansiven Effekte erst am Ende der festgelegten Periode eintreten.

Eine "offene" Periode für den Maßnahmeeinsatz, deren Ende also nicht begrenzt ist, kann nur für kontraktive Politik

---

1) Vgl. hierzu die Vorschläge von R. Eisner, bei expansiven Maßnahmen die Investitionsprämie auf solche Investitionen zu beschränken, die die durchschnittliche Investitionstätigkeit der Vergangenheit überschreiten (Fiscal and Monetary Policy Reconsidered, AER, Vol.59 (1969), S. 905), bzw. die die Höhe der jeweiligen Abschreibungen überschreiten (Tax Incentives for Investment, S. 400).

Anwendung finden. Die Belastung der Investitionstätigkeit wird dann so lange beibehalten, bis der gewünschte Investitionseffekt eintritt. Angesichts der Bedeutung, die den Wirkungsverzögerungen im Rahmen der Investitionsprozesse zuzumessen ist, wirft aber eine solche Vorgehensweise erhebliche Indikatorprobleme hinsichtlich der Ermittlung des Zeitpunktes der Wirkung auf. Eine fehlerhafte Analyse könnte zu bedeutsamen gesamtwirtschaftlichen Fehlentwicklungen führen.

Für expansive Politik ist diese Vorgehensweise noch weniger geeignet. Denn wenn derartige investitionsorientierte Maßnahmen auf kurze Sicht mehr zu einem Verschieben als zu einem absoluten Verändern der Investitionstätigkeit führen, dann wird es für die Unternehmungen sinnvoll sein, diese zeitliche Substitution an das Ende der jeweils erwarteten Periode zu verschieben. Ist dieses Ende unbestimmt, bringt dies einen in diesem Falle unerwünschten Unsicherheitsfaktor in die unternehmerischen Kalküle.

Die "Kunst der Besteuerung" liegt beim Einsatz derartiger verhaltensorientierter Maßnahmen also in der anpassungsfähigen Handhabung einer Vielzahl einzelner Parameter, die erst alle in ihrem Zusammenwirken zu einem Gelingen der angestrebten Investitionsbeeinflussung beitragen können. "... to influence investment in any particular desired manner is a very tricky business..." [1)]

---

1) S.J. Nickell, On Expectations, Government Policy and the Rate of Investment, Economica, Vol. 41 (1974), S. 255.

3. Konjunkturorientierte Investitionsbeeinflussung im Widerstreit zwischen privater und staatlicher Entscheidungsmacht

Das Fehlen eines klareren Ergebnisses, einer eindeutigen Verfahrensrichtlinie für konjunkturorientierte Beeinflussung der privaten Investitionstätigkeit kann einerseits als Mangel einer unter der Devise "Effizienzanalyse" angetretenen Arbeit angesehen werden. Andererseits aber stellt gerade dieses Fehlen selbst ein wesentliches Ergebnis dar: herausgestellt wurde die Bedeutung der Verhaltensabhängigkeit oder -unabhängigkeit der privaten Aktoren gegenüber den konjunkturpolitischen Maßnahmen des Staates. Je mehr es dem Staat - hier zunächst vereinfacht als isolierte Institution gesehen - gelingt, dieses Verhalten hinsichtlich Umfang und Art der Abhängigkeiten einzufangen, desto eher kann er es seinen Zielen nutzbar machen. Im Ergebnis könnte dann von einer konjunkturpolitischen Macht des Staates gesprochen werden. Allerdings wäre dabei nicht der Weber'sche Macht-Begriff anwendbar, denn dieser setzt einen hier nicht notwendig vorhandenen "Widerstand anderer" voraus. [1] Stattdessen wird bei staatlicher indirekter Investitionsbeeinflussung gerade das freiwillige Verhalten der Privaten den staatlichen Zielen nutzbar gemacht, das jedoch gegen die ursprünglichen Planungen verändert werden soll [2]. Dies kann aber nur in

---

1) M. Weber, Wirtschaft und Gesellschaft, 4. Aufl., 2. Halbband, Tübingen 1956, S. 531: "Unter 'Macht' wollen wir ... hier ganz allgemein die Chance eines Menschen oder einer Mehrzahl solcher verstehen, den eigenen Willen in einem Gemeinschaftshandeln auch gegen den Widerstand anderer daran Beteiligten durchzusetzen."

2) Vgl. die breitere Definition von Krelle, wonach 'Macht' "eine andere Vokabel für die Veränderung oder Aufrechterhaltung von Entscheidungsgrößen und Verhaltensparametern (ist), die in die ökonomische Theorie eingehen". W. Krelle, Macht und ökonomisches Gesetz in der Verteilung, in: H.K. Schneider, Ch. Watrin (Hrsg.), Macht und ökonomisches Gesetz, Schriften des Vereins für Socialpolitik, N.F. Bd. 74/I, Berlin 1973, S. 122. Bei einer solchen Abgrenzung verschwimmt offensichtlich die Grenze zwischen 'Macht' und 'Einfluß'.

dem Maße gelingen, wie die privaten Verhaltensweisen von staatlichen Parametern abhängig sind und wie die Art und der Umfang dieser Abhängigkeit ersichtlich sind.

Die Abgrenzung, ob bei einem Erfolg des Einsatzes derartiger Maßnahmen die Entscheidungsmacht über die privaten Investitionen noch privat oder schon staatlich ist, ist offensichtlich nur graduell möglich. Der Staat gewinnt an Einfluß, wenn die privaten Entscheidungsparameter derart transparent und damit in einer Investitionsfunktion eindeutig abbildbar sind, daß eine Beeinflussung dieser Parameter und damit der Entscheidungsergebnisse in einem gewünschten Zeitraum leicht möglich wird. Die Entscheidungsmacht liegt klar bei den Privaten, wenn sie die Entscheidungsergebnisse trotz Einsatzes staatlicher Aktivitäten konstant zu halten in der Lage sind. Variable Akzeleratoren, variable Parameter in neoklassischen Investitionsfunktionen und variable Zeitverzögerungen als Ergebnisse ökonometrischer Untersuchungen sind ein Kennzeichen dafür, daß der private Sektor noch weite Entscheidungsbereiche gegenüber staatlichen Beeinflussungen besitzt, so daß Grenzen der staatlichen Entscheidungsmacht hinsichtlich der privaten Investitionstätigkeit gegeben sind.

Effiziente Konjunkturpolitik besteht unter diesen Umständen in der Fähigkeit des staatlichen Entscheidungssystems, sein Instrumentarium der Vielseitigkeit und Variabilität des privaten Investitionsverhaltens anzupassen. In einer Wirtschaftsordnung mit einem grundsätzlich privat und einem grundsätzlich staatlich determinierten Entscheidungsbereich kann nur ein erfolgreiches Nachvollziehen der privaten Verhaltensweisen durch eine Beeinflussung ihrer Entscheidungsparameter eine tendenzielle Einflußnahme des Staates auf das an sich in privater Entscheidungsmacht stehende Investitions-Ergebnis bewirken. Je "weicher" ein wirtschaftspolitisches Instrument ist, d.h. je weniger Relevanz es für die Unternehmen hat, je weniger intensiv es eingesetzt wird und je weniger bei seinem Einsatz auf zielgerechte Terminierungen geachtet wird, desto mehr Freiheit besitzt der private Sektor, auf dem Wege der Konfrontation und Selektion [1] die Wirkung des staatlichen Instrumentariums abzuschwächen oder gar in ihr Gegenteil zu verkehren. Die Verfügung über derartige Ausweichmöglichkeiten kann als Zeichen wirtschaftlicher Macht interpretiert werden; [2] diese entsteht nicht isoliert, sondern ihr Umfang ist abhängig von der Art und Ausgestaltung des jeweiligen Instrumentariums. Diese Abhängigkeit vom Instrumentarium, welches Ausweichmöglichkeiten entgegen den staatlichen Absichten (= Konfrontations-Möglichkeiten) oder den Weg einer privaten Auslese der vom Staat offengelassenen Alternative einschließlich fehlender oder nur zögernder Verhaltensänderungen der Privaten (Selektion) freihalten kann, zeigt den engen Wechselbezug zwischen wirtschaftlicher Macht an sich und ihrer Einflußmöglichkeit auf den politischen Entscheidungsprozeß auf, der ja erst das eingesetzte Instrumentarium hervorgebracht hat.

Mangelnde Wirkung des eingesetzten Instrumentariums und lange Wirkungsverzögerungen - beides war analytisch ja nicht klar zu trennen - sind folglich Maßstäbe für die Autonomie des privaten Sektors gegenüber dem staatlichen konjunkturpolitischen Ziel, die private Investitionstätigkeit mit fiskalpolitischen Mitteln zu beeinflussen. Daß hier keine perfekte Steuerbarkeit vorliegt, ist offensichtlich der Preis dafür, daß dem privaten Sektor aus anderen Zielsetzungen heraus ein Freiraum erhalten wird. Graduelle Verbesserung des konjunkturpolitischen Instru-

---

1) K.-H. Hansmeyer, Nicht-marktwirtschaftliche Allokationsmechanismen und die Rolle politischer und wirtschaftlicher Macht, in: H.K. Schneider, Ch. Watrin (Hrsg.), Macht und ökonomisches Gesetz, Schriften des Vereins für Socialpolitik, N.F., Bd. 74/II, Berlin 1973, S. 1311 ff.

2) Ebenda, S. 1311.

mentariums kann allerdings auf eine tendenzielle Minderung dieses Freiraumes hinauslaufen. Dies gilt auch schon im Falle der Setzung von Incentives und Disincentives: denn Ziel dieser Maßnahmen ist es, die relative Stellung derer am Markt zu verbessern, die diesen Incentives oder Disincentives nachkommen; in der Folge bedient sich der Staat der Marktkräfte, um seine Ziele durchzusetzen. Der Einfluß des Staates auf das Marktergebnis ist beim Einsatz solcher Maßnahmen - wenn sie erfolgreich sind - zumindest indirekt gewachsen.

Die Erhaltung des privaten Entscheidungs-Freiraums steht nu offensichtlich in permanentem Konflikt mit den konjunkturpolitischen Notwendigkeiten. Die Setzung staatlicher Incentiv oder Disincentives kann als der Weg eines Versuchs bezeichn werden, diesen Konflikt zu lösen, also eine Erhaltung des grundsätzlich privaten Freiraumes mit einer Vergrößerung de indirekten staatlichen Entscheidungsmacht zu verbinden. Dem gegenüber ist staatliche direkte Investitionskontrolle offe sichtlich diejenige Alternative, die diesen Konflikt wie einen gordischen Knoten 'löst': das Problem der Beeinflussung der unternehmerischen Verhaltensweisen wird im Extremfall aufgehoben durch die Beseitigung alternativer Verhaltensmöglichkeiten überhaupt. Hier wandelt sich jedoch die konjunkturpolitische Fragestellung endgültig zu der allokation politischen, wer die letzte Entscheidung über Umfang und Ar der Investitionen in einem Wirtschaftssystem treffen soll. Ohne dies hier weiter zu vertiefen, sei darauf hingewiesen, daß bei einer solchen grundlegend anderen Vorgehensweise zw keine Investitionsschwankungen mehr durch das Verhalten der privaten Unternehmungen bewirkt werden, daß aber als Folge der gesellschaftlichen Einflüsse auf den staatlichen Invest tionslenkungs-Mechanismus vergleichbare Schwankungen auftreten können. [1] Deren Bekämpfung kann dann aber nicht - wie im vorliegenden Fall - durch partielle Beeinflussung der Entscheidungsprozesse eines Teilbereichs der Volkswirtschaft (des Unternehmenssektors) erfolgen, sondern muß sich auf die Ordnung der gesamtgesellschaftlichen Entscheidungsprozesse beziehen. Damit liegt dort ein völlig anderes Problem v

1) Vgl. hierzu die Ergebnisse bei A. Bajt, Investment Cycles in European Socialist Economies: A Review Article,JEL, Vol. 9 (1971), S. 53 ff.

Literaturverzeichnis

Abkürzungen von Zeitschriften

AER	- The American Economic Review
AERP	- The American Economic Review: Papers and Proceedings of the Annual Meeting of the American Economic Association
BPEA	- Brookings Papers on Economic Activity
IER	- International Economic Review
JNStat	- Jahrbücher für Nationalökonomie und Statistik
JEL	- The Journal of Economic Literature
JoPE	- The Journal of Political Economy
NTJ	- The National Tax Journal
QJE	- The Quarterly Journal of Economics
REStud	- The Review of Economic Studies
REStat	- The Review of Economics and Statistics
StuW	- Steuer und Wirtschaft
ZfB	- Zeitschrift für Betriebswirtschaft
ZfbF (ZfhF)	- Zeitschrift für betriebswirtschaftliche (handelswissenschaftliche) Forschung
ZfgSt	- Zeitschrift für die gesamte Staatswissenschaft
ZfN	- Zeitschrift für Nationalökonomie
ZfWS	- Zeitschrift für Wirtschafts- und Sozialwissenschaften

H.J. Aaron, F.S. Russek jr., N.M. Singer, Tax Changes and Composition of Fixed Investment: An Aggregative Simulation, REStat, Vol. 54 (1972), S. 343 ff.

H. Abels, Eine statistische Analyse der Lag-Beziehungen zwischen konjunkturrelevanten, makroökonomischen Zeitreihen für die Bundesrepublik Deutschland, Meisenheim 1974.

R.P. Abelson, M.J. Rosenberg, Symbolic Psycho-Logic: A Model of Attitudinal Cognition, Behavioral Science (1958), S. 1 ff.

H. Albach, Steuersystem und unternehmerische Investitionspolitik, Wiesbaden 1970.

R.G.D. Allen, Makroökonomische Theorie, Berlin 1972.

S. Almon, The Distributed Lag between Capital Appropriations and Expenditures, Econometrica, Vol. 33 (1965), S. 178 ff.

S. Almon, Lags Between Investment Decisions and their Causes, REStat, Vol. 50 (1968), S. 193 ff.

A. Ando, E.C. Brown, Lags in Fiscal Policy, in: Commission on Money and Credit, Stabilization Policies, Englewood Cliffs 1963, S. 97 ff.

A. Ando, E.C. Brown, R.M. Solow, J. Kareken, Lags in Fiscal and Monetary Policy. Introduction and Summary, in: Commission on Money and Credit, Stabilization Policies, Englewood Cliffs 1963, S. 1 ff.

K.J. Arrow, H.B. Chenery, B.S. Minhas, R.M. Solow, Capital - Labor Substitution and Economic Efficiency, REStat, Vol. 43 (1961), S. 225 ff.

G.A. Aschinger, Der Lag und seine Anwendung in ökonomischen Systemen, ZfgSt, 128. Bd. (1972), S. 393 ff.

H. Bader, S. Fröhlich, Einführung in die Mathematik für Volks- und Betriebswirte, 3. Aufl., München, Wien 1970.

A. Bajt, Investment Cycles in European Socialist Economies: A Review Article, JEL, Vol. 9 (1971), S. 53 ff.

F.X. Bea, Kritische Untersuchungen über den Geltungsbereich des Prinzips der Gewinnmaximierung, Berlin 1968.

C.W. Bischoff, Hypothesis Testing and the Demand for Capital Goods, REStat, Vol. 51 (1969), S. 354 ff.

C.W. Bischoff, The Effect of Alternative Lag Distributions, in: G. Fromm (ed.), Tax Incentives and Capital Spending, Washington u.a. 1971, S. 61 ff.

C.W. Bischoff, Business Investment in the 1970's: A Comparison of Models, BPEA, Vol. 2 (1971), S. 13 ff.

M. Bischoff, Multivariable Zielsysteme in der Unternehmung, Meisenheim 1973.

K.E. Boulding, The Present Position of the Theory of the Firm, in: K.E. Boulding, W.A. Spivey (ed.), Linear Programming and the Theory of the Firm, New York 1960.

W.H. Branson, Macroeconomic Theory and Policy, New York u.a. 1972.

G.F. Break, Federal Lending and Economic Stability, Washington 1965.

F. Brechling, Monetary Policy and Neo-Classical Investment Analysis, in: H.G. Johnson, A.R. Nobay (ed.), Issues in Monetary Economics, London 1974, S. 454 ff.

K. Brockhoff , Steuerabzüge für Investitionen, Finanzarchiv, N.F., Bd. 29 (1970), S. 256 ff.

E.C. Brown, Business-Income Taxation and Investment Incentives, in: Income, Employment, and Public Policy, Essays in Honor of A.H. Hansen, New York 1948, wiederabgedruckt in: R.A. Musgrave, C.S. Shoup (ed.), Readings in the Economics of Taxation, London 1959, S. 525 ff.

E.C. Brown, Tax Incentives for Investment, AERP, Vol. 52 (1962), S. 335 ff. (deutsch: Investitionsanreize durch Steuern, in: H.C. Recktenwald (Hg.), Finanztheorie, Köln, Berlin 1969, S. 366 ff.).

E.C. Brown, Recent Studies of the Incidence of the Corporate Income Tax, in: W.L. Smith, J.M. Culbertson (ed.), Public Finance and Stabilization Policy, Essays in Honor of R.A. Musgrave, Amsterdam, Oxford, New York 1974, S. 93 ff.

R. Busch, Steuerentlastungen oder Transferzahlungen. Eine Untersuchung anhand geltender Steuerentlastungsnormen, Diss. Köln 1975.

J.A. Carlson, The Production Lag, AER, Vol. 63 (1973), S. 73 ff.

H.B. Chenery, Overcapacity and the Acceleration Principle, Econometrica, Vol. 20 (1952), S. 1 ff.

J.S. Chipman, The Foundations of Utility, Econometrica, Vol. 28 (1960), S. 193 ff.

J.M. Clark, Business Acceleration and the Law of Demand: A Technical Factor in Economic Cycles, JoPE, Vol. 25 (1917), S. 217 ff.

R.M. Coen, Effects of Tax Policy on Investment in Manufacturing, AERP, Vol. 58 (1968), S. 200 ff.

R.M. Coen, Tax Policy and Investment Behavior: Comment, AER, Vol. 59 (1969), S. 370 ff.

R.M. Coen, The Effect of Cash Flow on the Speed of Adjustment, in: G. Fromm (ed.), Tax Incentives and Capital Spending, Washington u.a. 1971, S. 131 ff.

R.M. Cyert, J.G. March, A Behavioral Theory of the Firm, Englewood Cliffs 1963.

P.J. Dhrymes, M. Kurz, Investment, Dividend, and External Finance Behavior of Firms, in: R. Ferber (ed.), Determinants of Investment Behavior, New York 1967, S. 427 ff.

P. Diamond, D. McFadden, Identification of the Elasticity of Substitution and the Bias of Technical Change. An Impossibility Theorem. Working Paper No. 62, Institute of Business and Economic Research, University of California, Berkeley 1965.

H. Dietz, Die Normierung der Abschreibung in Handels- und Steuerbilanz, Opladen 1971.

E.W. Dinkelacker, Alternative Tax Incentives for Investment, JoPE, Vol. 72 (1964), S. 184 ff.

J. Drukarczyk, Bemerkungen zu den Theoremen von Modigliani-Miller, ZfbF, 22. Jg. (1970), S. 528 ff.

J.S. Duesenberry, Business Cycles and Economic Growth, New York, Toronto, London 1958.

J.S. Duesenberry, G. Fromm,L.R. Klein, E. Kuh, The Brookings Quarterly Econometric Model of the United States, Chicago, Amsterdam 1965.

R.S. Eckaus, The Acceleration Principle Reconsidered, QJE, Vol. 67 (1953), S. 209 ff. (deutsch unter dem Titel: Das Akzelerationsprinzip nochmals betrachtet, in: W. Weber (Hg.), Konjunktur- und Beschäftigungstheorie, S. 212 ff.).

R. Eisner, Determinants of Capital Expenditures - An Interview Study, Urbana 1956.

R. Eisner, Investment: Fact and Fancy, AERP, Vol. 53 (1963), S. 237 ff.

R. Eisner, A Permanent Income Theory for Investment: Some Empirical Explorations, AER, Vol. 57 (1967), S. 363 ff.

R. Eisner, Investment. The Aggregate Investment Function, in: D.L. Sills (ed.), International Encyclopedia of the Social Sciences, Vol. 8 (1968), S. 185 ff.

R. Eisner, Tax Policy and Investment Behavior: Comment, AER, Vol. 59 (1969), S. 379 ff.

R. Eisner, Investment and the Frustrations of Econometricians, AERP, Vol. 59 (1969), S. 50 ff.

R. Eisner, Fiscal and Monetary Policy Reconsidered, AER, Vol. 59 (1969), S. 897 ff.

R. Eisner, Tax Policy and Investment Behavior: Further Comment, AER, Vol. 60 (1970), S. 746 ff.

R. Eisner, What Went Wrong ?, JoPE, Vol. 79 (1971), S. 629 ff.

R. Eisner, Components of Capital Expenditures: Replacement and Modernization versus Expansion, REStat, Vol. 54 (1972), S. 297 ff.

R. Eisner, Tax Incentives for Investment, N.T.J., Vol. 26 (1973), S. 397 ff.

R. Eisner, Econometric Studies of Investment Behavior: A Comment, Economic Inquiry, Vol. 12 (1974), S. 91 ff.

R. Eisner, M.I. Nadiri, Investment Behavior and Neo-Classical Theory, REStat, Vol. 50 (1968), S. 369 ff.

R. Eisner, M.I. Nadiri, Neoclassical Theory of Investment Behavior: A Comment, REStat, Vol. 52 (1970), S. 216 ff.

R. Eisner, R.H. Strotz, Determinants of Business Investment, in: Commission on Money and Credit, Impacts of Monetary Policy, Englewood Cliffs 1963, S. 59 ff.

J. Encarnation, Jr., A Note on Lexicographical Preferences, Econometrica, Vol. 32 (1964), S. 215 ff.

W. Eucken, Die Grundlagen der Nationalökonomie, 5. Aufl., Godesberg 1947.

M.K. Evans, Macroeconomic Activity. Theory, Forecasting, and Control, New York, Evanston, London 1969.

M.K. Evans, L.R. Klein, The Wharton Econometric Forecasting Model, University of Pennsylvania 1967.

H.G. Fabritius, Die Diskussion zur Überwälzung von Gewinnsteuern, StuW, N.F., Bd. 2 (1972), S. 249 ff.

M.S. Feldstein, Tax Incentives, Stabilization Policy, and the Proportional Replacement Hypothesis: Some Negative Conclusions, Southern Economic Journal, Vol. 40 (1974), S. 544 ff.

M.S. Feldstein, D.K. Foot, The Other Half of Gross Investment: Replacement and Modernization Expenditures, REStat, Vol. 53 (1971), S. 49 ff.

L. Festinger, A Theory of Cognitive Dissonance, Evanston 1957.

S. Fischer, J.P. Cooper, Stabilization Policy and Lags, JoPE, Vol. 81 (1973), S. 847 ff.

C. Föhl, Das Steuerparadoxon, Finanzarchiv, N.F. Bd. 17 (1956), S. 1 ff.

M. Friedman, The Lag in Effect of Monetary Policy, JoPE, Vol. 69 (1961), S. 447 ff.

G. Fromm, G.R. Schink, Aggregation and Econometric Models, IER, Vol. 14 (1973), S. 1 ff.

G. Fromm, P. Taubman, Policy Simulations with an Econometric Model, Washington 1968.

G. Gäfgen, Theorie der wirtschaftlichen Entscheidung, 3. Aufl., Tübingen 1974.

B. Gahlen, Einführung in die Wachstumstheorie, Bd. 1: Makroökonomische Produktionstheorie, Tübingen 1973.

H. Giersch (Hg.), Fiskalpolitik und Globalsteuerung. Symposium 1972, Tübingen 1973.

R.M. Goodwin, Secular and Cyclical Aspects of the Multiplier and the Accelerator, in: Income, Employment, and Public Policy. Essays in Honor of A.H. Hansen, New York 1948, S. 108 ff.

R.M. Goodwin, The Non-Linear Accelerator and the Persistence of Business Cycles, Econometrica, Vol. 19 (1951), S. 1 ff.

J.P. Gould, The Use of Endogenous Variables in Dynamic Models of Investment, QJE, Vol. 83 (1969), S. 580 ff.

J.P. Gould, R.N. Waud, The Neoclassical Model of Investment Behavior: Another View, IER, Vol. 14 (1973), S. 33 ff.

Green, H.A.J., Aggregation in Economic Analysis, Princeton 1964.

Z. Griliches, Production Functions in Manufacturing: Some Preliminary Results, in: M.Brown (ed.), The Theory and Empirical Analysis of Production, New York, London 1967, S. 275 ff.

Z. Griliches, Distributed Lags: A Survey, Econometrica, Vol. 35 (1967), S. 16 ff.

Z. Griliches, Y. Grunfeld, Is Aggregation Necessarily Bad ?, REStat, Vol. 42 (1960), S. 1 ff.

Z. Griliches, N. Wallace, The Determinants of Investment Revisited, IER, Vol. 6 (1965), S. 311 ff.

O. Grün, Das Lernverhalten in Entscheidungsprozessen der Unternehmung, Tübingen 1973.

F.Th. Gubbi, De Investeringsreserve. Een Fiscale Studie rondom Structuur en Conjunctuur, Deventer, Alphen aan den Rijn 1970.

P. Gütermann, Theorie des Akzelerationsprinzips, Zürich 1961.

E. Gutenberg, Untersuchungen über die Investitionsentscheidungen industrieller Unternehmen, Köln, Opladen 1959.

E. Gutenberg, Grundlagen der Betriebswirtschaftslehre, 1. Bd.: Die Produktion, 15. Aufl., Berlin u.a. 1969; 2. Bd.: Der Absatz, 11. Aufl., Berlin u.a. 1968; 3. Bd.: Die Finanzen, 3. Aufl., Berlin u.a. 1969.

T. Haavelmo, A Study in the Theory of Investment, Chicago 1960.

L. Haberstock, Zum Ansatz des Kalkulationszinsfußes vor und nach Steuern in investitionstheoretischen Partialmodellen, ZfbF, 22. Jg. (1970), S. 510 ff.

L. Haegert, Der Einfluß der Steuern auf das optimale Investitions- und Finanzierungsprogramm, Wiesbaden 1971.

R.E. Hall, D.W. Jorgenson, Tax Policy and Investment Behavior, AER, Vol. 57 (1967), S. 391 ff.

R.E. Hall, D.W. Jorgenson, Tax Policy and Investment Behavior: Reply and Further Results, AER, Vol. 59 (1969), S. 388 ff.

R.E. Hall, D.W. Jorgenson, The Role of Taxation in Stabilizing Private Investment, in: V.P.Rock (ed.), Policymakers and Model Builders: Cases and Concepts, New York 1969, S. 73 ff.

R.E. Hall, D.W. Jorgenson, Application of the Theory of Optimum Capital Accumulation, in: G. Fromm (ed.), Tax Incentives and Capital Spending, Washington u.a. 1971, S. 9 ff.

R.L. Hall, C.J. Hitch, Price Theory and Business Behavior, Oxford Economic Papers, May 1939, S. 12 ff.; wiederabgedruckt in: T. Wilson (ed.), Oxford Studies in the Price Mechanism, Oxford 1951, S. 107 ff.

W. Hamel, Zur Zielvariation in Entscheidungsprozessen, ZfbF, 25. Jg. (1973), S. 739 ff.

B. Hansen, Fiscal Policy in Seven Countries 1955-1965, OECD, o.O. 1969.

K.-H. Hansmeyer, Finanzielle Staatshilfen für die Landwirtschaft. Zur Theorie einer sektoralen Finanzpolitik, Tübingen 1963.

K.-H. Hansmeyer, Antizyklische Ausgabenpolitik ?, in: D. Cassel, G. Gutmann, H.J. Thieme (Hg.), 25 Jahre Marktwirtschaft in der Bundesrepublik Deutschland, Stuttgart 1972, S. 212 ff.

K.-H. Hansmeyer, Nicht-marktwirtschaftliche Allokationsmechanismen und die Rolle politischer und wirtschaftlicher Macht, in: H.K. Schneider, Ch. Watrin (Hg.), Macht und ökonomisches Gesetz, Schriften des Vereins für Socialpolitik, N.F., Bd. 74/II, Berlin 1973, S. 1287 ff.

G. Hartfiel, Wirtschaftliche und soziale Rationalität, Stuttgart 1968.

H. Hax, Investitionstheorie, Würzburg, Wien 1970.

H. Heckhausen, Motivationsanalyse der Anspruchssetzung, Psychologische Forschung, Jg. 25 (1955), S. 126 ff., zitiert nach dem Wiederabdruck in: H. Thomae (Hg.), Die Motivation menschlichen Handelns, Köln, Berlin 1965, S. 231 ff.

G. Hederer, Die Motivation von Investitionsentscheidungen in der Unternehmung, Meisenheim 1971.

E. Heinen, Das Zielsystem der Unternehmung, Wiesbaden 1966.

J.F. Helliwell, Taxation and Investment: A Study of Capital Expenditure Decisions in Large Corporations, Ottawa 1966.

J.F. Helliwell, Public Policies and Private Investment, Oxford 1968.

J. Heubes, Investitionsverhalten in der Industrie der Bundesrepublik Deutschland 1950-1970, ZfgSt, 129. Bd. (1973), S. 685 ff.

J.R. Hicks, A Contribution to the Theory of the Trade Cycle, Oxford 1950.

B. Higgins, Elements of Indeterminacy in the Theory of Nonperfect Competition, AER, Vol. 29 (1939), S. 468 ff.

J. Hirshleifer, On the Theory of Optimal Investment Decision, JoPE, Vol. 66 (1958), wiederabgedr. in: E. Solomon (ed.), The Management of Corporate Capital, Glencoe 1959, S. 205 ff.

J. Hirshleifer, Investment: The Investment Decision, in: D.L. Sills (ed.), International Encyclopedia of the Social Sciences, Vol. 8 (1968), S.195 ff.

J. Hirshleifer, Kapitaltheorie, Köln 1974.

J. Honko, On Investment Decisions in Finnish Industry, Helsinki 1966.

F. Hoppe, Erfolg und Mißerfolg, Psychologische Forschung, Jg. 14 (1931), S. 9 ff., zitiert nach dem Wiederabdruck in: H. Thomae (Hg.), Die Motivation menschlichen Handelns, Köln, Berlin 1965, S. 217 ff.

B. Jansen, Die Bedeutung der Information in der Preis- und Wettbewerbstheorie, Berlin 1970.

W.A. Jöhr, Die Konjunkturschwankungen, Tübingen, Zürich 1952.

L. Johansen, Substitution versus Fixed Production Coefficients in the Theory of Economic Growth: A Synthesis, Econometrica, Vol. 27 (1959), S. 157 ff.

D.W. Jorgenson, Capital Theory and Investment Behavior, AERP, Vol. 53 (1963), S. 247 ff.

D.W. Jorgenson, Anticipations and Investment Behavior, in: J.S. Duesenberry, G. Fromm, L.R. Klein, E. Kuh (ed.), The Brookings Quarterly Econometric Model of the United States, Chicago 1965, S. 35 ff.

D.W. Jorgenson, Rational Distributed Lag Functions, Econometrica, Vol. 34 (1966), S. 135 ff.

D.W. Jorgenson, The Theory of Investment Behavior, in: R. Ferber (ed.), Determinants of Investment Behavior, New York 1967, S. 129 ff.

D.W. Jorgenson, Econometric Studies of Investment Behavior: A Survey, JEL, Vol. 9 (1971), S. 1111 ff.

D.W. Jorgenson, The Economic Impact of Investment Incentives, in: W.E. Mitchell, J.H. Hand, I. Walter (ed.), Readings in Macroeconomics. Current Policy Issues, New York u.a. 1974, S. 174 ff. (Wiederabdruck aus: The Economic Impact of Investment Incentives, Hearings before the Subcommittee on Fiscal Policy, Joint Economic Committee, 92nd Congress, 1st Session, 1971).

D.W. Jorgenson, J.Hunter, M. I. Nadiri, A Comparison of Alternative Econometric Models of Quarterly Investment Behavior, Econometrica, Vol. 38 (1970), S. 187 ff.

D.W. Jorgenson, J. Hunter, M.I. Nadiri, The Predictive Performance of Econometric Models of Quarterly Investment Behavior, Econometrica, Vol. 38 (1970), S. 213 ff.

D.W. Jorgenson, C.D. Siebert, A Comparison of Alternative Theories of Corporate Investment Behavior, AER, Vol. 58 (1968), S. 681 ff.

D.W. Jorgenson, C.D. Siebert, Optimal Capital Accumulation and Corporate Investment Behavior, JoPE, Vol.76 (1968), S. 1123 ff.

D.W. Jorgenson, J.A. Stephenson, Investment Behavior in U.S. Manufacturing, 1947-1960, Econometrica, Vol. 35 (1967), S. 169 ff.

D.W. Jorgenson, J.A. Stephenson, The Time Structure of Investment Behavior in United States Manufacturing, 1947-1960, REStat, Vol. 49 (1967), S. 16 ff.

D.W. Jorgenson, J.A. Stephenson, Issues in the Development of the Neoclassical Theory of Investment Behavior, REStat, Vol. 51 (1969), S. 346 ff.

M. Kalecki, Three Ways to Full Employment, Oxford 1947.

G. Katona, Psychological Analysis of Economic Behavior, New York, Toronto, London 1951 (deutsch: Das Verhalten der Verbraucher und Unternehmer, Tübingen 1960).

W. Kern, Investitionsrechnung, Stuttgart 1974.

J.M. Keynes, Allgemeine Theorie der Beschäftigung, des Zinses und des Geldes, Berlin 1936.

W. Kirsch, Entscheidungsprozesse, Bd. I: Verhaltenswissenschaftliche Ansätze der Entscheidungstheorie, Wiesbaden 1970;
Bd. II: Informationsverarbeitungstheorie des Entscheidungsverhaltens, Wiesbaden 1971;
Bd. III: Entscheidungen in Organisationen, Wiesbaden 1971.

L.R. Klein, The Keynesian Revolution, New York 1947, zitiert nach dem Auszug: Das Neue und das Alte, in: W. Weber (Hg.), Konjunktur- und Beschäftigungstheorie, Köln, Berlin 1967, S. 33 ff.

L.R. Klein, Issues in Econometric Studies of Investment Behavior, JEL, Vol. 12 (1974), S. 43 ff.

N. Kloten, Mikro- und Makroanalyse als Grundlage wirtschaftspolitischer Entscheidungen, in: R. Jochimsen, H. Knobel (Hg.), Gegenstand und Methoden der Nationalökonomie, Köln 1971, S. 339 ff.

L.M. Koyck, Distributed Lags and Investment Analysis, Amsterdam 1954.

H. Kreikebaum, Das Prestigeelement im Investitionsverhalten. Ein Beitrag zur Investitionstheorie, in: H. Kreikebaum, G. Rinsche, Das Prestigemotiv in Konsum und Investition, Berlin 1961, S. 9 ff.

W. Krelle, Präferenz- und Entscheidungstheorie, Tübingen 1968.

W. Krelle, Macht und ökonomisches Gesetz in der Verteilung, in: H.K. Schneider, Ch. Watrin (Hg.), Macht und ökonomisches Gesetz, Schriften des Vereins für Socialpolitik, N.F., Bd. 74/I, Berlin 1973, S. 77 ff.

W. Krelle, D. Beckerhoff, H.G. Langer, H. Fuß, Ein Prognosesystem für die wirtschaftliche Entwicklung der Bundesrepublik Deutschland, Meisenheim 1969.

J. Kromphardt, Wachstum und Konjunktur, Göttingen 1972.

E. Kuh, The Validity of Cross Sectionally Estimated Behavior Equations in Time Series Applications, Econometrica, Vol. 27 (1959), S. 197 ff.

E. Kuh, Theory and Institutions in the Study of Investment Behavior, AERP, Vol. 53 (1963), S. 260 ff.

E. Kuh, Capital Stock Growth: A Microeconometric Approach, 2. Aufl., Amsterdam 1971.

S. Kuznets, Relation Between Capital Goods and Finished Products in the Business Cycle, in: Economic Essays in Honor of W.C. Mitchell, New York 1935, S. 209 ff.

F. de Leeuw, The Demand for Capital Goods by Manufacturers: A Study of Quarterly Time Series, Econometrica, Vol. 30 (1962), S. 407 ff.

A. Lehneis, Langfristige Unternehmensplanung bei unsicheren Erwartungen, Neuwied, Berlin 1971.

K. Lewin, The Psychology of Success and Failure, in: H.J. Leavitt , L.R. Pondy (ed.), Readings in Managerial Psychology, Chicago, London 1964, S. 25 ff.

K. Lewin, T. Dembo, L. Festinger, P.S. Sears, Level of Aspiration, in: J.M. Hunt (ed.), Personality and the Behavior Disorders, Vol. 1, New York 1944, S. 333 ff.

A. Lindbeck, Theories and Problems in Swedish Economic Policy in the Post-War Period, AER, Supplement: Surveys of National Economic Policy Issues and Policy Research, Vol. 58 (1968), Part 2, S.1 ff.

J. Lintner, Distribution of Incomes of Corporations among Dividends, Retained Earnings and Taxes, AER, Vol. 46 (1956), S. 97 ff.

B.J. Loasby, Hypothesis and Paradigm in the Theory of the Firm, The Economic Journal, Vol. 81 (1971), S. 863 ff.

R.E. Lucas jr., Labor-Capital Substitution in U.S. Manufacturing, in: A.C. Harberger, M.J. Bailey (ed.), The Taxation of Income from Capital, Washington 1969, S. 223 ff.

D. Lüdeke, Strukturveränderungen des Investitionsverhaltens im Konjunkturverlauf, JNStat, Bd. 188 (1974), S. 289 ff.

P.J. Lund, Investment. The Study of an Economic Aggregate, Edinburgh, San Francisco 1971.

F. Machlup, Theories of the Firm: Marginalist, Behavioral, Managerial, AER, Vol. 57 (1967), S. 1 ff.

J.G. March, H.A. Simon, Organizations, New York, London 1958.

P. Massé, Optimal Investment Decisions, Englewood Cliffs 1962.

R.C.O. Matthews, Konjunktur, München 1973.

R. Mayntz, Art. Organisationsziel, in: E. Grochla (Hg.), Handwörterbuch der Organisation, Stuttgart 1969, Sp. 1255 ff.

T. Mayor, Some Theoretical Difficulties in the Estimation of the Elasticity of Substitution from Cross-Section Data, in: Western Economic Journal, Vol. 7 (1969), S. 153 ff.

C.E. McLure jr., Fiscal Failure: Lessons of the Sixties, in: Economic Policy and Inflation in the Sixties, Washington 1972, S. 7 ff.

G. Menges, Grundmodelle wirtschaftlicher Entscheidungen, 2. Aufl., Düsseldorf 1974.

P. Mertens, Ertragsteuerwirkungen auf die Investitionsfinanzierung - Ihre Berücksichtigung in der Investitionsrechnung, ZfhF, Jg. 14 (1962), S. 570 ff.

L.A. Metzler, The Nature and Stability of Inventory Cycles, REStat, Vol. 23 (1941), S. 113 ff. (deutsch unter dem Titel: Natur und Stabilität von Lagerzyklen, in: W. Weber (Hg.), Konjunktur- und Beschäftigungstheorie, S. 242 ff.).

J.R. Meyer, R.R. Glauber, Investment Decisions, Economic Forecasting, and Public Policy, Boston 1964.

J.R. Meyer, E. Kuh, The Investment Decision. An Empirical Study, Cambridge/Mass. 1957.

M.H. Miller, The Corporation Income Tax and Corporate Financial Policies, in: Commission on Money and Credit, Stabilization Policies, Englewood Cliffs 1963, S. 381 ff.

M.H. Miller, F. Modigliani, Some Estimates of the Cost of Capital to the Electric Utility Industry, 1954-57, AER, Vol. 56 (1966), S. 333 ff.

W. Mieth, Das Akzelerationsprinzip, Berlin 1954.

F. Modigliani, M.H. Miller, The Cost of Capital, Corporation Finance and the Theory of Investment, AER, Vol. 48 (1958), S. 261 ff.

F. Modigliani, M.H. Miller, Corporate Income Taxes and the Cost of Capital: A Correction, AER, Vol. 53 (1963), S. 433 ff.

O. Morgenstern, Thirteen Critical Points in Contemporary Economic Theory: An Interpretation, JEL, Vol. 10 (1972), S. 1163 ff.

R.A. Musgrave, The Theory of Public Finance, New York, Toronto, London 1959 (deutsch: Finanztheorie, 2. Aufl., Tübingen 1969).

M.I. Nadiri, An Alternative Model of Business Investment Spending, BPEA, Vol. 3 (1972), S. 547 ff.

R.R. Neild, Replacement Policy, National Institute Economic Review, Vol. 30 (1964), S. 30 ff.

M. Nerlove, Recent Empirical Studies of the CES and Related Production Functions, in: M. Brown (ed.), The Theory and Empirical Analysis of Production, New York, London 1967, S. 55 ff.

M. Neumann, Kapitalbildung, Wettbewerb und ökonomisches Wachstum, Berlin, Heidelberg, New York 1968.

M. Neumann, Zur Problematik von Staatsausgaben als Mittel der Beschäftigungsstabilisierung, Finanzarchiv, N.F., Bd. 27 (1968), S. 459 ff.

F. Neumark, Zur Problematik einer Steigerung der Effizienz fiskalpolitischer Instrumente des Stabilitätsgesetzes, Finanzarchiv, N.F., Bd. 28 (1969), S. 100 ff.

F. Neumark, Fiskalpolitik und Wachstumsschwankungen, 2. Aufl., Wiesbaden 1969.

S.J. Nickell, On Expectations, Government Policy and the Rate of Investment, Economica, Vol. 41 (1974), S. 241 ff.

A.M. Okun, Measuring the Impact of the 1964 Tax Reduction, in: W.W. Heller, Perspective on Economic Growth, New York 1968.

A.E. Ott, Einführung in die dynamische Wirtschaftstheorie, Göttingen 1963.

T. Oursin, Probleme industrieller Investitionsentscheidungen, Berlin, München 1962.

W. Pfaffenberger, Investitionssteuerung mit Hilfe steuerfreier Rücklagen. Neue konjunkturpolitische Instrumente in Schweden und in der Schweiz, Berlin 1969.

K.R. Popper, Logik der Forschung, 5. Aufl., Tübingen 1973.

B. Rahmann, Grundlagen konjunkturbeeinflussender Haushaltspolitik, Berlin 1972.

J. Richter, Die Zinssubventionen in der Bundesrepublik Deutschland, Frankfurt/M. 1970.

R. Richter, U. Schlieper, W. Friedmann, Makroökonomik, Berlin u.a. 1973.

K. Rose, Grundlagen der Wachstumstheorie, 2. Aufl., Göttingen 1973.

S. Rosen, M.I. Nadiri, A Disequilibrium Model of Demand for Factors of Production, AERP, Vol. 64 (1974), S. 264 ff.

J. Rosette, Ökonometrische Investitionsfunktionen für Konjunkturmodelle, Konjunkturpolitik, 17. Jg. (1971), S. 139 ff., 275 ff.

K.W. Rothschild, Macht: Die Lücke in der Preistheorie, in: H.K. Schneider, Ch. Watrin (Hg.), Macht und ökonomisches Gesetz, Schriften des Vereins für Socialpolitik, N.F.,Bd. 74/II, Berlin 1973, S. 1097.

J.C.R. Rowley, Investment Functions: Which Production Function ?, AER, Vol. 60 (1970), S. 1008 ff.

B. Rürup, Handlungsverzögerungen diskretionärer Fiskalpolitik: Konstruktionsfehler oder Element rationaler Politik ?, ZfWS, 93. Jg. (1973), S. 35 ff.

P.A. Samuelson, Interaction Between the Multiplier Analysis and the Principle of Acceleration, REStat, Vol. 21 (1939), S. 75 ff.

P.A. Samuelson, Tax Deductibility of Economic Depreciation to Insure Invariant Valuations, JoPE, Vol. 72 (1964), S. 604 ff.

A. Sandmo, Investment Incentives and the Corporate Income Tax, JoPE, Vol. 82 (1974), S. 287 ff.

H. Sauermann, P. Selten, Anspruchsanpassungstheorie der Unternehmung, ZfgSt, 118. Bd. (1962), S. 577 ff.

T. Scitovsky, A Note on Profit Maximisation and its Implications, REStud, Vol. 11 (1943), S. 57 ff., wiederabgedruckt in: G.J. Stigler, K. Boulding (ed.), Readings in Price Theory, Homewood/Ill. 1952, S. 352 ff.

H.A. Simon, Models of Man, New York, London 1957.

H.A. Simon, New Developments in the Theory of the Firm, AERP, Vol. 52 (1962), S. 1 ff.

R.M. Solow, On a Family of Lag Distributions, Econometrica, Vol. 28 (1960), S. 393 ff.

H. Stöwe, E. Härtter, Lehrbuch der Mathematik für Volks- und Betriebswirte, Göttingen 1970.

M.T. Sumner, Investment and Corporate Taxation, JoPE, Vol. 81 (1973), S. 982 ff.

P. Swoboda, Der Einfluß der steuerlichen Abschreibungspolitik auf betriebliche Investitionsentscheidungen, ZfbF, N.F., 16. Jg. (1964), S. 414 ff.

P. Swoboda, Antizyklische steuerliche Regelungen und betriebliche Investitionsentscheidungen, Finanzarchiv, N.F., Bd. 28 (1969), S. 55 ff.

P. Swoboda, Die Wirkung von steuerlichen Abschreibungen auf den Kapitalwert von Investitionsprojekten bei unterschiedlichen Finanzierungsformen, ZfbF, N.F., 22. Jg. (1970), S. 77 ff.

N. Szyperski, U. Winand, Entscheidungstheorie, Stuttgart 1974.

A.-W. Scheer, Die industrielle Investitionsentscheidung, Wiesbaden 1969.

K. Schloenbach, Ökonometrische Analyse der Lohn- und Arbeitsmarktentwicklung in der Bundesrepublik Deutschland 1957-1968, Meisenheim 1972.

M. Schmid, Leerformeln und Ideologiekritik, Tübingen 1972.

R.-B. Schmidt, Unternehmungsinvestitionen, Reinbek 1970.

G. Schmölders, Allgemeine Steuerlehre, 4. Aufl., Berlin 1965.

G. Schmölders, Geldpolitik, 2. Aufl., Tübingen 1968.

H. Schneeweiß, Bemerkungen zur lexikographischen Ordnung, in: R. Henn, Operations Research Verfahren III, Meisenheim 1967, S. 336 ff.

D. Schneider, Der Einfluß von Ertragsteuern auf die Vorteilhaftigkeit von Investitionen, ZfhF, N.F., Jg. 14 (1962), S. 539 ff.

D. Schneider, Korrekturen zum Einfluß der Besteuerung auf die Investitionen, ZfbF, N.F., 21. Jg. (1969), S. 297 ff.

D. Schneider, Investition und Finanzierung, 3. Aufl., Opladen 1974.

E. Schneider, Einführung in die Wirtschaftstheorie, Bd. II, 8. Aufl., Tübingen 1963.

H. Schneider, Der Einfluß der Steuern auf die unternehmerischen Investitionsentscheidungen, Tübingen 1964.

P. Schönfeld, Methoden der Ökonometrie, Bd. II: Stochastische Regressoren und simultane Gleichungen, München 1971.

J.A. Schumpeter, Konjunkturzyklen. Eine theoretische, historische und statistische Analyse des kapitalistischen Prozesses, Göttingen 1961.

H. Schwarz, Zur Berücksichtigung erfolgssteuerlicher Gesichtspunkte bei Investitionsentscheidungen, Betriebswirtschaftliche Forschung und Praxis, Jg. 14 (1962), S. 135 ff., 199 ff.

P. Taubman, M. Wilkinson, User Cost, Capital Utilization and Investment Theory, IER, Vol. 11 (1970), S. 209 ff.

G. Terborgh, Dynamic Equipment Policy, New York 1949.

J.D. Thompson, W.J. McEwen, Organizational Goals and Environment: Goal-Setting as an Interaction Process, American Sociological Review, Vol. 23 (1958), S. 23 ff.

L.C.Thurow, A Disequilibrium Neoclassical Investment Function, REStat, Vol. 51 (1969), S. 431 ff.

L.C. Thurow, The Impact of Taxes on the American Economy, New York, Washington, London 1971.

V. Timmermann, Lieferantenkredit und Geldpolitik, Berlin, New York 1971.

J. Tinbergen, Statistical Evidence on the Acceleration Principle, Economica, N.S., Vol. 5 (1938), S. 164 ff.

J. Tobin, Diskussionsbeitrag, in: R. Ferber (ed.), Determinants of Investment Behavior, New York 1967, S. 156 ff.

H. Ulrich, Art. Willensbildung und Willensdurchsetzung, in: E. Grochla (Hg.), Handwörterbuch der Organisation, Stuttgart 1969, Sp. 1781 ff.

H. Ulrich, Die Unternehmung als produktives soziales System, 2. Aufl., Bern, Stuttgart 1970.

H. Wächter, Unternehmungs- und Unternehmerziele im sozioökonomischen Feld, Göttingen 1969.

M. Weber, Wirtschaft und Gesellschaft, 2. Halbband, Köln, Berlin 1964.

W. Weber (Hg.), Konjunktur- und Beschäftigungstheorie, Köln, Berlin 1967.

L. Weichsel, Beschleunigte Abschreibung, Wachstum und Konjunktur, Köln, Opladen 1964.

M. White, A. White, Tax Neutrality of Instantaneous versus Economic Depreciation, in: R.M. Bird, J.G. Head (ed.), Modern Fiscal Issues, Essays in Honor of C.S. Shoup, Toronto 1972, S. 105 ff.

P. Winding, Some Aspects of the Acceleration Principle, Kopenhagen, Amsterdam 1957.

T. Winter, Handlungs- und Wirkungsverzögerungen in der Wirtschaftspolitik, Berlin 1971.

E. Witte, Phasen-Theorem und Organisation komplexer Entscheidungsverläufe, ZfbF, 20. Jg. (1968), S. 625 ff.

E. Witte, Organisation für Innovationsentscheidungen. Das Promotoren-Modell, Göttingen 1973.

R. Wittgen, Art. Finanzierungsformen und -arten, in: E. Grochla, W. Wittmann (Hg.), Handwörterbuch der Betriebswirtschaft, Stuttgart 1974, Sp. 1436 ff.

H. Wolff, Die Bestimmung der Investitionstätigkeit unter Berücksichtigung mehrwertiger Zielfunktionen der Unternehmer, Meisenheim 1971.

P. Zarembka, On the Empirical Relevance of the CES Production Function, REStat, Vol. 52 (1970), S. 47 ff.

P. Zarembka, H.B. Chernicoff, Further Results on the Empirical Relevance of the CES Production Function, REStat, Vol. 53 (1971), S. 106 ff.

FINANZWISSENSCHAFTLICHE FORSCHUNGSARBEITEN

1 **Die Steuerlawine.** Von E. Klösges. 88 S. 1953. DM 9,60.

2 **Ausgleich der Familienlasten?** Von H. Beckendorff. 112 S. DM 14,80.

3 **Steuerpolitik im Wohlfahrtsstaat.** Von U. Hicks. 44 S. 1953. DM 5,60.

4 **Die Ertragsfähigkeit der Umsatzsteuer.** Von K. Kleinjohann. 120 S. 1954. DM 14,60.

5 **Der Steuerwiderstand.** Von K.-G. Holtgrewe. 80 S. 1954. DM 9,60.

6 **Parkometer.** Von E. Pidun. 96 S. 1954. DM 11,60.

7 **Reklamesteuer?** Von G. Lönnecke. 88 S. 1954. DM 10,60.

8 **Mindestreserven als Mittel der Geld- und Kreditpolitik.** Von J. H. van Zwoll. 124 S. 1954. DM 12,80.

9 **Steuerreform als internationales Problem.** Von G.-H. Pfeil. 185 S. 1955. DM 19,80.

10 **Zur Begriffsbestimmung der Verbrauchsteuern.** Von G. Schmölders unter Mitarbeit von H. Beckendorff und G. Piper. 100 S. 1955. DM 10,80.

11 **Das Problem der Nettoumsatzsteuer im Handwerk.** Von W. Mette. 83 S. 1956. DM 11,80.

12 **Der Schmuggel als finanzpolitisches Problem.** Von K. Gerling. 85 S. 1956. DM 11,60.

13 **Die Problematik der Einführung einer Nettoumsatzsteuer in der Textilindustrie.** Von R. Kümpers. 101 S. 1956. DM 14,80.

14 **Die Organtheorie im System der kumulativen Umsatzsteuer.** Von H. Röchling. 158 S. 1957. DM 19,80.

15 **Gemeinsamer Markt und Verbrauchsteuern.** Von H. Troost. 102 S. 1957. DM 11,60.

16 **Die Reform des deutschen Gemeindesteuersystems.** Von R. Horster. 129 S. 1958. DM 14,80.

17 **Subventionen im Steinkohlenbergbau.** Von H. Breder. 91 S. 1958. DM 10,80.

18 **Signalwirkungen der Einkommen- und Körperschaftsteuer.** Von W. Kuntze. 73 S. 1958. DM 10,60.

19 **Die Finanzpolitik des Kurfürsten Klemens Wenzeslaus von Trier.** Von O. Schneider. 190 S. 1958. DM 21,60.

20 **Preissubventionen.** Von H. Boehme. 109 S. 1959. DM 12,80.

21 **Der Begriff „Geldmenge" und seine Problematik.** Von H. J. Köhler. 71 S. 1960. DM 10,60.

22 **Die Illusionen in der öffentlichen Finanzwirtschaft.** Von A. Puviani. 241 S. 1960. Brosch. DM 22,60; Ln. DM 26,80.

23 **Die Handwerkssteuer in der Sowjetischen Besatzungszone Deutschlands.** Von R. Markner. 103 S. 1961. DM 15,80.

24 **Das Konkursvorrecht der Öffentlichen Abgaben.** Von W. Dann. 105 S. 1962. DM 15,80.

25 **Subventionen in der Bundesrepublik Deutschland.** Von K.-H. Hansmeyer unter Mitarbeit von L. Pechtold, H.-R. Büssgen, C. Schild, H. Ellrott, K. Witte. 141 S. 1963. DM 21,—.

26 **Die Problematik der Vermögensteuer.** Von K. Tiepelmann. 114 S. 1963. DM 17,80.

27 **Die Steuerhinterziehung im Spiegel der Rechtsprechung.** Von W. Peres. 152 S. 1963. DM 23,80.

28 **Die Finanzpublizität der Länder und Gemeinden.** Von F. Rexhausen. 100 S. 1963. DM 16,60.

29 **Öffentliche Finanzhilfen an Entwicklungsländer.** Von H. Zimmermann. 168 S. 1963. DM 23,80.

30 **Probleme der Staatsschuldentilgung.** Von N. Andel. 150 S. 1964. DM 23,60.

31 **Die Kassenbestände im außerordentlichen Haushalt der Gemeinden.** Von S. Reichstein. 93 S. 1964. DM 15,60.

32 **Langfristige Planung von Staatsausgaben.** Von C.-H. Tretner. 116 S. 1965. DM 19,80.

33 **Finnlands Kampf gegen die Inflation.** Von H. Garding. 123 S. 1966. DM 27,—.

34 **Die Gewerbesteuer und die Forderung nach wettbewerbsneutraler Besteuerung.** Von D. Stumpfe. 161 S. 1967. DM 29,60.

35 **Reform des Veranlagungsverfahrens durch Selbstberechnung der Steuer.** Von J. Hartmann. 66 S. 1967 DM 12,80.

36 **Der Vorschlag einer „Betriebsteuer" und das geltende deutsche Steuersystem.** Von H. Schulte. 67 S. 1967. DM 11,80.

37 **Wachstums- und Wohlstandseffekte als Entscheidungskriterien bei öffentlichen Straßenbauinvestitionen.** Von P. Spary. 266 S. DM 42,80.

38 **Verhaltenslenkende Wirkungen der Einkommensteuer.** Von G. Engelhardt. 153 S. 1968. DM 31,80.

39 **Savings-Bonds als Instrument der Finanzpolitik.** Von K.-D. Henke. 136 S. 1971. DM 34,60.

40 **Die Programmfunktion des Bundeshaushaltsplanes.** Von B. Rürup. 166 S. 1971. DM 36,60.

41 **Die institutionelle Koordination von Geld- und Finanzpolitik in Großbritannien.** Von J. Könke. 155 S. 1971. DM 29,60.

42 **Die Finanzierung von Eventualhaushalten durch Notenbankkredit.** Von D. Dickertmann. 188 S. 1972. DM 38,60.

43 **Die Einkommensbesteuerung in Italien.** Von J. Daviter. 210 S. 1972. DM 42,60.

44 **Standortwahl von Unternehmen und Industriestandortpolitik.** Von F. Graf von Ballestrem. 158 S. 1974. DM 39,80.

45 **Die Steuermentalität.** Von B. Tretter. 84 S. 1974. DM 19,60.

46 **Information und ihre Verarbeitung im konjunkturpolitischen Entscheidungsprozeß.** Von K.-P. Jacobi. VII, 234 S. 1976. DM 32,—.